HERMES

在古希腊神话中，赫耳墨斯是宙斯和迈亚的儿子，奥林波斯神们的信使，道路与边界之神，睡眠与梦想之神，亡灵的引导者，演说者、商人、小偷、旅者和牧人的保护神……

西方传统 经典与解释 **HERMES**
Classici et Commentarii

施特劳斯集
The Collected Works
of Leo Strauss

刘小枫◎主编

哲学与律法
——论迈蒙尼德及其先驱

Philosophie und Gesetz: Beiträge zum
Verständnis Maimunis und seiner Vorläufer

[美]列奥·施特劳斯 Leo Strauss ｜ 著

刘小枫 ｜ 编

黄瑞成 ｜ 译

華夏出版社

"施特劳斯集" 出版说明

1899 年 9 月 20 日，施特劳斯出生在德国 Hessen 地区 Kirch-hain 镇上的一个犹太家庭。人文中学毕业后，施特劳斯先后在马堡大学等四所大学注册学习哲学、数学、自然科学，1921 年在汉堡大学以雅可比的认识论为题获得哲学博士学位。1924 年，一直关切犹太政治复国运动的青年施特劳斯发表论文"柯亨对斯宾诺莎的圣经学的分析"，开始了自己独辟蹊径的政治哲学探索。1930 年代初，施特劳斯离开德国，先去巴黎、后赴英伦研究霍布斯，1938 年移居美国，任纽约社会研究新学院讲师，十一年后受聘于芝加哥大学政治系，直到退休——任教期间，施特劳斯先后获得芝加哥大学"杰出贡献教授"、德国汉堡大学荣誉教授、联邦德国政府"大十字勋章"等荣誉。

施特劳斯在美国学界重镇芝加哥大学执教近二十年，教书育人默默无闻，尽管时有著述问世，挑战思想史和古典学主流学界的治学路向，身前却从未成为学界声名显赫的名人。去世之后，施特劳斯才逐渐成为影响北美学界最重要的流亡哲人：他所倡导的回归古典政治哲学的学问方向，深刻影响了西方文教和学界的未来走向。上个世纪七十年代以来，施特劳斯身后才逐渐扩大的学术影响竟然一再引发学界激烈的政治争议——自由主义知识分子觉得，施特劳斯对自由民主理想心怀敌意，是政治不正确的保守主义师主；后现代主义者宣称，施特劳斯唯古典是从，没有提供应对现代技术文明危机的具体理论方略。为施特劳斯辩护的学人则认为，施特劳斯从来不与某种现实的政治理想或方案为敌，也从不提供解答现实政治难题的哲学论说；那些以自己的思想定位和政治立场来衡量和评价施特劳斯的哲学名流,不外乎是以自己的灵魂高度俯视施特劳斯立足于古典智慧的灵魂深处。施特劳斯关心的问题更具常识品质,而且很陈旧:西方文明危机的根本原因何在?施特劳斯不仅对百年来西方学界的这个老问题作出了超逾所有前人的深刻回答,而且提出了切实可行的应对方略:重新学习古典政治哲学作品。施特劳斯的学问以复兴苏格拉底问题为基本取向,这迫使所有智识人面对自身的生存德性问题:在具体的政治共同体中,难免成为"主义"信徒的智识人如何为人。

如果中国文明因西方文明危机的影响也已经深陷危机处境,那么施特劳斯的学问方向给中国学人的启发首先在于:自由主义也好,保守主义、新左派主义或后现代主义也好,是否真的能让我们应对中国文明所面临的深刻历史危机——"施特劳斯集"致力于涵括施特劳斯的所有已刊著述(包括后人整理出版的施特劳斯生前未刊文稿和讲稿;已由国内其他出版社出版的《霍布斯的政治哲学及其起源》、《思索马基雅维利》、《城邦与人》、《古今自由主义》除外),并选译有学术水准的相关研究文献。我们相信,按施特劳斯的学问方向培育自己,我们肯定不会轻易成为任何"主义"的教诲师,倒是难免走上艰难地思考中国文明传统的思想历程。

古典文明研究工作坊

西方典籍编译部甲组

目　录

中译本说明

　　1935年，青年施特劳斯出版了一本小册子《哲学与律法》，展示了他后来透视整个西方哲学大传统的基本立足点。可以说，《哲学与律法》是施特劳斯思想的真正开端，其基本问题是启蒙与犹太教的关系。犹太教传统遭遇这个问题已经有一千多年历史，我们遇到西方的启蒙与儒教的关系问题为时不长，施特劳斯的这部著作对于我们思考自己的问题具有重大意义。

　　中译依据迈尔教授编的《施特劳斯文集》卷二：*Leo Strauss*，*Philosophie und Gesetz – Frühe Schriften*（Stuttgart 1997），翻译时参考了英译本及其注释。收在这一卷中的施特劳斯的博士论文《雅可比哲学中的认识论问题》（1921）也一并译出，我们必须意识到，这个论题同样涉及犹太教与启蒙的关系问题。迈尔编本的页码用方括号加阿拉伯数字标出，施特劳斯两篇论著的原版页码依据迈尔编本的标注用方括号加罗马数字标出。

　　迈尔教授编的《施特劳斯文集》卷二共六百余页，《哲学与律法》和《雅可比哲学中的认识论问题》仅占不到三分之一的篇幅，为了方便检索，我们仍然附上整部《施特劳斯文集》卷二的索引。

　　施特劳斯研究文献如今已堪称丰富，我们挑选了两篇论文作为附录，分别探讨《哲学与律法》和《雅可比哲学中的认识论问题》，希望有助于我们更好地理解施特劳斯的这两部早期著作。

刘小枫
于古典文明研究工作坊
2010年12月

中译本前言

在施特劳斯去世大约一年前拟就"目录"的文集《柏拉图式的政治哲学研究》① 中，有四篇以具有"命令"意味的② "注意"（Note/s）一词开头的文章，引人注目地连续排列在一起。我们注意到，在施特劳斯的这部文集中，只有这四篇文章以"注意"（Note/s）开头："注意尼采《善恶的彼岸》的谋篇"（Note on the Plan of Nietzsche's *Beyond Good and Evil*）、"注意迈蒙尼德《知识之书》"（Notes on Maimonides' *Book of Knowledge*）、"注意迈蒙尼德《关于占星术的通信》"（Note on Maimonides' *Letter on Astrology*）和"注意迈蒙尼德《论逻辑技艺》"（Notes on Maimonides' *Treatise on the Art of Logic*）。如果我们据此认为，施特劳斯这样做是想告诉他的读者，"柏拉图式的政治哲学研究"最值得"注意"或者必须"注意"的思想家首推尼采和迈蒙尼德，当不是过分之辞。

1965 年，施特劳斯在将他 1963 年撰写的论文"如何着手研读《迷途指津》"（How to Begin to Study *The Guide of the Perplexed*）整编后题名为"论《迷途指津》的谋篇"（On The

---

① 见施特劳斯，《柏拉图式的政治哲学研究》（*Studies in Platonic Political Philosophy*，Chicago & London：the university of Chicago Press，1983）。

② 朗佩特，《施特劳斯与尼采》，田立年、贺志刚等译，上海：三联书店，2005，页 10－11。

Plan of *The Guide of the Perplexed*）重新发表。① 我们注意到，在施特劳斯的全部著述的题名中出现"谋篇"（Plan）一词的，除了"论《迷途指津》的谋篇"，只有《柏拉图式的政治哲学研究》中这篇"注意尼采《善恶的彼岸》的谋篇"，对于其他古今哲人，施特劳斯则或论其"品味"（Taste），或论其"意图"（Intention），或论其"精神"（Spirit），或论其"基础"（Foundations）。② "谋篇"（Plan）一词事关哲人的"写作技艺"（the art of writing），而"写作技艺"对于施特劳斯"柏拉图式的政治哲学研究"具有决定性意义。如果我们据此认为，施特劳斯此举是想告诉他的读者，尼采的"写作技艺"可以比肩迈蒙尼德，或至少尼采《善恶的彼岸》的"谋篇"堪比迈蒙尼德《迷途指津》，也当不是过分之辞。

我们还注意到，"注意尼采《善恶的彼岸》的谋篇"是施特劳斯平生写下的专论尼采的唯一作品，也是施特劳斯全部著述中唯一在题名中出现尼采名字的作品，然而，施特劳斯写下的专论迈蒙尼德的作品至少有十种，若考虑到"如何着手研读《迷途指津》"是他为派恩斯（Shlomo Pines）的《迷途指津》英译本所写的"导论"，等于在施特劳斯专论迈蒙尼德的十种作品题名中都

---

① Leo Strauss, On the Plan of *The Guide of the Perplexed*, in Harry Austryn Wolfson Jubilee Volume, pp. 775 – 791, Jerusalem：American Academy for Jewish Research, 1965. 亦参弗拉德金，"得体的言辞：解释迈蒙尼德与施特劳斯的遗产"，程志敏译，见刘小枫编，《施特劳斯与古典政治哲学》，张新樟等译，上海：三联书店，2002，页 515 – 516，注释 1 中的文献指引。

② 见施特劳斯，《柏拉图式的政治哲学研究》，前揭，页 249 – 258，"施特劳斯（1899 –1973）著述编年"。

出现了迈蒙尼德的名字。① 据此，仅仅从表面上看，迈蒙尼德对于施特劳斯的重要性似乎远超尼采。然而，事实上是不是这样呢？让我们回到《柏拉图式的政治哲学研究》，关注以"注意"（Note/s）开头的四篇文章的先后次序。我们注意到，施特劳斯将"注意尼采《善恶的彼岸》的谋篇"放在了三篇"注意"迈蒙尼德三种作品的文章之前。朗佩特（Laurence Lampert）的深入研究表明，在《柏拉图式的政治哲学研究》文集中，"耶路撒冷与雅典：一些初步的反思"与"注意尼采《善恶的彼岸》的谋篇"两文处于中心位置：前一篇文章提出了我们时代"最高级、最困难的问题"，而后一篇文章则是对我们时代"最高级、最困难的问题"的回答，② 将这两篇文章放在文集的中心位置，准确反映了施特劳斯一生的哲学追求。如果我们据此认为，施特劳斯将"注意尼采《善恶的彼岸》的谋篇"放在三篇"注意"迈蒙尼德三种作品的文章之前，表明在他看来，现代以后的"柏拉图式的政治哲学研究"，必须首先"注意"尼采，其次"注意"迈蒙尼德，也当不是过分之辞。

如今我们知道，《哲学与律法：论迈蒙尼德及其先驱》（*Philosophie und Gesetz*：*Beiträge zum Verständnis Maimunis und seiner Vorläufer*）文集③是施特劳斯思想的真正开端，是这位政治哲人在

---

① 参见弗拉德金，"得体的言辞：解释迈蒙尼德与施特劳斯的遗产"，刘小枫编，《施特劳斯与古典政治哲学》，前揭。亦参 Hillel Fradkin, The Word Fitly Spoken：The Interpretation of Maimonides and the Legacy of Leo Strass, in *Leo Strauss and Judaism*：*Jerusalem and Athens Critically Revisited*, ed., David Novak, Rowman & Littelfield Publishers, 1996, p. 78, note. 1。

② 朗佩特，《施特劳斯与尼采》，前揭，页 9 – 10。

③ 施特劳斯，《哲学与律法》（*Philosophie und Gesetz*：*Beiträge zum Verständnis Maimunis und seiner Vorläufer*, Leo Strauss Gesammelte Schriften, Band 2, hrsg. von Heinrich Meier, Metzler 1997）。

现代之后重启"柏拉图式的政治哲学研究"的标志，它与施特劳斯身后出版的《柏拉图式的政治哲学研究》文集一道，构成了施特劳斯思想历程的起点与终点。我们的问题是：既然施特劳斯在其思想历程的终点认为，现代以后的"柏拉图式的政治哲学研究"，必须首先"注意"尼采，其次"注意"迈蒙尼德，那么，施特劳斯在其思想历程的起点，也就是在《哲学与律法》文集中，是否也持有同样的看法呢？我们单从这部文集的副标题"论迈蒙尼德及其先驱"就能清楚地看到，施特劳斯深究"哲学与律法"主题的目的，就是要为理解中世纪哲人迈蒙尼德及其先驱"做贡献"（Beiträge），从而让"迈蒙尼德及其先驱"成为回归"柏拉图式的政治哲学"的桥梁。这样一来，我们的问题就落到了尼采身上：施特劳斯在《哲学与律法》中是否同样向我们表明或暗示，现代以后的"柏拉图式的政治哲学研究"，必须首先"注意"尼采？

为了回答这个至关重要的问题，我们不妨先来看朗佩特在《施特劳斯与尼采》中是怎么讲的，因为，这部作品是西语学界研究施特劳斯与尼采思想关联的首部力作。我们注意到，《施特劳斯与尼采》"第一章：施特劳斯的尼采研究"第一节是"读尼采"，第一自然段以一个片语"偷偷摸摸地读"开头，而且第一自然段的主题词就是"偷偷摸摸"，作者进而用一个脚注告诉我们，施特劳斯如何在"公开"场合提到自己"偷偷摸摸读尼采"，[1] 接着作者又引述施特劳斯致洛维特（Karl Löwith）的私人信件，告诉我们施特劳斯"私下"对朋友坦承，从 22 到 30 岁，尼采是他的思想主宰。第二自然段的论题，就是我们这里关注的

---

[1]　参见朗佩特，《施特劳斯与尼采》，页 1。亦参"剖白"，何子健译，见刘小枫编，《施特劳斯与古典政治哲学》，前揭，页 725。

《哲学与律法》与尼采的思想关联，主题词还是"偷偷摸摸"：

> 在公开场合，施特劳斯宁愿只字不提自己受到尼采巨大影响的情形，不过，这种影响或许还是让其他偷偷摸摸读尼采书的读者揣摩出来了。他们在施特劳斯脱离尼采的影响之后的六年时写的《哲学与律法》（1935年）里面，仍然感受到尼采[对施特劳斯]的潜在影响。虽然尼采的名字只出现在该书的几处注释中，"导言"中却到处都有尼采的身影……凭借回归，尼采为我们提供了复兴柏拉图思想的机会。在《哲学与律法》里面，施特劳斯利用了尼采，但又不张扬他所起的作用；一个偷偷摸摸读尼采书的读者，现在成了偷偷摸摸的作者，他心中装着尼采，又不在笔端显露尼采。（前揭书，页1-2）

朗佩特这番话表明，尼采是施特劳斯回归柏拉图式的政治哲学的现代先驱，就《哲学与律法》而言，这位现代哲人"潜在影响"了施特劳斯。如朗佩特所言，尼采的名字只出现在《哲学与律法》的脚注中：尼采的名字第一次出现在"导言"的第二个也是最长的一个脚注的结尾部分（前揭，页13）。这个脚注之前的正文谈论由"启蒙运动"所导致的"犹太教的现代处境"，这个脚注本身，则接续正文的论述，从引述斯宾诺莎（Spinoza）开始，致力于批判"启蒙运动"和"现代哲学"。我们注意到，之前的"导言"脚注1只有一句话："'非理性主义'（Irrationalismus）只是现代理性主义的一个变种，后者本身已经够'非理性'的了。"（前揭，页13）可见，脚注1关于"非理性主义"和"现代理性主义"关系的说法，也属于批判"现代哲学"的范畴。但在"导言"脚注2①中，施特劳斯则表示对尼采"对传统的启蒙

---

① ［编按］即本书"导言"，第7页注①。

式批判"持肯定态度，他认为尼采"对传统的启蒙式批判"，以"极端"方式批判了"希腊的和圣经的诸原则"，"从而使得对这些原则的一种原初理解重新成为可能"，也从而为现代人由"第二洞穴"攀入"第一洞穴"、柏拉图所描述的"自然洞穴"提供了契机。可见，施特劳斯下这个脚注正是想表明，在由斯宾诺莎式的"启蒙运动"和"现代哲学"所导致的现代困境中，使"回归柏拉图式的政治哲学"成为可能的人正是尼采。施特劳斯在这个脚注中具名提到的三个哲人是斯宾诺莎、尼采和柏拉图，而且两次提到柏拉图：第一次提到柏拉图是指引我们参阅他的《普罗塔戈拉》和《法义》；第二次提到柏拉图是提到柏拉图的"自然洞穴"："攀升出这个洞穴而进入阳光下，则是哲学研究之本意"——我们注意到，施特劳斯正是在两次提到柏拉图的中间提到尼采。"脚注"当然是对"正文"的偏离，唯其是对"正文"的偏离，"脚注"才能成为"标志"，施特劳斯正是以此"标志"指引我们"注意"：尼采是连通"古今柏拉图式的政治哲学"的桥梁。

尼采的名字第二次出现，是在《哲学与律法》"导言"的脚注 12① 中（前揭，页 22），这个脚注恰恰是"导言"的倒数第二个脚注，而且，从这个脚注到"导言"结束的距离，恰好与尼采的名字第一次出现的脚注 2 到"导言"开头的距离相当。但与脚注 2 不同，脚注 12 只是一条简洁的文献指引："参尼采《善恶的彼岸》（*Jenseits von Gut und Böse*）条 9 的最后一个要点。"按照施特劳斯的指引，我们发现《善恶的彼岸》条 9 的最后一个要点是："哲学是这僭主式的（tyrannische）欲望本身，是最具精神性的权力意志、'创造世界'的意志、追求第一因（cau-

---

① ［编按］即本书"导言"，第 16 页注①。

sa prima）的意志。"① 尼采正是在这里第一次明确提出了他的哲学的核心观念之一或者核心观念——"哲学就是权力意志"。②我们注意到，施特劳斯后来在他专论尼采的唯一作品"注意尼采《善恶的彼岸》的谋篇"中直接提到《善恶的彼岸》条9有5次之多，并且认为"哲学肯定是《善恶的彼岸》的首要主题"，又认为"权力意志学说——《善恶的彼岸》的全部学说——在某种意义上是对上帝的一种辩护。"③我们知道，尼采《善恶的彼岸》条9首先批判了廊下派所谓"按照自然"来生活的学说，他认为"廊下派就是自我 - 僭制"（Selbst - Tyrannei）。然而，尼采矛头所向是"现代的廊下派"："曾经在廊下派身上发生的事情，今日还在发生，只要一种哲学开始信仰自己。"（前揭，页 21 - 22）我们注意到，施特劳斯在脚注 12 之前的正文中指出：

> 现代自然科学的"目的和价值中立"的自然，不可能就"目的和价值"教给人任何东西，在现代自然科学的意义上所理解的"存在"（Sein），本身绝不涉及"应当"（Sollen），因此，习传的观点，即正确的生活就是符合自然的生活，在现代的前提下失去了意义。（《哲学与律法》，前

---

① 中译参见尼采，《善恶的彼岸》，宋祖良、刘桂环译，漓江出版社，2000，页 146。据原文（Friedrich Nietzsche, *Jenseits von Gut und Böse*, *Zur Genealogie der Moral*, KSA, Vol. 5, hsg. von Giorgio Colli und Mazzino Montinari, Walter de Gruyter, 1988, p. 22）有改动。

② 尼采首次提出"权力意志"概念是在《扎拉图斯特拉如是说》中。参见尼采，《扎拉图斯特拉如是说》，黄明嘉、娄林译，2009，页 198 - 202："论自我超越"。亦参刘小枫，《重启古典诗学》，华夏出版社，2010，页 228 - 287："尼采的微言大义"。

③ 见《施特劳斯与尼采》，页 205；页 207 - 208，据原文略有改动。

揭书，页 22）

施特劳斯随后的分析表明，"现代自然科学"背后的"现代理想"恰恰是一种"新信仰"，用尼采的话说，利用"现代自然科学"来攻击正统的启蒙派就是"现代的廊下派"。因此，施特劳斯以脚注 12 表明，要克服"现代自然科学"、克服现代启蒙、克服作为"新信仰"的现代哲学，就得靠尼采提出的"哲学"——"最具精神性的权力意志"。我们注意到，之前尼采的《善恶的彼岸》十分简短的条 8 是对条 9 中的"权力意志"学说的预示，而此前的条 7 讨论的正是伊壁鸠鲁。与尼采《善恶的彼岸》的行文次序相反，施特劳斯在批判了"现代自然科学"之后，转入了对古今两种伊壁鸠鲁主义的对比分析，这或许暗示，施特劳斯对尼采的"权力意志"学说的运用是"反向的"运用。施特劳斯指出，现代启蒙作为现代的伊壁鸠鲁主义，其本质是一种"正直的无神论"。我们注意到，施特劳斯随后用脚注 13① 向我们表明，"这种新的正直是某种别的东西，而非真理之爱"（前揭，页 25），从而与"导言"脚注 1 相呼应，因为，"并非真理之爱的正直"恰恰是一种"非理性主义"。施特劳斯这篇"导言"的结论是：要走出这种无神论所导致的现代困境，就必须"求助于中世纪的启蒙，求助于迈蒙尼德"（前揭，页 26）。脚注 12 及其上下文已然向我们表明，要认清我们时代"最高级、最困难的问题"，首先得"注意"尼采，"注意"尼采的《善恶的彼岸》，"注意"尼采的"权力意志"学说；进而，要解决我们时代"最高级、最困难的问题"，则必须"注意"犹太教中"理性主义的经典传人"迈蒙尼德，也就是"求

---

① ［编按］即本书"导言"，第 18 页注①。

助于中世纪的启蒙"。若将脚注 2 和脚注 12 联系起来，则不难发现，施特劳斯通过引述尼采的这两个脚注已然向我们表明：现代以后的"柏拉图式的政治哲学研究"，必须首先"注意"尼采，其次"注意"迈蒙尼德。

《哲学与律法》中第三次出现尼采的名字，是在"第一章：犹太哲学中的古今之争——评古特曼的《犹太哲学》"的脚注 25① 中。这个脚注恰处在施特劳斯针对古特曼的全部批评的结尾处，脚注 25 之前这个自然段的正文，是施特劳斯对古特曼的"宗教哲学"观念的批评性总结：施特劳斯首先指出，古特曼的"宗教"和"信仰"概念源于施莱尔马赫（Schleiermacher），② 他进而比较了施莱尔马赫式的"信仰"概念的"道德主义"与中世纪哲人的"信仰"概念的"理智主义"，并引述了古特曼的道德主义对中世纪哲学的攻击：古特曼将中世纪哲人认为"'最普遍的道德的基本要求''需要由启示来补充'的观点判为'原始'（primitiv）"（前揭，页 61）。施特劳斯用下述一段话回应了古特曼对中世纪哲学的攻击：

> 我们愿意承认这种评判，尽管是在其原始、原初的意义上：中世纪的伊斯兰和犹太哲人比现代哲人"更原始"，因为，他们不像后者那样受衍生的自然权利观念支配，而是受原初的、古典的、作为统一而又整全的人类生活秩序的律法

---

① ［编按］即本书"导言"，第 55 页注①。
② 施莱尔马赫是基督教现代神学的奠基人，他认为宗教信仰的本质就是"绝对的依存感"，施特劳斯据此认为，古特曼的"宗教哲学"的核心观念"宗教意识的内在性"就来自施莱尔马赫。参汉斯·昆，《基督教大思想家》，包利民译，刘小枫主编，"历代基督教思想学术文库"，香港道风书社，1995，页 163–196。

观念引导；换句话说，因为他们都是柏拉图的学生，而非基督的门徒。（前揭）

施特劳斯在此提出了他的政治哲学的核心论题：支配现代哲人的"自然权利观念"与古代关于"统一而又整全的人类生活秩序的律法观念"的对立，从而将现代哲人与中世纪哲人的对立定性为"古今之争"。非但如此，施特劳斯最后竟在不经意之间，以"换句话说"这样的修辞，将"古今之争"与"柏拉图与基督的对立"划上了等号，这等于将现代"自然权利观念"的根源追溯到了基督教，也等于认定，追随基督的施莱尔马赫的追随者古特曼成了"基督的门徒"——在此，施特劳斯对古特曼的批评白热化，也正是在此关键时刻，施特劳斯写下了尼采的名字出现于其中的脚注25：

> 就此，阿威罗伊主义在基督教世界被接受的方式，提供了一项证明。人们应该有某种理由将基督教的阿威罗伊主义视为现代国家观的先驱（参德·拉伽得 [G. de Lagarde]，《宗教改革的政治精神研究》[*Recherches sur l'esprit politique de la Réforme*, Douai 1926]，页 52 以下和 81 以下）——原初的阿威罗伊主义的国家观完全是古典的。——我不会忘了指出，尼采的《权力意志》（*Wille zur Macht*）条 972，引人瞩目地将柏拉图和穆罕默德（Muhammed）并置一处。

施特劳斯首先指出，基督教的阿威罗伊主义为他将现代"自然权利观念"的根源追溯到基督教提供了证明。他进而区分了基督教的阿威罗伊主义和"原初的阿威罗伊主义"：基督教的阿威罗伊主义是现代国家观的先驱，而"原初的阿威罗伊主义的国家观完全是古典的"——这等于说"原初的阿威罗伊主义的国家观完全是柏拉图式的"。①随后，施特劳斯提到尼采的名字，指出他的《权力意志》条972 "引人瞩目地将柏拉图和穆罕默德（Muhammed）并置一处"。我们注意到，施特劳斯提到尼采时用了一个过去时虚拟式修辞"我不会忘了指出"（Ich möchte nicht verfehlen），等于告诉我们："我从这篇书评一开始心里就装着尼采。"施特劳斯心中究竟装着尼采的什么教诲呢？让我们按照施特劳斯的文献指引，看《权力意志》条972 的内容。②

"未来的立法者"——尼采用这个词组开启了他的《权力意志》条972。他接着区分了两类哲人：一类是"体系哲人"，另一类是"立法者"。第一类哲人的使命是历史研究，是让人类的过去有用于人类的未来；第二类哲人是"发号司令者"，柏拉图就是这样的哲人，等于说柏拉图就是"立法者"。尼采接着指出：

> 既然那两种慰藉方法，柏拉图的慰藉方法和穆罕默德的慰藉方法，如今已然遭弃，思想者也已不再可能用某个'上帝'或'永恒价值'的假说来宽慰他们的良心，新价值的立

---

① 参刘小枫，"阿威罗伊与阿威罗伊主义"，《求是学刊》，2008 年 3 期。

② 在施特劳斯撰写《哲学与律法》"导言"时（1935 年），他可能读到的几个《权力意志》版本中，972 条的内容是一样的（参尼采，《权力意志》，"译者说明"，张念东、凌素心译，北京：商务印书馆，1991；亦参刘小枫，"'尼采注疏集'出版说明"，华夏出版社，2006 – 2011；Walter Kaufmann，"Editor's Introduction"，in *The Will to Power*，trans. Walter Kaufmann and R. J. Hollingdale，New York：Random House，1968），此条由尼采写于1884 年的一条遗稿（见 KSA 版页 258 – 259）和写于 1885 年的另外一条内容相近的遗稿（见 KSA 版页 611 – 613）集合而成，972 条的前半部分内容，尼采后来将其用于《善恶的彼岸》211 条中（参前揭 Walter Kaufmann 译注本页 509，脚注 54）。张、凌译《权力意志》972 条译文（页 132 – 133）与原文有出入，下文引述据原文（KSA，Bd. 11）译出。

法者的要求本身就会上升为一种新的、还从未达到过的恐怖。
（前揭，页 133）

正是有鉴于希腊哲学和上帝信仰——以"哲人－立法者"柏拉图和"先知－立法者"穆罕默德为代表——在现代以后"失去了效用"，尼采认为，"价值的立法者要规定一个全新的、史无前例的恐怖要求"。原来，尼采这条遗作的主题正是开启他的"权力意志"的"未来的立法者"，尼采这条遗作是在呼唤"未来的立法者"。施特劳斯用这个脚注指引我们"注意"尼采的《权力意志》，就是在指引我们"注意"尼采的"权力意志"，是在指引我们"注意"尼采作为"未来的立法者"的"权力意志"。

我们回到《哲学与律法》"第一章"的正文：从尼采的名字出现于其中的脚注 25 开始直至"第一章"末尾，施特劳斯谈论的主题，正是伊斯兰亚里士多德派及其犹太后学的"先知－立法者"的概念。这说明施特劳斯不仅"从这篇书评一开始心里就装着尼采"，而且他在这篇书评中自始至终都装着尼采。施特劳斯指出，中世纪伊斯兰哲人阿尔法拉比及其犹太后学迈蒙尼德，正是通过由柏拉图的"哲人－王"概念向"哲人－立法者"概念的转换，实现了"对启示律法的哲学奠基"。与此相对，另一个中世纪犹太哲人勒维（R. Lewi ben Gerschom）的"有启示信仰的理性主义"，则通过瓦解柏拉图主义为现代的国家学说铺平了道路。施特劳斯进而指出，现代犹太哲人门德尔松（Moses Mendelssohn）的启示学说，"不惜以放弃传统的责任－自然正当（Verpflichtungs-Naturrechts）为代价，以迎合现代的权利－天赋人权（Anspruchs-Naturrechts）"，就是继承了勒维的学说。施特劳斯在"第一章"临近结尾部分没有忘记提到古特曼，而且是两次提到：

古特曼的伟大功绩是，通过显明中世纪哲学的"宗教－

哲学"特质，而指向中世纪形而上学的更深刻前提；未来的研究必须在批评式地瓦解现代的"宗教意识"概念的基础上，在重新理解古典的（antiken）、柏拉图式的神法概念的基础上，促使古特曼真正的意图得以胜利实现。（前揭，页61）

这段话从"古特曼的伟大功绩"开始，以"古特曼真正的意图"结束，中间是"瓦解现代的'宗教意识'概念"和"重新理解古典的、柏拉图式的神法概念"。既然施特劳斯这篇书评的目的，正是要瓦解古特曼的"宗教意识"概念，那么，所谓"古特曼的伟大功绩"就是"古特曼的重大错误"；既然古特曼的"宗教意识"概念是"古特曼的重大错误"，那么，"促使古特曼的真正意图得以胜利实现"，就是要彻底瓦解"古特曼真正的意图"，而要实现这个目的，就必须回到"柏拉图式的神法概念"。可见，施特劳斯关于古特曼的最后言辞是反讽。施特劳斯紧接着通过引述柯亨（Hermann Cohen）结束了这篇书评："迈蒙尼德'在思想更深处与柏拉图而非与亚里士多德一致'。"（前揭，页66）施特劳斯这篇自始至终心里装着尼采的关于古特曼的书评，最终指向柏拉图式的政治哲人迈蒙尼德。

关于《哲学与律法》中三次出现尼采名字的三个脚注，我们可以总结如下："导言"脚注2告诉我们，在现代以后，使"回归柏拉图式的政治哲学"成为可能的人正是尼采；"导言"脚注12告诉我们，要克服现代性，就得靠尼采在《善恶的彼岸》中首次提出的"权力意志"学说；"第一章"脚注25则更进一步告诉我们，要"回归柏拉图式的政治哲学"，就得靠尼采作为"未来的立法者"的"权力意志"。第一个脚注等于提出了"回归柏拉图式的政治哲学"的"可能性"，第三个脚注等于提出了"回归柏拉图式的政治哲学"的"可行性"，处在中间的第二个脚注则指向尼采"权力意志"。如果我们据此认为，施特劳斯正是想用这三个脚注向我们表明，不仅使"回归柏拉图式的政治哲学研究"成为"可能"的人是尼采，而且使"回归柏拉图式的政治哲学研究"变得"可行"的人也是尼采，尼采的能耐就是他的"权力意志"，就是他作为"未来的立法者"的"权力意志"，当不是过分之辞。然而，使"回归柏拉图式的政治哲学研究"成为"可能"的尼采，也只是以其"权力意志"使"回归柏拉图式的政治哲学研究"变得"可行"，尼采非但没有切实践行"回归柏拉图式的政治哲学研究"，相反，他主张回到"前苏格拉底"。切实践行"回归柏拉图式的政治哲学研究"的现代哲人正是施特劳斯：《哲学与律法》作为施特劳斯思想历程的真正起点，与施特劳斯思想历程的终点《柏拉图式的政治哲学研究》一样向我们表明，"回归柏拉图式的政治哲学研究"，必须首先"注意"尼采，其次"注意"迈蒙尼德。

黄瑞成

于陕西师范大学

古希腊罗马宗教研究所

2011 年 5 月

纪念梅耶·施特劳斯（Meyer Strauss）

哲学与律法

导　言

[9]用柯亨（Hermann Cohen）的话说，迈蒙尼德是犹太教中“理性主义的经典传人”（Klassiker des Rationalismus im Judentum）。我们认为，在比柯亨的含义更为严格的意义上，这种说法才正确：迈蒙尼德的理性主义是真正天然的典范（das wahrhaft natürliche Vorbild），是必须小心保守以免任何歪曲的标准，如此一来，它就成了摧毁现代理性主义的绊脚石。唤起对这种关于迈蒙尼德的观点的偏见（Vorurteil），更确切地说是激起一种对富有影响力的相反偏见（Vorurteil）的怀疑，正是眼前这部作品的目的。

即使摆脱了对于往昔的所有自然倾向的人，甚至相信人在现代已然达到其自我意识的空前境界，从而不可能从往昔真正学到什么的人，一旦他严肃地尝试理解被如此评价的现代，就会碰到迈蒙尼德的学说。因为，这种尝试要想成功，就必须在任何时候都将作为现代的根源的现代理性主义与中世纪理性主义相对照。但若要严肃地进行这样一种对照，从而自由地追问，在这两种对立的理性主义当中，哪种才是真正的理性主义，那么，在研究过程中，为了更清晰地认清现代理性主义的特质，即使仅仅作为手段，中世纪理性主义——我们认为其“经典传人”是迈蒙尼德——也将成为标准，按此标准，现代理性主义将被证明是一种虚假的理性主义（Schein - Rationalismus）。正因为如此，这个不言而喻的起点，即现代的自我认识是一项必要而有意义的任务，便获得了一种并非不言而喻的辩护：现代批判，即对现代理性主义的批判,① 作为对现代[10]智术（Sophistik）的批判，是[Ⅹ]在我们时代有可能追求真理的必要开端、忠实警卫和可靠标志。——

犹太教的现代处境本身——从而不考虑在此处境中未受此处境触动的犹太教的基本状况——是由启蒙运动决定的。因为，如果我们不为现代的种种表面景象（Vordergründe）和借口所欺骗，则现代所特有的全部现象，都可以追溯到作为其源头的启蒙运动，即追溯到十七、十八世纪的思想运动，此运动是由笛卡尔的《沉思录》（Meditationen）和霍布斯的《利维坦》（Leviathan）所开创的。这一事实难有争议，有争议的只是、也当然是启蒙运动的影响及其意义。因为，现代与启蒙运动的一致前提，如今已昭然若揭，启蒙运动与现代的对立，仅仅或者首先往往被如此评价和严肃对待：启蒙运动似乎早就"被克服了"；它的合法的、如今已变得"微不足道"的关切，似乎已然被考虑过了，而它的"肤浅"也已然落得应受之鄙视。以下这些争论距离我们的时代多么遥远：关于经文的字面灵启性质（verbale Inspiriertheit）抑或经文只具有人为性，关于圣经中的神迹（Wunder）的真实性抑或可能性，关于律法的永恒以及不可更改抑或历史地可变，关于创世抑或世界之永恒。所有讨论，如今只在一个水平上进行：启蒙与正统之间的重大争议，再无需重提，而且最终甚至必然被作为"错误提出（falsch gestellt）的争议"而遭到拒斥。如果事情真能就这样了结，启蒙对于犹太教的影响，也许事实上就是不值得如此严肃讨论和关注的问题，尽管并非所有当代人都这样看问题，但所有当代的"运动"的确是这样看问题的。启蒙的前提难道真的微不足道？启蒙难道真是一个可鄙的敌人？

只要信仰创世、信仰圣经中的神迹的真实性、信仰以[ⅩⅠ]西

---

① "非理性主义"（Irrationalismus）只是现代理性主义的一个变种，后者本身已经够"非理性"的了。

奈山（Sinai）上的启示为根据的律法的绝对约束力和本质确定性
乃是犹太教传统的根基，那么，我们就必须说：启蒙运动削弱了
犹太教传统的根基。激进的启蒙——想想斯宾诺莎——[11]从一
开始就完全有意识地这样做了，而且完全是有意为之。就温和的
启蒙之所为而言，它必定因为努力居间调停正统与激进启蒙、启
示信仰与理性自足信念而遭到鄙视，历史判断固然非常公道，但
温和的启蒙也不可能因此而摆脱鄙视。后来的人眼见霍布斯、斯
宾诺莎、培尔（Bayle）、伏尔泰、莱马鲁斯（Reimarus）的攻击，
连门德尔松（Mose Mendelssohn）的辩护方法也抵挡不住，便从一
开始就支持激进启蒙以反对正统；所以，他们从一开始就接受了
全部真实或假定的结果，接受了神迹批判和圣经批判的全部明确
或隐含的前提；然而，他们随后通过对（激进）启蒙所采取的反
击，重又根据自己的观点为传统建立了基础。换句话说，后来的
人认识到正统与启蒙之间的任何折衷方案都站不住脚，他们由启
蒙与正统相互斗争、温和启蒙致力于折衷的水平，跃上了另一更
高的水平，这个水平本身使启蒙和正统的一种综合成为可能。因
此，在这个新获得的水平上，后来的人重新为传统建立的基础，
作为一种综合，当然不可能是别的样子，而只可能采取变相的
"内在化"（verinnerlichter）形式。但如今一点也不难看出，这种
对譬如创世、神迹和启示概念的"内在化"，剥夺了这些概念的
全部内涵。这种"内在化"与否认这些概念的内涵的不同之处，
只在于这种"内在化"的始作俑者的意图：此意图虽然不好，但
至少动机是好的（die wenn nicht gute, so jedenfalls wohlmeinende
Absicht）。如果上帝并非在"外在的"（äuBerlichem）意义上创造
了世界，如果上帝并非真的创造了世界，从而，如果不能[XII]出
于理论意图（in theoretischer Absicht）——作为朴素而真实的创
造，作为创造的事实——而坚持创世，就必须诚实地否认创世，
或至少避免讨论创世。然而，所有对传统的基本主张的"内在
化"，都以下述看法为根据：从"反思性"前提出发，即从"更

高"水平的后启蒙的综合出发，上帝与自然的关系，不再可能获得理解，也从而不再引人瞩目。

[12]如今已司空见惯的"内在化"，其实就是否定——这种在无偏见的眼光看来明白无误的事实，会因为下述情形而变得模糊起来：首先，也就是说，只要我们不特别以历史性反思来反对我们的偏见，我们就会发现，我们自己完全被启蒙运动所造就，并为启蒙运动的后继者和反对者所加强的思维方式给迷住了。我们这种偏见，尤其表现在为对犹太教传统的基本主张的"内在化"作辩护的方式。其实，根本不存在这样一种"内在化"：即使经过长期思考，也不可能发现或指出这样或那样的传统权威的这样或那样的表达，以作为这种"内在化"无可置疑的证据。然而，这事实上只是事后的辩护，它的根据——如果完全不考虑这种无原则性，即提出这些往往脱离了语境的巧妙说辞作为确定的证据——是下述两种错误中的一种或同时是两种。第一种错误是，人们诉诸这样的证据，即从属于一种未发展成熟的信仰建构层次的证据，来反对正统的、"外在的"表达。以此方式，人们可以避免譬如关于字面灵启（Vebalinspiration）的学说、关于创世作为从虚无中创造的学说、关于个体不死的学说。但这些学说在历史上首次提出的时候，这些学说与那些毫无争议具有圣经来源的学说很明显必定具有内在关联，所以，如果谁还想与"诸先知的宗教"保持一致，就很难对这些学说产生怀疑。人们反对[XIII]犹太教传统的完整表述时，诉诸在圣经中，尤其是在后来的先知那里处于显著地位的要素，可见，人们遵循的其实是启蒙的方法，这些方法尤其被"宗教上的自由主义"奉为权威。这一事实众所周知，而且因为，部分出于很好的理由，部分也是出于很糟糕的理由，自由主义新近被搞得声名狼藉，所以，圣经研究方法，或确切地说，历史－批评方法，即对正统的"克服"，变得越来越无用武之地了。第二种错误是，人们在反对正统时，诉诸在犹太教传统中作为冒险之言的极端表述。以此方式，人们可以避免譬

如关于律法绝对不可改变的学说和关于神迹的学说。[13]尽管一种极端表述或许言之凿凿，或许被不断重复——但一种非常"大胆"、非常"自由"的表述，作为冒险之言，若以对创世、神迹和启示的信仰为确定根据，而使得此表述成为可能的首先是这种信仰，那么，这样的极端表述是一码事；若按照其本身的含义，一种表述原来错误地、甚至完全以颠倒方式脱离了这一确定根据，那么，运用如此奠基的一种表述作为基础，的确又是另外一码事。如今人们将一种极端表述——有如一个金字塔尖——当成了犹太教传统的基础，这再次表明：人们完全受启蒙运动的思维方式束缚。因为，启蒙运动的标志正是：通过臆想的或所谓对传统的"内在"批评和发展，启蒙运动把传统中的例外（Extreme），变成了一种立场之基础，这种立场实际上与传统完全格格不入。①

---

①　参譬如，斯宾诺莎援引下述原则，为他反对律法作辩护：人在上帝手中，恰如陶土在陶工手中；参见拙著《斯宾诺莎对宗教的批判》（*Die Religionskritik Spinozas*，Berlin 1930），页191以下。——文本中提出的主张，比其乍看上去所能表达的含义更为根本；此主张也扩展到了哲学传统，并且指出：启蒙运动——就其远非对更为古老的立场的恢复而言——从根本上把传统中的例外（或抨击传统中的例外），变成了一种立场之基础，这种立场实际上与传统完全格格不入。启蒙运动的意图是通过否定（或限制）超自然以复原自然；但结果却发现了［XIV］一个新的"自然"基础，这个基础完全缺乏自然性，反倒像是"超自然"之残余。宗教和哲学传统的创始人，从自然和类型（Typischen）出发所提出的可能性和要求，在现代开端期，乃是自明的，在此意义上也是"自然的"；因此，这些可能性和要求，也不再被认为是需要作出彻底证明的例外，相反，它们本身作为"自然的"基础，可以服务于否定或重释：而所否定或重释的内容，绝对不仅是超自然，恰恰还有自然和类型：古代和中世纪哲学从类型出发来理解例外，与此相对，现代哲学则从一开始、并且在所有根本未能恢复古老的教诲之处，从例外出发来理解类型。所以，在忽视了"微不足道地"追问美德的本质及其可教性的前提下，例外的（"神学的"）爱的道德，就变成了"自然的"（"哲学的"）道德；所以，对自然的勇敢典范的（Tapferkeitsideals）批评——哲学传统的（转下页）

[XIV]因此，如果必须坚持，对传统的基本主张的"内在化"，使这些基本主张失去了意义，[14]从而表明，不仅居于正统与启蒙之间的任何折衷方案都站不住脚，而且对此两种立场的任何综合最终也站不住脚，也因此，如今不再能绕开，甚至[XV]如今还没能绕开正统抑或启蒙的抉择，那么，我们必须首先或至少下降到启蒙与正统的经典传人之争的水平，正如下降到为一种永恒的真理而斗争、并且能够为一种永恒的真理而斗争的水平，因为，对真理的自然渴望，尚未被更新的教条——"宗教"和"科学"各有各的真理——所窒息。为达到此水平，我们不必太过远离现代的魔力圈：激进的启蒙如今依然富有活力，如今它甚至还以某种方式，即就其最终和最表面的后果而言，要比十七、十八世纪的激进的启蒙远为"激进"，而与此同时，正统如今也依然富有活力。因此，启蒙与正统之间未再聚讼的可能论争必须恢复，甚或[15]如人们所承认的那样，如果不想只是有意闭上眼睛，那么，启蒙与正统之间早已存在并且一直在持续的论争就必

（接上页）创始人在他发现认知的（Wissens）例外（因此不可能实现于尘世生活之中的）典范过程中贯彻了此批评（譬如参柏拉图，《普罗塔戈拉》349D 和《法义》630C），尽管如此，勇敢之德性本身仍然得到承认——如今被以下述方式"极端化了"（radikalisiert），勇敢之德性本身被正式否定掉了；如此一来，紧急法权（Notrecht）的例外（extreme）情形，就成了自然法的基础；所以，针对神迹的例外可能性的争辩，就变成了哲学的"理想化"转变的基础。启蒙运动所主张、却又被它所抛弃的自然基础，只有以下述方式才有可能达成：启蒙反对"偏见"的斗争，尤其是由经验论和现代历史学所推进的斗争，按照其原意达成了下述目的，对传统的启蒙式批判，如尼采之所为，极端化为对传统（希腊的和圣经的）诸原则的批判，从而使得对这些原则的一种原初理解重新成为可能。因此，也只因为如此，对哲学的"历史化"才是合理的，也才有其必要：只有哲学史能使攀升出第二个"非自然"洞穴成为可能，我们陷入这个洞穴，较少因为传统本身，而是因为抨击传统的传统；我们陷入那第一个洞穴，即柏拉图用比喻描述的"自然"洞穴，以及攀升出这个洞穴而进入阳光下，则是哲学研究之本意。

须重新理解。

然而，恢复或重新理解这种论争的要求，长久以来难道从不曾秘而不宣地得到实行？既未曾实行，为何要重启这场最终已沉寂的论争！对"内在化"的批判，作为这种要求的首要根据，岂非多此一举？复归运动的目的是回到传统，其典型的、未曾被忘却的表达是发展，此运动真正的、尽管往往是隐秘的推动力，如果不是柯亨的学说，难道不正是对"内在化"——十九世纪总体而言就止于此"内在化"——之问题性的洞见？难道不正是多亏了此运动，在最近一个世纪里，犹太教的状况发生了翻天覆地的变化？——犹太教的状况因为复归运动（Rückkehrbewegung）而变化了，这一点必须承认；但要说犹太教的状况发生了翻天覆地的变化，则必须予以否认。犹太教的状况并未因此而发生翻天覆地的变化，① 因为，在整个复归运动中，并未出现一场[XVI]关于启蒙与正统之争的根本反思。但恰恰在那场运动的意义上，没有什么比这样一种反思和修正更有其必要了。这场运动最重要的代表，恰恰没有毫无保留地完成复归传统的任务。柯亨直到最后，还是以人的自由和自持的名义，针对传统提出了明确的保留态度。罗森茨威格（Rosenzweig），这位至少在某种意义上比柯亨本人走得更远的人，也丝毫不怀疑：他既不能接受传统的不死信仰，也不能接受所谓现代德国的正统派所特有的关于律法的观点。这些或相关的保留态度，② 人们细究便可知晓：[16]连柯亨和罗森茨威格也毫不犹豫地承认，它们都源于启蒙，正因为复归传统要求与一种"新思维"保持关联，所以，需要从新的根据出发，对这些保留态度作出具有内在关联的原则性辩护。人们不会冒险声称：

————————

① 在此，我们完全不考虑下述事实：传统的基本主张的最初未"内在化"的[XVI]含义，连柯亨和罗森茨威格都不承认。

② 关于布伯（Martin Buber）的保留态度，参罗森茨威格与他的讨论，见重印于《两河流域》（Zweistromland）页48以下的内容。

他们已经以符合理性要求的方式，达成了这样一种辩护——实质上这种辩护也是一种偏袒启蒙的辩护。相反，在论争中，只有后启蒙的综合，尤其黑格尔，实施了向传统的复归。① 人们相信应当放弃与启蒙的直接的主题性论争，因为，人们在"克服了"黑格尔主义的意义上，合乎逻辑地认为，通过"克服"黑格尔主义，已然被后者所"扬弃"的启蒙，也一道被"克服了"。但事实上，[XVII]对黑格尔主义的批判，恰恰导致对启蒙的实质性恢复。因为，如果不是一种对启蒙的恢复，那么，在十九世纪，尤其在莱辛（Lessing）的后继者那里所实行的、基于复归传统的"内在化"又是什么？如果传统的主张也具有并且恰恰具有一种"外在"含义，那么，启蒙的攻击就并非基于对传统的原则性误解，启蒙的攻击的确只针对作"外在式"理解的传统主张——而针对传统主张的"内在式"含义，霍布斯、斯宾诺莎、伏尔泰都没有写过也不会写下一行字。人们必须承认并且强调这一事实，而且，因为人们以原则不明的方式接受了启蒙对传统的批判，所以，此外还必须承认并且强调：启蒙与正统的论争，不仅并非没有意义，相反，还根本未受到认真对待。然而，这一事实或其他事实都未得到承认和强调，这一点，所有注意考察过我们所讨论的运动的人都可以证实。② 因此，[17]如果此运动的动机的确有理由，那么，重要的就完全并且首先在于恢复或者重新理解启蒙与正统的典范之争。

---

① 与黑格尔的论争，乃罗森茨威格（《黑格尔与国家》[Hegel und Staat]）和西蒙（Ernst Simon，《兰克与黑格尔》[Ranke und Hegel]）的早期著述之所为。

② 此项评论本身也关涉意义更为重大的启蒙批判——这种批判是在复归运动中表现出来的，也关涉柯亨对斯宾诺莎的《神学政治论》（Theologisch - politischem Traktat）的批判。我不妨也提到拙作"柯亨对斯宾诺莎的圣经科学的分析"（Cohens Analyse der Bibelwissenschaft Spinozas）一文，见1924年度《犹太人》杂志（Der Jude），卷八，页295–314。

因为，这一论争绝没有因启蒙所声称的对正统的"胜利"而失去根据。除非我们必须认为，世界历史，甚至这两到三个世纪的历史，就是世界末日；事实上，启蒙恰恰还意识到，这些胜利是"对正确事业的非常模棱两可的证明，甚或……根本就不是证明"，也从而，"自以为是的人，还有本当自以为是的人，同样只是极少数人"。① 因此，如果重要的是在自以为是的一派，[XVI-II]即启蒙，与本当自以为是的一派——按照莱辛的规则，或许是正统——之间作出区分，换句话说，如果重要的是批判启蒙对正统的胜利，那么，既然情况如此，就必须翻出落满灰尘的旧书，这些书被视为启蒙与正统之争的经典文献。也就是说，必须听取两派的论争。只有这样做，更准确地说，只有将所发生的论争摆在眼前，才有望能够获得一个未被偏见败坏的、关于两派的隐秘前提的观点，从而能够获得一个有根据的、关于论争中的正确与错误的判断。②

对这场论争中提出的论证和反论证作出批评性检验，会引出这样的结论：还根本谈不上驳倒作"外在式"理解的传统的基本主张。因为，所有这些主张都基于不可反驳的前提：上帝是全能的，上帝的意志深不可测。如果上帝是全能的，那么，神迹和启示就必定存在，尤其是，圣经中的神迹和启示就是可能的。尽管对于正统也从而还有对启蒙而言，重要的与其说是圣经神迹和启示的可能性或不可能性，还不如说是其真实性或不真实性；[18]但事实上，启蒙的几乎全部努力，即阐明圣经神迹和启示的不真实性，都明里暗里基于以下前提：神迹和启示的不可能性完全确定或可以证明。然而，在实施其批判的过程中，最激进的启蒙体

---

① 莱辛，"关于霍恩胡特人的思考"（Gedanken über die Herrnhuter）开篇。

② 就此及接下来的内容，参见施特劳斯，《斯宾诺莎对宗教的批判》，页3以下，61，65，124以下，194以下，以及200以下。

会到，即虽然并非清楚地知道，但每每强烈地感觉到：由于正统的最终前提无法反驳，所有以此前提为根据的个别主张都坚不可摧。这一点，再清楚不过地表明了启蒙［XIX］主要运用的斗争方式，启蒙对此斗争方式得心应手，施行得十分出色，以至于这种斗争方式——人们或许会说，仅仅这种斗争方式——决定了启蒙之于正统的胜利；这种斗争方式就是嘲讽（Spott）。借助嘲讽，如必定知道这种嘲讽的莱辛之所言，启蒙企图将正统从一个位置上"笑"出去：因为，凭圣经证据和理性证据，无法将正统逐出这个位置。因此，启蒙对传统学说的嘲讽，并非先前对这些学说的反驳之延续，也未表现出无偏见之人对明显荒谬的偏见力量的惊讶，相反，嘲讽就是反驳：通过嘲讽，方才第一次摆脱了先前据说已然摆脱了的"偏见"；至少，嘲讽尽管是事后的、但也是决定性的、对用任何方法所能获得的自由的合法化。① 所以，嘲讽对于启蒙的宗教批判的意义，乃是正统不可反驳的一个间接证据。因此，正统能够经受住启蒙的攻击和所有后来的攻击和退却而不变质。②

［19］然而，尽管启蒙对正统的攻击失败了，这两股敌对势力的斗争，对启蒙仍具有极为重大的积极后果：人们不妨可以说，启蒙成功地从它那一方面抵挡住了正统的进攻。尽管启蒙还无法——不妨引述一项不仅仅是例证的例证——证明神迹的不可能性或［XX］不真实性，但它能够阐明启示本身的不可知性，从而抵御正统的主张。因此，启蒙的攻击性批判的正确之处，并非其防

---

① 在这种以相当成问题的方式获得的、并且合法化了的自由变成自明的事实之后，人们可能会允许自己希望比传统理解自己更好地理解传统，也从而对传统含糊地"敬"而远之。与此"敬意"相关，对启蒙的嘲讽充满了蔑视的愤慨，与正统竭尽全力的愤慨保持着距离，这种距离使得上述综合与正统全然不同：对于正统而言，这种嘲讽比后来的"敬意"要公正得多。

② 正统本身是一码事，有些正统维护者和所有正统的"体系式哲人"的说法是另一码事，我们必须就此作出根本区分：这一点无需进一步解释。

御性批判的正确之处。通过启蒙与正统之争而变得比以往更加清楚和更广为人知的是：正统的前提——创世、神迹和启示的真实性——并非（哲学或历史地）可知，而只能信仰，因此，正统的前提不具备可知之物所特有的约束性。不仅如此，尽管前启蒙的科学与信仰学说之间有某种和谐关系，但新的科学，即在反对正统的斗争中确立的科学，虽然并非真有 raison d'être［存在的理由］，却与信仰处于一种常常被掩盖了的对立之中，而这种对立实际上一直在起作用，从而不断浮现。因此，新科学的产生所导致的后果是：传统的基本学说，即在更古老的科学的前提下尚且可知的学说，越来越被认为只可信仰。对自然神学和自然法的摧毁，在启蒙运动时期，至少已经做好了准备，这是最重要的例证，也是这种科学发展的真正标志。最终的后果是：无信仰的科学与信仰，不再像在中世纪那样，拥有共同的自然知识基础，在此基础之上，信仰与不信之间富有意义的争论是可能的；相反，甚至连任何对于两者之间存在一种对立之可能性的理解，也几近消失，由启蒙及其后裔建构的世界，"现代文化"的世界，正统的确分享不了；如果正统坚定不移，就甭想进入这个世界；正统作为一种［20］未得到理解的、已被遗忘的世界的残余，遭受的鄙视多于称奇，正统就这样挨过了十九世纪。

　　因此，启蒙在建构它的世界的过程中，不允许自己因攻击正统落败而发生动摇。毋宁必须说：启蒙正因为这种落败而被迫［XXI］建构一个世界。因为，启蒙不愿满足于拒斥正统的主张不可认识而只能信仰；带着对这些正统主张的印象，启蒙想驳倒这些主张。然而，这些主张——世界是全能上帝的创造，从而神迹在这个世界上是可能的，人需要启示来引导其生活——既不能靠经验来反驳，也不能靠矛盾律来驳倒；因为，既不能说经验会反对由一位深不可测的上帝来管理世界和人类，也不能说一位深不可测的上帝的概念本身包含矛盾。如果想反驳正统，除了尝试下述证明，还没有其他法子：无需假定一位深不可测的上帝，世界和生命照样完全可以理解。这意味着：要反驳正统，取决于一个体系的成功。人必须通过理论和实践，证明自己是世界的主人和自己生活的主人，这个由他所建构的世界，必须使得纯粹"被给予"他的世界化为乌有，如此就不只是反驳了正统——它"过时了"。抱着通过完成一个体系以便能"克服"正统的希望，从而不关注其原本对正统的攻击落败的事实，启蒙如此按照真正的拿破仑式的战略来谋求胜利，就会将无法攻克的正统堡垒变成后方，而启蒙知道敌人不会也不可能冒险突围。启蒙放弃了不可能成功的对正统的攻击，致力于务本，致力于世界和人的文明化（Zivilisation）。如果这项事业成功了，或许将不再需要证明启蒙之于正统的胜利是正当的，只要这项事业看上去是成功的，人们就会认为不再需要证明启蒙之于正统的胜利是正当的。然而，对文明化的后果的怀疑，旋即变成了对文明化的可能性的怀疑。最终，下述信念会破灭：人，通过将"自然的限制"不断向后推移，可以不断迈向更大的[21]"自由"；人可以"征服"自然，人可以为自然"确立人的[XXII]律法"，凭借纯粹的思维可以"产生"这些律法。在此结局中，还有何启蒙成果尚存？什么最终证明是启蒙成就的根据和辩护？

启蒙对正统的批判，尽管有相反的外表，但事实上只是防御性的；这种批判基于彻底放弃了一种对正统的反驳：启蒙所证明的，并不是神迹的不可能性，而只是其不可知性。确切地说：神迹的不可知性，以新的自然科学为前提。因此，新的自然科学似乎成了启蒙真正的合法根据。事实上无人能够否认，对于启蒙成就具有决定性意义的，首先是下述信念：伽利略、笛卡尔和牛顿的科学，已经驳倒了亚里士多德的科学以及由此科学所揭示的"自然世界观"，这种"世界观"也是圣经的世界观。启蒙的成就只是被推迟了，这一成就之所以成问题，并非因为它想协调"现代世界观"与圣经的世界观，这种协调尤其泛滥于十七、十八世纪，而且至今仍被相当频繁地尝试；因为，说到底，这种协调始终是启蒙的手段，而非对启蒙的抵制：温和的启蒙是激进启蒙的最好准备（Vorfrucht）。温和启蒙使得新的自然科学变得可以接受，新的自然科学从而使自己变成了激进启蒙踏上胜利征途的盟友和先锋。然而，新的科学恰恰无法长久支持下述主张：揭露关于世界"本身"的真理；这种"理想化的"规划，从一开始就潜伏在新的科学自身当中了。① 现代"观念论"（Idealismus），一方面，将发现"审美"作为对人的创造性地位的最纯粹的洞见，另一方面，将发现人及其世界的极端"历史性"作为［XXIII］对一个永恒的自然观念、一个永恒的真理观念本身的最终克服，最终，现代"观念论"将现代自然科学理解为一种［22］在诸"世界建构"（Weltdeutung）形式中受历史制约的形式，从而使恢复"自然世界观"成为可能，圣经就以这种世界观为根据。一旦现代"观念论"完全胜出，启蒙之于正统的胜利，便失去了其原初的可靠辩护：对神迹本身不可认识的证明无效。因为，只有在现代自然科学的前提下，神迹本身才不可认识。只要科学仍然是迈向真理的唯一道路，人们便可以让自己满足于由历史研究所认定的观点：神迹主张与人类前科学的立场有关，因此毫无尊严。然而，这最终表明，认证这种观点的事实，却使得相反的解释成为可能：说到底，彻底拒绝神迹的意图，难道不正是引导现代自然科学的科学概念的理由？现代自然科学"独一无二的" "世界建构"——据此，神迹当然不可认识——特地被设想出来，难道不正是为了表明神迹不可认识，为了使人避免被全能的上帝抓住（Zugriff）？

因此，现代自然科学成为启蒙战胜正统的前提或手段，只有在下述情况才可能：已然被启蒙本身所撼动的、古老的真理概念，仍然统治着人，尤其是仍然决定着人们由现代自然科学得到的观

---

① 这一点为下述事实奠定了基础：启蒙不可能证明奇迹的不可能性，而只能证明其不可知性，假使启蒙有自我理解，它便可望证明这一点。

念。也正因为如此，借助现代自然科学以确立现代理想即文化理想的努力，才有短暂的可能性：人们相信，新的自然概念是新理想的充分条件，正因为旧的自然概念是旧理想的充分条件。然而，人们错了。人们必须确定，现代自然科学的"目的和价值中立"的自然，不可能就"目的和价值"教给人任何东西，在现代自然科学的意义上[XXIV]所理解的"存在"（Sein），本身绝不涉及"应当"（Sollen），因此，习传的观点，即正确的生活就是符合自然的生活，在现代的前提下失去了意义。① 由此，如果现代自然科学无法为现代理想（das moderne Ideal）作辩护，[23]另一方面，如果现代理想与现代自然科学之间有内在关系不假，那么，人们就会认为有必要追问：是否事实上恰恰相反，现代理想才是现代自然科学的基础？因此，是否也恰恰是一种新信仰而非新知识在为启蒙作辩护？

如果问题的提法采取后一种形式，就可以摆脱诟病，可以理解的是，这种诟病与现代自然科学的道德来源问题粘在一起。因为，连现代自然科学最深信不疑的拥护者也承认：关于人类的正确生活的一种新理想、一种新设想的出现——尽管仅次于自然科学的成就——对于启蒙之于正统的胜利具有决定性意义。事实上，在他们看来，这种构想应归于作为人类及其文化自治的自由理想。然而，只有当人们混淆了被理解为自治的"自由"与良心"自由"，混淆了哲学的"自由"与政治"自由"时，才能坚持这种观点。作为人类及其文化自治的自由，既不是对启蒙的最初辩护，也不是对启蒙的最后辩护。这种理想，毋宁说只在和平的间歇期有可能维持：在间歇期，反对正统的战斗似乎停止了，另一方面，由启蒙所激起的力量针对其解放者的反抗尚未爆发，人们再也不可能看到，一个舒适的居所矗立于其上的根基何在——在此时期，

---

① 参尼采，《善恶的彼岸》（*Jenseits von Gut und Böse*）条 9 的最后一个要点。

在最终步入文明状态之后，人们会忘了自然状态——单单此自然状态就能确定［XXV］文明之合法性——从而树立起"更高的"文明理想——作为不受限制的精神创造，以取代最初的文明理想——作为人类面对极为强大的自然的自我主张。犹太教传统比文化哲学更恰当地回答了对启蒙的原初理想的追问。犹太教传统如果不是在所有情况下，也是在多数情况下，将背离律法即反对律法描述为伊壁鸠鲁派的本质（Epicureertum）。有一些情况，即印象或怀疑，导致拉比们总是对背离律法有此描述或归类［24］——对伊壁鸠鲁主义的历史研究可以支持这种描述。伊壁鸠鲁的确是宗教批判的经典传人：与他人不同，他的全部哲学假定，对超自然力量和死亡的恐惧，乃是威胁人类幸福安宁的祸端；是啊，这种哲学几乎只是平息神灵恐惧和死亡恐惧的古典手段，它证明这种恐惧"毫无理由可言"。伊壁鸠鲁式的批判对于启蒙的影响表明，如果一步步追究启蒙的轨迹，从启蒙的开端到法朗士（Anatole France），就会发现，伊壁鸠鲁式的批判乃是启蒙批判的根据，或者更准确地说，是启蒙批判的前景（Vordergrund）。因此，伊壁鸠鲁式的批判在启蒙时期经历了一个根本转变。尽管对于启蒙而言，重要的是人类的幸福安宁，这种安宁主要或尤其受到宗教想象的威胁；但启蒙理解的这种幸福安宁、这种和平，与原初的伊壁鸠鲁主义根本不同；启蒙这样理解"和平"：为了文化之故，征服自然、改良自然，尤其是征服和改良人的自然，是必要的。伊壁鸠鲁派反对宗教的恐惧幻觉时，主要针对这种幻觉的恐惧特点，而启蒙则主要针对这种幻觉的幻觉特征：启蒙认为，不管宗教想象令人恐惧还是令人安慰，宗教想象作为幻觉，隐瞒了真实的好（Güter），隐瞒了享有真实的好的快乐，它们诱使［XXVI］人放弃真实的"此世"而转向想象中的"彼岸"，诱使人自愿受靠幻觉生活的贪婪教士的欺骗，以为自己拥有并享有了真实的、"此世的"好。摆脱宗教幻觉，觉醒并转向对自身的真实状况的清醒认识，由受一个贫瘠、敌意的自然威胁的糟糕经验而获得教训，人认识到：作为他唯一的救赎和义务，与其"耕种自己的花园"，还根本不如首先设法搞到一个"花园"，在其中人可以成为自然的主人和所有者。这种"粗鄙的"（grobe）设想，不言而喻，已经被"克服了"——被一种设想"克服了"，这种设想完全显明了在由伊壁鸠鲁主义转向启蒙过程中所预示和暴露的倾向。这种设想最后也最纯粹的表达是：宗教想象遭到拒斥，[25]并非因为它们可怕，而是因为它们可想往，因为它们令人安慰：宗教并不怎么像是人出于神秘的理由而创造出来的工具，目的是为了折磨自己，使自己的生活毫无必要地变得艰难，相反，它完全是人出于非常显而易见的理由而采取的出路，目的是为了逃脱任何文明进步也无法根除的生命的恐怖和绝望，从而让生命变得轻松一些。一种新的勇敢形式，却禁止在面对生命的恐怖时，逃向令人安慰的幻觉的任何企图，它接受了对无神之人的生命不幸的有说服力的描述，以此作为这种新的勇敢形式是好事情的证据，并最终强调自己是反抗启示传统的最后和最纯粹的正当根据。这种新的勇敢，决心睁大眼睛顶住要人牺牲的巨大考验，勇敢面对可怕的真理，毫不妥协地反对人的自欺倾向，认为这才算正直。① 这种正直，这种[XXVII]"理智的正直"，命令我们抛弃

---

①　这种新的正直是某种别的东西，而非真理之爱：所谓"理性的良知"，指的是"科学对人的'内在'统治，事实上这并非随便哪种科学，而正是现代科学"（克吕格[G. Krüger]，《康德批判中的哲学与道德》[*Philosophies und Moral in Kantischen Kritik*, Tübingen 1931]，页9，注释2）。这种正直的无偏见特质[XXVII]，正是"在超越的理想中不存在偏见之无偏见"（洛维特[K. Löwith]，"韦伯与马克思"[Max Weber und Karl Marx]，见《社会科学与社会政治档案》[*Archiv für Sozialwissenschaft und Sozialpolitik*]卷67，页72以下）。这种正直观点，让我们想起了批判的定义："批判……本质就是否定超自然（La critique…a pour essence la negation du surnaturel）。"有人对此提出异议："批判的本质，就是关注（L'essence de la critique, c'est l'attention）。"（格雷特里[A. Gratry]，《智术派与批判》[*Les sophistes et la critique*, Paris 1864]，页10。[中译按]格雷特里（1805 – 1872），法国天主（转下页）

所有居间"调解"启蒙与正统的努力——不仅是温和启蒙的努力，而且尤其是后启蒙综合的努力，认为这些努力不仅不可能达成，而且尤其[26]不正直，这种正直强迫我们就启蒙抑或正统作出抉择，而且，它认为在传统本身的原则中发现了最深刻的不正直，所以，它命令我们放弃"上帝"（Gott）这个词。这种带有好良知甚或带有坏良知的无神论，正因其凭良知行事，因其道德，而与没有良知的无神论区别开来，这种没有良知的无神论，往日令人毛骨悚然：通过十七、十八世纪的谋划，"伊壁鸠鲁派"变成了"理性主义者"，他们不愿安全地"隐居"，而学会了为荣誉和真理而战斗，为荣誉和真理而死，他们最终变成了"无神论者"，出于良知抛弃了上帝信仰。因此，很清楚，这种无神论，不管与最初的伊壁鸠鲁主义相比，还是与启蒙运动时期最"激进的"无神论相比，都是以圣经为根据的传统的后裔：这种无神论接受的论点，基于一种观念而否定启蒙，这种观念只有通过圣经方才可能。如果因为这种无神论不愿以任何方式掩盖其不信，从而拒绝对启蒙与正统[XXVIII]加以"综合"，那么，它恰恰是对这种对立立场的最终、最激进、最不容争辩的协调。这种无神论，乃是启示信仰的传人和裁判者，是数世纪甚至数千年来信与不信之争的传人和裁判者，也是最终短命但却并非因此而同样毫无结果的、对已失去的信仰的浪漫渴望的传人和裁判者，它凭着用感激、反抗、渴望和冷漠营造的多端（vielfältiger）诡计，凭着天真

（接上页）教教士，1861 年任奥尔良代理主教，1862 年任索邦大学伦理学教授，1867 年继任伏尔泰为法国科学院院士，反对"教皇无误教条"）在此异议的意义上，正直与真理之爱的对立可作此理解：公开承认是无神论者，有意果敢地引出所有后果，尤其是引出半无神论（halben Theismus），抛弃了后启蒙综合的武断而又正直的前提及其所有含义，譬如进步信仰，这无疑要比所有折衷和综合都更正直；然而，如果将无疑不可证明的无神论变成了确定而又武断的前提，那么，在此过程中所表现出来的正直，就绝不是真理之爱。

的（einfältiger）正直，与正统相对抗，它声称有能力对人类信仰上帝的根源给出一种原初理解，而早先缺乏诡计多端和缺乏天真的（vielfältig – einfältige）哲学，却做不到这一点。启蒙最后的言辞和最后的辩护，就是出于正直的无神论，这种无神论激进地颠覆了正统，与此同时，它摆脱了启蒙论辩的苦涩，也摆脱了浪漫派模棱两可的敬畏，从而激进地理解正统。

最终，正统抑或启蒙的"真理"抉择，被揭露为正统抑或无神论的抉择。这就是正统以敌对之眼早从一开始就认识到的情形。从今往后，连正统的敌人，也不会再否认这一点。由此造成的处境，[27]即现代处境，对于这样的犹太人似乎没有出路：他不可能成为正统派，却又必须承认，以为只有在无神论的基础上才可能"解决犹太人问题"，这种无保留的政治的犹太复国主义，是一种尽管最可敬、但长此以往却当真并不适当的解决办法。这一处境不仅看上去没有出路，而且，只要坚持现代诸前提，就的确没有出路。如果在现代世界中，最终的抉择只是正统抑或启蒙，另一方面，如果对一种经过启蒙的犹太教的需要不容拒绝，那么，就不得不问：启蒙究竟是否必得是现代的启蒙？由此，人们发现自己——假如人们一开始不知道，人们一开始也不可能知道，只有新的、未曾听闻的、超越现代的思想，才能为我们消除困惑——受到激发，从而求助于中世纪的启蒙，求助于迈蒙尼德。

[XXIX]然而，迈蒙尼德的启蒙不是早就被超越了吗？迈蒙尼德的启蒙不正是十七、十八世纪那种温和启蒙——温和的启蒙至少可以自保——的先驱和模范吗？迈蒙尼德的启蒙不是在某些方面，甚至比所有现代启蒙都"更为激进"、对犹太教的精神更加危险吗？迈蒙尼德的启蒙不是以无可挽回的亚里士多德的宇宙论为基础吗？迈蒙尼德的启蒙不是取决于可疑的比喻式解经方法吗？因此，现代的启蒙尽管问题重重，不还总是比中世纪的启蒙更可取吗？

或许不可原谅的，恰恰是无视这些或类似问题的做法。我们不拟逐一讨论这些问题，这只有在一种对迈蒙尼德《迷途指津》的解释的框架内才有可能，我们下面打算尝试指出中世纪启蒙的那个主导观念，现代启蒙及其后裔失去了那个主导观念，而通过理解那个主导观念，很多现代的信念和疑虑都会失去力量：那个主导观念就是律法的观念。

第一章　犹太哲学中的古今之争

——评古特曼的《犹太哲学》

一

[29/XXX]没有哪一种哲学史研究，不同时是一种哲学研究。毫无疑问，研究活动已然使这样一本犹太哲学史手册在所必需，它在每一点上都应以对资料最彻底的掌握和已有的研究为根据；如果这种需要完全得到满足，如古特曼（Julius Gutt-mann）的著作《犹太哲学》①之所为，那么，有头脑的读者首先可在此获得完全的满足，让自己在整体和细节上受教于这位杰出的行家，并且抱着感激之情来使用这本长期缺乏、但从今往后又不可或缺的手册。同样有头脑的读者，如果说他从前不知道或者不相信下述情形，那么，他无疑很快会发觉，仅有前面提到的研究活动之所需，或者再加上需要对迄今散布在大量个别研究和讲课笔记中的成果加以综合，都很难促使古特曼写

---

① 古特曼，《犹太哲学》（*Die Philosophie des Judentums*，Müchen 1933）。——本文括号中的数字（［中译按］即中译本正文中置于圆括号（）中的页码）指古特曼《犹太哲学》的页码；前面加 R 的数字（［中译按］即中译本正文中置于圆括号（）中前面加 R 的页码）指古特曼的著作《中世纪和现代思想中的宗教与科学》（*Religion und Wissenschft im mittelalterlichen und im modernen Denken*，Berlin 1922）的页码。

出他的《犹太哲学》：因为，古特曼的目的是对［30］哲学问题——这是他的首要兴趣之所在——的历史性解释，也就是说，对"宗教在方法论上的内在价值"（页 10）的历史性解释。

　　为了不误解古特曼的问题提法，正确的做法是回顾他较早的著作《中世纪和现代思想中的宗教与科学》。在这部著作末尾，古特曼一方面明确指向康德，另一方面则涉及施莱尔马赫，古特曼将"相对于认识和道德……有其自主性"（R 页 66 以下）的"宗教意识分析"，更准确地说，将"确定宗教之于其他所有对象领域和意识领域的界限，以突出特有的宗教世界及其真理"作为［XXXI］"宗教哲学"的任务（R 页 69）。在按此方式确定"宗教哲学"的任务时，古特曼似乎将理解被划分为不同"领域"的"文化"当成了哲学的根本任务。然而，如今引人瞩目的是：尽管古特曼显而易见喜好文化哲学，但他还是完全有意避免使用"文化"或"文化领域"这样的措辞，而宁愿选择"有效领域"、"真理领域"、"对象领域和意识领域"这些更为正式从而更少先入之见的措辞。由此可见，他已经怀疑：按照"文化"概念的框架，恐怕无法正确理解宗教。因为，文化哲学用"文化"来理解人类精神的"自发生产"——可宗教就其本义而言，并不具有这样的特质（R 页 65）；其次，文化哲学将其他"有效领域"视为"真理的部分领域"——可宗教提出的要求是普世的（R 页 70）。按其本义，以自发生产为根据的"文化"所提出的普世要求，似乎会反对按其本义并非由人所生产，而是被给予人的宗教所提出的普世要求。古特曼当然没有走这么远：正如我们已提及的那样，古特曼认为，"有效领域"就是属（Genus），它不仅包括文化，还包括宗教。然而，在所有情况下，他都发现，宗教事实本身——宗教事实证明它自身恰恰是文化哲学的一个难题（Crux）① ——[31]促使他与文化哲学保持明显的距离。

古特曼不容我们怀疑："宗教在方法论上的内在价值"并非原初的[XXXII]问题。人们可以直截了当地说，除了下述效应，他的整本犹太哲学史并无其他意图，或他的整本犹太哲学史至少没有产生其他结果：尽管或许正因为"方法论式的"问题提法缺乏原初性，唯有这种问题提法可以保证对圣经作出一种恰如其分的科学式理解。首先，就缺乏原初性而言：这"方法论式的"问题提法既非直接源于宗教（不管是圣经抑或塔木德），它也不是（圣经）宗教与（希腊）哲学冲突的一个直接结果。相反，由此冲突所直接导致的问题只是：启示的教诲与哲学的教诲哪个是真的，具体而言，世界是受造的还是永恒的，天命也降临于个体抑或只降临于人种（Arten），灵魂不死抑或只有理智不死，以及如此等等。中世纪犹太哲学主要致力于这些问题，古特曼思考并全面描述了对这些问题的种种研究和回答。可是启示抑或启蒙的抉择，如今立即甚至可以说从一开始就为下述调停式的回答所取代：启示的教诲与理性的教诲是同一的。因此，首先，"宗教和哲学并非在方法论上彼此有别，而是在内容上相互一致"（页10）。按此方式，不仅哲学，还有宗教，都遭到修正：哲学问题被从"宗教的角度……作了安排和塑造"，由此，在"圣经的[32]个体虔信"

---

① 文化哲学的另一个难题是哲学的事实（参拙著"施米特《政治的概念》评注"［Anmerkungen zu Carl Schmitt, Der Begriff des Politischen］，见《社会科学与社会政治档案》卷67，页773以下）。如果"宗教"和"政治"是那种超越了"文化"的事实，或者更准确地说，是原初的事实，那么，对"文化"概念的彻底批判，只有采取一种"神学－政治论"的形式方才可能，但如果这种"神学－政治论"不想重新导致为"文化"奠基，它就必须明确采取与十七世纪的神学－政治论、尤其是与霍布斯和斯宾诺莎的神学－政治论相反的取向。这样做的首要前提自然是：按照文化哲学的视界，再也无法理解这些十七世纪的著作，迄今发生的情形几乎总是如此。

的意义上，"古代形而上学的观念……被根本改造"（页 10 和 63
以下）；另一方面，则导致一种"对圣经和塔木德宗教形态的激
烈改造"（页 56），导致为了希腊－哲学关于上帝、世界和人的观
点，差不多在很大程度上抛弃了圣经关于上帝、世界和人的观点
（尤参页 36 以下，120 以下，149 以下，186 以下，194 以下，198
以下，205，265）。① 圣经的[XXXIII]观点被更为成功地保存于哲
学原理之中，最初是在源自异教古代的中世纪形而上学（直接出
自基督教，间接出自圣经的）被启蒙形而上学取代之后（参页
304）。尽管适合中世纪的古代形而上学是"目的论式的"，也正
因此"有能力与启示宗教保持平衡"，但对形而上学的"机械论
改造"，在近代尤其"在斯宾诺莎那里，必然导致与启示宗教的
决裂"（页 295，亦参页 156）；然而，这种损失为下述原因所加
重：恰恰由圣经的"个体虔信"精神中，能够产生"机械论自然
观的倾向"，并断然拒斥目的性力量观念是"一种多神论"，在近
代，这种情形真的发生了（页 18 以下和 151）。因此，如果以现
代启蒙（通过门德尔松）为根据而达成的犹太教与哲学的平衡，
"本质上更接近犹太教传统"而非中世纪新柏拉图派和亚里士多
德派的相应成就（页 305），那么，人们是不会为此感到满意的。
事实上，人们之所以不会满意，不仅因为，门德尔松在一个本质

---

① 最重要的例外，按照古特曼的描述，是萨阿迪亚（Saadia）的教海，
此教海"始终坚持犹太教的信仰观念[XXXIII]"（页 84）。但——若不考虑
以下情形：萨阿迪亚的象征学说（Attributenlehre），"若追踪其最终后果"，
会导致新柏拉图主义式的上帝观念，从而导致一种根本非圣经式的上帝概念
（参页 79 和 87）——萨阿迪亚的思想，"仍显粗糙和未充分发展"（页 77），
圣经与哲学真正的论辩，最早发生在亚里士多德主义兴起之后。[中译按]萨
阿迪亚（882/892－942 年），犹太教格奥尼姆时代（Geomim，589－1038 年）
的著名拉比、哲人和释经家，他的《信仰与意见》（*Emunoth ve－Deoth*）被
视为整合犹太教神学和古希腊哲学的第一个尝试。萨阿迪亚主要以阿拉伯文
写作，也被视为犹太－阿拉伯文学的奠基人。

要点上背离了犹太教传统（页305），而且首先因为，他坚持整个犹太教传统的一个前提，这个前提已经被他本人所撼动：这个前提就是启示性的、被给予的宗教之观念。门德尔松否认以启示方式来传达理性[33]真理是可能的；因此，启示在他看来只可能有一种相当狭窄的含义，他尤其不承认有超理性的信仰的真理；坦白讲，"他没有为历史启示的真理留下空间"（页317）。所以，尽管门德尔松比他的中世纪先辈更好地保存了圣经的内容，但他却未进而像前人那样，就圣经的形式，就圣经的启示特质，作出令人满意的解释。这一事实已然[XXXIV]让人猜想：若想将圣经的内容完整地保存在哲学原理之中，就必须放弃关于圣经形式的传统观念，也就是说，放弃对圣经的启示性质的信仰。不再需要将圣经理解为启示性的，相反，必须将其理解为宗教意识的表达；"宗教哲学"的任务，不再是平衡启示的教诲与理性的教诲，而在于分析宗教意识。因此，尤其是把确定"宗教在方法论上的内在价值"视为"宗教哲学"的本职要务的古特曼，必须先抛弃启示信仰（页12以下和页20）。由此，犹太哲学史整体上就导致了这样一种学说：因为表面上令人印象更为深刻的、"关于内容的""形而上学的"解决尝试归于失败，这表明，表面上如此不起眼的、"关于形式的""方法论式的"研究方式，才是对圣经作出一种恰如其分的科学式理解的那个（die）可能性条件。

毋庸置疑，古特曼关于现代哲学优先于中世纪哲学的推论——此推论是将他极为谨慎详尽的个案分析联系在一起的思想纽带——特别吸引人。显而易见的疑虑，尽管为此推论所缓和，但还是由古特曼本人所表明，他是这样说的：

> 中世纪思想家越是和所有人一样，坚定扎根于犹太教的传统和生活方式（Lebenssubstanz），对于他们而言，信仰神圣的启示权威，就越是理所当然；同样，现代思想家，在其关于犹太教的理论解释中，仍以更大的抵抗力，固守着犹太

教的核心宗教观念的原初内涵。（页342）

这一论断可以解释为：对犹太教的恰如其分的科学认识，以放弃对启示权威的信仰为代价，以[34]犹太教"生活方式"的巨大牺牲为代价；质而言之，密涅瓦的猫头鹰黄昏时才起飞。可古特曼的想法却没有如此宿命、如此无望。他毋宁认为：对犹太教的科学认识，恰恰是犹太教的自我确认行动。犹太教在现代世界，比[XXXV]在以往任何时候更易遭受威胁——这一点确切无疑；然而，犹太教的科学的自我认识，与其说它有病的一种象征，还不如说是减轻或治愈此病的最佳良方。犹太教无法通过必定是想象式地倒退到反思的背后，而只能通过将反思本身坚决贯彻到底来克服危险，犹太教是由于反思对原初性的胜利（Sieg der Reflexion über Ursprünglichkeit）而陷入此危险的：从今往后，只有最少原初性、最少天真性的问题提法，才适合保存原初事物，也就是说，这种问题提法教人理解原初事物。

因此，古特曼达成的结论，可以用完全相反的方式来解释。人们必须接受这种糟糕的情形，如果古特曼的论题，如我们所理解的那样，符合事实的话。然而，我们对此论题的理解正确吗？我们对古特曼的理解到了这种程度：古特曼的意思是，站立得相当不稳的现代犹太教，比更富有生命力的中世纪犹太教，拥有一种本质上更恰如其分的、哲学式的、关于犹太教传统内容的理解。这种观点，如其所表明的那样，有些模棱两可；然而，它还不仅是模棱两可，甚至是荒谬，因为它确定了一种荒谬的、关于生活与思想的错误关系。这种错误关系，对于现代思维方式而言，无需进一步澄清；不可否认，这种错误关系终究是可疑的。我们仍然要问：古特曼果真以为，现代哲学比中世纪哲学给予犹太教更大的可能性，以使其合理地（verstehend）保存犹太教传统的内容，虽然代价是放弃启示信仰？

二

古特曼用一项对柯亨的著作的批评性描述，结束了他的犹太哲学史。假如[35]"柯亨的伟大成就"（页362）是现代犹太教自我表达的最完美形式，那么，在此形式中，必定可以最清楚地看到区别现代思想与犹太教的界限。古特曼对柯亨提出的反对意见表明，柯亨再也没有可能"用上帝存在的绝对真实性来肯定"上帝存在：[XXXVI]按照柯亨的前提，上帝的存在必须"到意识的种种规定中去寻找其逻辑位置"（页346）。"他的体系的方法论基础使得"柯亨甚至在其生命的最后时期，也"不可能将上帝作为事实（Realität）来理解"（页361，亦参351）。这种无能的更惊人之处在于，犹太教的内容在柯亨那里，要比在门德尔松那里，而且尤其要比在中世纪哲人那里，产生了远为重大的影响。

没有能力"将上帝作为事实来理解"，绝非柯亨一人如此。在其早期著作《中世纪和现代思想中的宗教与科学》末尾的纲领性论述中，古特曼坚定地认为，"宗教哲学"本身不仅应当研究"宗教经验"，而且应当研究这些经验的"客观方面"，还尤其必须说明"宗教对象的真实特质"（R页68以下）；古特曼的坚定态度证明，这种理解，即承认这种真实特质，恰恰是由施莱尔马赫所开创的现代"宗教哲学"的固有难题。如今，现代"宗教哲学"不同于以往之处在于：它不再以形而上学而是以认识论为基础（R页72）。这意味着：现代哲学不再，或者说越来越不将人理解为宇宙的一个成员，理解为诸自然存在（Wesen）中的一个（固然是杰出的）自然的存在，相反，却从人、准确地说从意识出发，将自然理解为人类意识的建构。正因为如此，现代哲学无法由宇宙出发，而只是由意识出发，"发现"上帝是创造者。在宇宙论的思维定向的统治下——尽管或由于所有疑难都集中于"类比"问题——"真实性"，即与意识不可分离的上帝的"绝对

现实性"，是自明的，但一俟现代的思维定向被普遍接受，[36]
这种现实性旋即变得根本无法理解。一旦"意识"为"存在"所
取代，为"人"所取代，难题不是变小了，而是变得更大了。

　　然而，在这些关于古特曼《犹太哲学》的观察中，存在主义
（Existenzphilosophie）居于何种位置？关于存在主义，甚至连
[XXXVII]存在主义的犹太形式，古特曼都未置一词，除了勉强指
出，"形而上学和非理性的取向普遍统治着时间之思（Denken der
Zeit）"（页362）。尽管他没有详细论及存在主义，甚至一次都没
有，但他的确能做到不涉及存在主义吗？而且，他对存在主义的
那个简明指涉，难道不正是对存在主义的简明处理吗？我们打算
尝试将古特曼论及或点到存在主义的内容，按照古特曼的含义详
加阐发，在此过程中，我们将跟随他在批评柯亨时立下的路标。

　　我们说过，一旦"意识"为"存在"所取代，为"人"所取
代，现代思想的难题就不会变小，而只会变得更大。因为，在这
种进步的基础上，对于更古老的哲学而言，具有权威性的、对永
恒－暂时的宇宙论的根本区分完全过时了：这种根本区分曾经被
保留在了对上帝－受造物的根本区分之中，却因为现代关于精
神－自然的根本区分而成为问题。如果从今往后又出现了对人－
自然的根本区分，并据此而主张上帝的存在无法由自然出发来理
解，而只能由人出发来理解，那么，对下述见解的唯一的保障便
会失去：上帝的存在不会完全"内在化"，也正因为如此，上帝
的存在不会完全蒸发。就此，有一个可靠标志：关于创世之为创
世和关于外在于人的自然的学说，对于存在主义要比对于唯心主
义哲学，是一个更大的难题。这一点最明显不过地表现在戈加滕
（Friedrich Gogarten）身上，他从存在主义的根据出发与唯心主义
哲学作斗争，或许比其他任何人都坚定。尽管戈加滕说"创世充
满了甚至过于充满了""上帝的恩赐和杰作"，但他进而指出：

　　如此存在着上帝的杰作，在其中，上帝为了我们而存在

（Gottes – Für – uns – sein），与此相对，我们的存在由上帝而来（Sein – von – Gott – her），也就是说，在其中，上帝表明自身是我们的创造者，[37]在其中，"好"就是上帝的恩赐和要求同时合而为一——上帝的这些作为的内容是：我们人类永远相互依存，成为我们之所是，而我们就是上帝的作为；由此而来的这种存在（Sein – von – her）（是）人的原初存在，也因此，是人所固有的存在。这样的存在不应[XXXVIII]理解为因果性的存在，正如事物的存在，无论有生命的存在还是无生命的存在，正是被这样理解的。①

我们看到，这番话仍然完全没有说清楚：是否也必须将自然事物中的"因果性存在"，理解为受造的存在。在更新的一部著作中，戈加滕虽然删去了关于"因果性存在"的模棱两可的说法，他甚至从路德（Luther）的《〈创世记〉释义》中引述了一段话，这段话中显而易见讨论了所有受造物，戈加滕从而在其原初意义上学到了创世主张；然而，在他自己的描述中，戈加滕似乎有意疏忽了外在于人的自然的受造性。他是这样说的：

> ……在律法按照其完全的含义得到贯彻之处，创世也再次（变得）明确，再次变得显而易见。在此显而易见的是，上帝如何创造了人……②

我们认为如此对待戈加滕的做法并非没有理由，如果我们说：只要他事后不要受神学传统迷惑，创世的含义对于他而言就只是创造人。但如果戈加滕或许是存在主义的代表，我们便可以进一步指出：要按其原初的、圣经的意义来理解创世学说，存在主义的能力甚至比唯心主义哲学还差。因为，尽管唯心主义哲学和存

---

① 《反对排斥权威》（*Wider die Ächtung der Autorität*），页 41 以下。
② 《政治伦理》（*Politische Ethik*），页 103。（强调是我加的。）

在主义一样，从根本上撕裂了自然与人（以"存在"与"应当"的名义，或者更准确地说，以"自然"与"道德"的名义），但唯心主义哲学，多亏了它与康德的联系，最清楚地记得："创世思想"，尽管"不（会）立即对世界的起源作出神学的解释"，但还是会首先触及"上帝与世界的关系"，触及上帝与外在于人的自然的关系（参页 14）。柯亨超过了其他所有人，他不仅不容许模糊这一事实，甚至将此事实作为他的神学讨论的起点：这种（当然只有从道德意识出发才能得到理解的）上帝观念，[38]必然涉及自然中的"因果性存在"（页 347 以下）。这表明，唯心主义哲学在一个（einem）决定性的要点上，甚至可以说是在唯一（dem）具有决定性的要点上，优于存在主义：唯心主义哲学因其对创世学说的原初含义的记忆而优于存在主义。对这一学说，柯亨自然[XXXIX]只是尚且记得，却不再相信了，这不仅表明，正如古特曼所揭示的那样，柯亨没有能力"将上帝作为事实来理解"，而且，甚至更为直接地表明，柯亨会如何回应一个正统派犹太人对他的神学的异议，这个异议就是：בורא עולם[世界的创造者]持存于何处？柯亨无言以对，只是——哭泣，① 从而承认，他的信仰与传统信仰之间的鸿沟不可逾越。我们不怀疑——固然我们事实上知道这一点，因为人们毫无顾忌地公开保证这一点——存在主义不可能因为一项回应而陷入这种困境，所以，存在主义甚至连对创世学说的原初含义的记忆都失去了。从而表明，唯心主义哲学，至少是柯亨，在决定性的要点上优于存在主义，所以，另一方面，无人会争议：此外，存在主义对圣经的"存在论"含义的理解，要比唯心主义哲学更有把握。然而，存在主义之于唯心主义哲学的优越性，恰恰不过是重复了唯心主义哲学之于中世纪哲学的相应的优越性。因此，同样变得清楚的是：唯心主义哲

---

① 我向罗森茨威格讲过这个故事，后来他在他的哈勒维译著（*Jehuda – Hallewi – Übertragung*）注释中将这个故事公之于众。

学为存在主义所取代，并非激进的断裂，而只表现为一种进步。
这种取代也证实了由古特曼有鉴于唯心主义哲学对宇宙论哲学的
取代而建立的法则：圣经的"理论解释"方面的进步所付出的代
价，是启示宗教的"生活方式"的巨大丧失。因此，由于唯心主
义哲学与存在主义休戚相关，所以，我们可以总结如下：在宇宙
论思维定向占据上风的时候，所存在的危险是，由于绝对不可动
摇地信仰作为创造者、也正是作为自然的创造者的上帝的存在，
启示的内涵会在希腊的"人文[39]主义"的意义上遭到误解。但
在放弃了宇宙论的思维定向之后，又会出现相反的危险：有意保
留圣经的"存在论"含义，不仅如其首先表明的那样，会导致抛
弃启示信仰，① 而且[XL]会导致抛弃创世信仰。因此，不"啻"
是启示信仰因现代哲学陷入了危险。

现在清楚了，我们极大地误解了古特曼：他对柯亨的批评表
明，他并非主张现代哲学完全（*die*）优于中世纪哲学，而只是主
张现代哲学对于中世纪哲学具有某种（eine *gewisse*）优越性。古
特曼的论题实际上意指，现代哲学要比中世纪哲学更有能力合理
地（vertehend）保存信仰的"内在世界"；但比起中世纪哲学，
现代哲学更少有能力肯定这个由上帝统治的"内在世界"与"外
在的"自然具有本质关联。在此情况下，至少应提出下述要求：
现代哲学与中世纪哲学必须以某种方式相互补充。只有从这种要
求出发，才能透彻理解古特曼对中世纪犹太哲学非同寻常的高涨
兴致。因此，大约360页的《犹太哲学》，竟有245页致力于中世
纪犹太哲学，这并非偶然。如果人们声称，这种数字关系只反映
了中世纪的犹太哲学文本与古代晚期和现代的犹太哲学文本之间

---

① 为了阐明存在哲学，[XL]我们再次回到戈加滕，他明确否认"真
有一种言词是由上帝直接告诉人的"（《神学传统与神学著述》[*Theologische
Tradition und theologische Arbeit*]，页 12，注释 2）。就此参见拙著《斯宾诺莎
对宗教的批判》，页 165。

的数量关系，或者只反映了它们的历史效应关系，或如果人们认为，古特曼之所以对中世纪哲学表现出如此巨大的兴趣，只是为了表明我们取得了多么辉煌的进步，人们必定会完全误解古特曼的哲学冲动（Impuls）。古特曼深知，我们有向中世纪哲学求教的一切理由。为此，他最终放弃讨论存在主义，他没有搞错：并非由唯心主义哲学向一种"新思维"的自然进步，相反，毋宁由 [40] 最新的思维向古老思维坚决回归，方才有可能终结我们时代的困境。尽管他承认现代哲学对于中世纪哲学具有某种优越性，但他如此作出妥协，甚至也只是考虑到：现代哲学比 [XLI] 中世纪哲学更加彰显了犹太教传统的"核心宗教观念"。正因为如此，他将犹太教传统，因而将一种非现代的、前现代的权威（Instanz），视为现代思维的裁判者，从而最清楚地表明了他关于现代思想的根本缺陷的洞见。

三

正如我们所表明的那样，古特曼并非主张现代哲学完全优于中世纪哲学，而只是主张现代哲学对于中世纪哲学具有某种优越性。连如此有限制的主张，这个我们要求如此理解的主张，如上文所表明的那样，也有其前提：启示信仰不属于犹太教的"核心宗教观念"，要想在反思要素中保留犹太教的"核心宗教观念"，须以抛弃启示信仰为代价。然而，启示信仰难道不一定属于犹太教的"核心宗教观念"，也就是说，不仅作为与其他观念不可分割的一种要素，而且作为所有观念的可能性条件吗？难道那些观念仍然会保持不变，或者，难道它们真不会彻底改变内涵，如果人们不再将其理解为由上帝所给予，而只是将其理解为出自人——尽管也是"面对上帝"（vor Gott）——的"宗教意识"？只要犹太教本质上是"信仰一神的启示宗教"（页19，亦参页20，41 和53），中世纪哲学就比现代哲学无可比拟地更加接近犹太教。

因为，至少"正式承认启示权威，即便对于中世纪犹太教最激进的思想家——只要他还想做犹太人——也是自明的前提"（页259）。有鉴于这种巨大的决定性优势，在对中世纪和现代哲学作比较时，人们可以心安理得地忽视由古特曼无疑有理由强调的事实：总体而言，对犹太教重要的"宗教观念"，今人比古人的理解更清楚也更确定。

[41]那么，究竟对于哪些"核心宗教观念"，今人比古人的理解更清楚也更确定？今人凭什么有这样的[XLII]优势呢？那些观念无他，正是圣经宗教的核心；但"圣经宗教"的"特质在于其上帝意识的伦理性的人格主义"（页12）。今人确证这些观念，不是靠释经，也不是靠神学，而是靠分析"宗教意识"，这种分析是由施莱尔马赫"划时代的"成就所开创的（R页63–67）。在此情况下，圣经宗教的"人格主义特质……使得圣经宗教与其他类型的精神性和宇宙性宗教根本对立，这些类型的宗教尽管具有极为不同的本质，但都以神秘主义和泛神论为根据"（页14）。这种类型学从它的现代后裔脸上一望便知，以此类型学为根据，古特曼证明了现代哲学优于中世纪哲学。因为，按照他的主张，中世纪哲人之所以不及现代哲人，正因为他们按照与圣经宗教完全对立的、"神秘主义或默想"的宗教的含义，改变了圣经宗教（尤参页159和201）。然而，只要一种"宗教意识"分析的观念，最终成为合理保存圣经的"虔敬类型"的那个（*die*）可能性条件，那么，无可逃避的问题就是：这种"宗教意识"分析的观念，最初究竟是以何种"虔敬类型"为思维定向而构想出来的。古特曼的回答毫不含糊：施莱尔马赫"勾画的宗教特性，在决定性的要点上，与宗教经验的讲述一致，这些讲述在神秘主义文学和与其接近的宗教观念中有种种表现"（R页65）。尽管"后来的研究在对宗教内容的解释上，很大程度上背离了（施莱尔马赫的）观点"，尽管后来的研究也恰恰开始了对圣经特质的"虔敬类型"的分析，但"这些研究的行事方式，恰恰是由（施莱尔马

赫）所确定的"（R页66）。在此情况下，人们至少必须要求古特曼，要求这位将确定"宗教的方法论特质"视为"宗教哲学"的任务的人，就下述内容获得教益："行事方式"绝非无关紧要、[42]无先人之见的技术，相反，它总是预先决定了可能的内容。于是，由关于"宗教意识"分析的现代方法的起源（Genesis）的洞见中，产生了下述怀疑——毫无疑问，这种怀疑首先[XLIII]也只是一种怀疑而已——现代方法对圣经的"虔敬类型"的认识，要比中世纪的方法更确定，对于借鉴"神秘主义"而获得的宗教概念，现代方法同样只是一种事后的校正，正如中世纪哲学只是事后按照预先确定的亚里士多德的思维方式，更确切地说，只是按照新柏拉图主义的思维方式，才能彰显圣经宗教的上帝概念及其"内在立场"。换句话说，我们难以消除的怀疑是：在现代哲学中出现了与中世纪哲学同样的内容，那就是，为了一种奇怪的"虔敬"而背叛圣经的遗产。事实上，在我们看来，现代哲学的背叛远比古人的失误严重：这不仅因为，现代人靠一种现代权威，也就是靠他自己的历史研究，明明知道这种背叛有危险，所以，他们是有意犯下了前人无意造成的过失；也不仅因为，现代人放弃了启示信仰，这一信仰对于古人而言是"自明的前提"；而且首先因为，现代人的背叛采取了相当隐秘、也因此"实质上"更具破坏性的方式。所以，谁认为犹太教传统是现代思想的裁判者，他必定至少会作出上述判断。

然而，尽管人们必须或愿意解决我们所面临的 *querelle des anciens et des moderns*［古今之争］，但可以确定的是：与现代哲学相反，中世纪哲学不仅承认启示权威是"自明的前提"，而且，对承认启示权威的"哲学辩护"，也是中世纪哲学的根本要求。古特曼走得更远：按照他的主张，"宗教哲学"甚至是中世纪哲学的独特成就（*die* originale Leistung）。

将宗教变成哲学的问题，这是中世纪的独特成就。此外，

中世纪哲学则完全依赖于古代传统，而且多产之处只在于阐
明和拓展习传的思想母题，但中世纪哲学通过将宗教变成哲
学的问题，开启了一个新的问题领域，也为哲学意识引入了
一个新的母题。（R 页 3）

[43]古特曼的主张，即"宗教哲学"是中世纪哲学的独特成
就，[XLIV]初看上去会遭到某些怀疑。① 在我们看来，比这一主
张本身更可争议的，无疑是那些前提：古特曼的主张正是根据这
些前提，获得了其所特有的证据。因为，如我们所看到的那样，
古特曼只主张现代哲学对于中世纪哲学具有某种优越性，所以，
他没有发现自己迫切需要对现代的基本概念作出一种彻底的批判；
因此，古特曼尤其随心所欲地由哲学的现代划分出发来从事其中
世纪研究。如果根据将哲学划分为认识论、逻辑学、伦理学、美
学和宗教哲学，从而假定，譬如，自然神学和理性灵魂学（Psy-
chologie）应放在宗教哲学中来研究——按此意，古特曼将门德尔
松的《斐多》（*Phädon*）和《黎明时分》（*Morgenstunden*）视为此
人"主要的宗教哲学著作"（页 304）——那么，人们被迫仅仅或
首先按照宗教哲学来寻找中世纪哲学的原创性。但人们或许会获
得另外一种判断，如果以——在探究古代哲学时的确很容易看
到——古代将哲学划分为逻辑学、物理学、形而上学、伦理学和
政治学为依据，那么，是否必须将某个问题视为"形而上学"或
"宗教哲学"的问题，就不仅仅是一个技术性的问题，这一点无
需进一步说明。

----

① 对这些怀疑，古特曼作了说明，他的措辞最近明显更为小心，但并
无根本改变："在对宗教的哲学解释中，中世纪哲学展示出其最深刻的独创
性。此外，中世纪哲学则完全依赖于古代传统，而且多产之处只在于阐明和
拓展习传的思想母题，但中世纪思想通过将宗教变成哲学的问题，开辟出一
个新的问题领域。连对于古代形而上学概念的根本重构，也是出于需要让古
代形而上学的世界观与圣经的人格主义宗教特质相一致。"（页 63 以下）

　　尽管古特曼的主张的前提成问题，但主张"宗教哲学"是中世纪哲学的独特成就，是完全有理由的。人们只需为其备以由古特曼本人所提出的限制。[44]古特曼绝不会否认，相反，他明确主张：中世纪哲学对古代哲学"（作了）根本重构"；但古特曼由此认为中世纪哲学只是[XLV]对古代问题的非古代回答，而古代问题本身并未发生根本改变；中世纪哲学提出的唯一非古代的问题，是关于启示的意义和可能性的追问，是关于启示与理性关系的追问。古特曼同样很少否认：由中世纪哲学所实施的对古代哲学的"根本重构"（参譬如页91，130，135和159），从历史的角度看，使得由现代哲学所实施的与古代思维方式的决裂成为可能，因此，中世纪哲学与我们相关，不啻因为其"宗教哲学"；然而，在中世纪，对古代哲学的这种重构，与其说是出于哲学的意图，不如说出于需要"让古代形而上学的世界观，与圣经的人格主义宗教特质相适应"（页63以下）。如此一来，对古特曼的主张，即对"宗教哲学"是中世纪哲学的独特成就的讨论，恐无止境。因此，我们到了停止让此主张脱离其上下文的时候了，只有在此上下文中，这一主张方可获得更为清楚的含义。

　　古特曼并非以其主张明确意指：尤其是从属于中世纪哲学的"宗教哲学"，会使得由当今的问题提法出发的当今的历史学家，对中世纪哲学感兴趣。相反，他的意思是：对于恰恰因此而与古代哲学和现代哲学不同的中世纪哲学而言，"宗教哲学"必定作为"真正的任务"（页63）而居于核心地位，或者更准确地说，"宗教哲学"必定作为首要任务而居于起点。因为，中世纪哲学必须与其发生关系的宗教，乃是启示宗教；因为，由启示提出的问题，正是（*das*）中世纪哲学的问题，所以，启示对于中世纪哲学具有建构性（*konstitutiv*）。启示的现实性（*Wirklichkeit*），彻底改变了哲学的处境。就此事实，我们不可能期待有比迈蒙尼德更具权威性的见证人了。因此，迈蒙尼德发现自己迫切需要通过

[45]添加第四个根据，来补充由亚历山大（Alexander von Aphrodisias）为哲学论争、从而为哲思的疑难所概括的三个理由。这个新的根据，与前三个理由具有本质不同。因为，那三个理由涉及哲思的[XLVI]自然困难，而由迈蒙尼德添加的理由则是历史性的。迈蒙尼德说：

> 在我们时代，有第四个理由，亚历山大未曾提及，因为在它们当中，也就是在习惯和教育当中，还不存在这个理由……所以，人只关心意见，人就是在这些意见中成长起来的：人热爱并坚持这些意见，同时远离不同的意见。也正因为如此，人受到阻碍而无法认识真理。所以，大众只关心上帝的肉身性……因为他们习惯了经书，他们确信这些经书，也习惯了这些经书，这些经书的字句似乎暗示了上帝的肉身性……①

实际上希腊人并不缺乏这样的经书：它们似乎而且还不仅似乎在传达神的肉身性，但这些经书没有影响希腊哲学，因为它们不具有权威性。所以，并非完全习惯了经书，也并非完全受一种传统支配，而是习惯了出自绝对权威的经书，受一个出自绝对权威的传统的支配，为哲思造成了一种特殊困难：一个基于启示的传统侵入了哲学的世界，这一事实为哲思的自然困难增加了历史性的困难，这种自然困难是由人的"洞穴"－此在带来的。② 人们可以像迈蒙尼德那样，开明地（aufgeklärt）谈论启示统治下的哲学的处境，或者另外像"更开明的"勒维（R. Lewi ben Ger-

---

① 《迷途指津》，卷一，章31。
② 现代启蒙反对"偏见"的斗争，就以对此洞见的例外化为根据。关于"偏见"概念的历史特质，参见拙著《斯宾诺莎对宗教的批判》，页114以下，163以下和248。

schom）那样，赞赏在启示之中存在一种对理性研究的"神奇引导"：①在所有情况下，中世纪哲学都与古代哲学不同，也与现代哲学不同，这是由启示的现实性[46]所导致的处境所致。不仅每个中世纪哲人在处理所有重大问题时，都必须明确或者至少私下、真诚地或至少表面上顾及[XLVII]启示，甚至对于所有中世纪哲人而言，"只要他承认自己仍然是犹太人"，至少"正式承认启示权威……乃是自明的前提"（页259）这个原则，必须按字面来理解。这个原则首先意味着：关于什么才算是启示的内容，也许存在争议；关于物质的受造或永恒、关于灵魂不死或者只是理智不死、关于当前的世界永恒持续或者将来会毁灭，等等，也许都存在争议；但关于启示的现实性和顺从义务，不可能有争议。这个原则进而意味着，承认启示权威"理所当然"。尽管中世纪哲学致力于从哲学上阐明启示的可能性，致力于从历史角度说明启示的现实性，但这些奠基行动也只是证实了在奠基之前已然确定的内容和"本身"不言而喻的内容。因为，启示的可能性出（fogt[中译按]应为folgt之误）自其现实性，但启示的现实性直接可知，尽管也是因为靠传统才变得直接可知。长眼睛的犹太人在托拉（Tora）的超人智慧和正义中，长眼睛的穆斯林在《古兰经》中，都看得出启示的现实性。最后，古特曼的上述原则意味着：承认启示权威是哲思本身的前提。此前提先于全部哲思：此前提之为根据，并非因人的思想使然，相反，此前提事先就被交托给了人的思想。因为承认启示权威先于哲思，也因为启示完全占有

---

① 《主的战争》（*Milchamot ha-schem*, ed. Leipzig 1866），页7。——上文引述的迈蒙尼德的表述，当然不是他关于启示之于哲学的意义的最后言辞。[中译按]勒维（1288–1344），与乃父索罗姆（Gerson ben Solomon of Arles）同为出生于普罗旺斯的犹太哲人，勒维以拉丁名Gersonides[格桑尼德斯]闻名，是法尔凯拉（Ibn Falaqera）的高足，对上起荷马下迄新柏拉图主义的古代圣贤都有精深研究，尤其精研迈蒙尼德和伊斯兰哲人。

了人，所以，从今往后，哲思只有作为启示律法的要求方才可能。
因此，不管他愿不愿意从事哲学，如今适合从事哲学的人，都不
再能够随心所欲，如此一来，他必须承担他的喜好的自然后果而
不计其余；如今，哲人由其本人决定抑或由某个权威指定来从事
哲学，不再是不确定之事（参柏拉图，《苏格拉底的申辩》，
28d）；某个神用来召唤人从事哲学的劝告，如今不再模糊不解、
神秘莫测、千奇百怪（参柏拉图，《苏格拉底的申辩》，21a – b；
《斐多》，60e – 61a）；相反，[47]唯一的上帝，通过他启示的律
法的一项明白、清楚、[XLVIII]简单的命令，责成适合从事哲学
的人从事哲学。如此作出教海的人，也正是中世纪"最激进的思
想家"，伊本·鲁什德（Ibn Ruschd）这个人首当其冲。因此，由
新的哲学处境，即受启示限制，产生了哲人的一项新任务，即面
对启示以自辩。哲人"用于外传的"（exoterischen）著述不怎么
能够发挥"说服"或"促动"人从事哲学的功能，而由一种"对
律法的沉思"表明，从事哲学是义务：就其形式和内容而言，从
事哲学符合启示的观点。① 在此意义上，我们完全采纳古特曼的
主张，中世纪的独特成就是"宗教哲学"：中世纪（伊斯兰和犹
太）哲学与古代哲学和现代哲学的不同特质在于，中世纪哲学知
道自己受启示束缚并且有启示授权，它首要并且最紧迫的关切，
是通过一种哲学的律法奠基（gesetzlichen Begründung der Philosph-
ie）为哲学奠定基础。

由此论断，我们也就中世纪哲学如何理解宗教，获得了第一
个指点：中世纪哲学所理解的宗教，并不是一个"有效领域"，
也不是一个"意识方向"，至少也不是一个"文化领域"，而是
律法。

---

① 参页[LXVIII]以下。

四

中世纪哲学首要的奠基任务，是哲学的律法奠基，也就是证明：适合从事哲学的人，由启示律法责成并授权从事哲学。哲学的律法奠基同时保证：有律法授权的哲学研究，享有充分的自由，这种自由完全或差不多和没有律法时一样（das durch das Gesetz ermächitigte Philosophieren eine vollständige Freiheit genieBt，ganz oder beinahe so frei ist，als ob es unter keinem Gesetz stände）。有如此授权并被赋予自由的哲思，也可以将启示作为研究主题，正如它可以将所有其他存在者作为研究主题。[48]如此完成的律法的哲学奠基（philosophische Begründung des Gesetzes），与哲学的律法奠基的不同之处在于：[XLIX]后者作为对哲学的奠基，先于所有哲思，而前者是哲学体系本身的一个部分。因此，启示——面对启示，哲学本身必须自辩——对于哲学而言，只是诸主题中的一个主题。事实上，启示绝非哲学的首要或核心主题：居于首要位置的，毋宁是逻辑学，居于核心位置的，毋宁是形而上学。我们不想立即声称，至少不想现在就立即声称，启示是中世纪哲学的最后主题；我们满足于重复下述论断：启示是诸主题中的一个主题。哲学的律法奠基，是对哲学的奠基，与此同时，律法的哲学奠基，只是哲学体系的一个部分，而且从不是其核心部分。

然而，在律法的哲学奠基过程中，会论及哲思本身的前提，如此一来，哲思本身的前提，就以某种方式成了问题。但无论如何，在律法的哲学奠基过程中，只是以哲学方式论及这一前提，因为，在哲学的律法奠基过程中，的确也唯独从律法角度论及这一前提。因此，律法的哲学奠基，就是中世纪哲学体系中的一个位置，在此位置，（中世纪）哲学研究的前提，成为哲学的主题。因此，人们可将律法的哲学奠基，直接看成是对中世纪哲学的哲学奠基。但如此一来，哲学奠基就成了中世纪哲学的第二主题，这是怎么回事？——从今往后，我们可以放心大胆地说，回答这一问题，乃是解释中世纪哲学的核心任务。然而，人们无法回答这一问题，人们甚至无法以必要方式准确表达这一问题，如果人们不首先理解由中世纪哲学所给予的、对律法的哲学奠基。因此，我们带着下述问题转向古特曼：中世纪"宗教哲学"的教诲是怎样讲的？事实上，中世纪"宗教哲学"需要我们关注的，只是它的"理性主义取向"。因为，首先，"在阿拉伯和犹太哲学中……不受限制的理性主义，广泛"（R页12）占据统治地位，它尤其在犹太［L］哲学中占据"完全的［49］统治地位"（页72），其次并且尤其是，恰恰在"有启示信仰的理性主义"那里，中世纪启示信仰的非信仰的、哲学的基础，必定会最为清楚地表现出来。

因此，就中世纪犹太理性主义者的"宗教哲学"而言，按照古特曼的描述，他们同样非常配得理性主义之名，或许比现代"有启示信仰的理性主义"的"宗教哲学"更配得此名。这些中世纪思想家，不仅以一种意图严格的历史证据确保了启示的现实性，如此一来，在他们那里，"启示信仰就具有了自然知识的确定性"（页74）；而且，尤其是，他们否认启示的内容中存在某种超出理性范围的剩余。根据萨阿迪亚——"后来的犹太宗教哲人大多数都赞同他"，

> 神圣启示的内容……与理性一致。说它们两者之间不可能有矛盾，远不啻具有否定性含义，这种说法的肯定性含义是：理性由其本身出发，有能力认识启示真理。这一点同样适用于启示的理论含义和道德含义。（页71以下，亦参页177）

因此，如果理性由其本身出发，能够认识所有理论真理和实践真理，那么，下述问题事实上就"不可避免"："关于真理的启示有何目的，如果理性由其本身出发"能够"获得这些真理"？

对此问题的经典回答是：启示具有一种"教育的"目的。

> 首先，启示想要真理变得普遍可及，甚至想将真理透露给本身无能思考的人。此外，启示想保护哲人免受思维波动和不确定性的干扰，从一开始就将确定的真理交到哲人手中，而哲人本身的思维只能逐步深入真理。（页 72）

这种关于启示的目的、启示与理性的关系的观点，占据统治地位已达千百年之久："十八世纪的启蒙运动，在其坚持启示信仰的限度内，也仍然以根本一致的方式来理解理性与启示的关系。"（页 72）

正如中世纪和现代"有启示信仰的［LI］理性主义"或许从根本上完全一致，两者之间同样存在根本分歧。［50］"与启蒙运动的自然宗教（natrlichen Religion）……不同，中世纪的理性宗教（Vernunftreligion）的唯一承载是哲学认知。"（R 页 29）这意味着，对于现代的启蒙而言，启示真理同时也是"健全的人类理智"的真理，因此，每个人都可以立即获知，但按照中世纪理性主义者的教诲，只有哲人，而且哲人只有通过长期的艰苦准备，方可凭自己的力量认识启示真理。所以，如果按照现代的启蒙学说，启示原本没有什么好启示的内容，也从而，现代启蒙的启示信仰理应遭到毁灭和蔑视性的批判，莱辛就作过这种批判;① 那么，中世纪"有启示信仰的理性主义"，至少暂时看上去，并非应受同样的指责和蔑视。

因此，按照中世纪的理性主义学说，启示具有一种易于理解的"教育"目的。启示达成此目的就靠哲人。启示仿佛将原理交托于哲人，这些原理的证据是，原理的传达激发理性获得了独立成就。为能达成此目的，启示在此过程中必须明确呈示那些原理。但就此

---

① 见"对沃芬比特残稿一的'反对意见'"（Gegensätze zum 1. Wolfenbüttler Fragment，Hempel XV），页 264 以下。

根本不存在问题，因为，理性就可以确定启示的教诲究竟是什么，因为，理性能够独自解释启示（页72）。如此一来，启示对于哲学的价值，就成了问题。在所有情况下，启示不可或缺，只是就大众而言，他们甚至连对其必不可少的、尽管已经由启示的字面所传达真理，也没有能力认识。除此民众教育目的之外，启示还具有更进一步的、不关涉哲学的功能，即通过"纯技术类型的法律规范"，补充理性的"道德诫命"（页81）。古特曼就这样看。

我们必须承认，在我们看来，如此理解的"有启示信仰的理性主义"——不仅客观上站不住脚，[51]在古特曼看来也是如此（尤参页218以下），而且首先[LII]——就其本身而言，也匪夷所思。我们承认，有人认为，就哲人无法告诉自己的内容，启示也没有告诉哲人，连这样的人也可以"信仰"启示，也就是说，他不假思索地认为存在一种启示的证明材料，认为由他独立获得的所有见识，尽管多少有些模糊，但也可以在此证明材料中获得。然而，因为他绝不可能在此证明材料中重复获得这些见识，如果他不按照自己的思索首先获得这些见识的话：但如此一来，他对启示还有何兴趣？毫无疑问，民众依赖启示——然而，民众与哲人，尤其是与中世纪高傲的伊斯兰和犹太亚里士多德学派有何相干？因此，这种"有启示信仰的理性主义"的完全匪夷所思之处、令人无法容忍的匪夷所思之处，在于它"信仰"启示，因为它认为启示是一个已然得到证明的事实，并没有一种真正的兴趣、一种强烈的依赖感驱使它去接近启示。启示的事实，如此理解起来，就是一种*factum brutum*[造成的事实]，这种事实，正如所有*facta bruta*[造成的事实]，或许令追逐新奇事物和原因的人"感兴趣"，却丝毫不会触动哲人。这样"信仰"启示的人，如莱辛所言，的确是有名无实。

只有当人需要启示时，方才可能对启示有兴趣。如果哲人知道，他的认识能力根本上无法充分认识真理，他就会需要启示。确信人的理智不能充分认识唯一的（*der*）真理，即具有决定性意义的重要真理，是哲人之为哲人对启示感兴趣的可能性条件。就这种确信，中世纪的犹太理性主义经典传人迈蒙尼德符合条件。具有决定性意义的重要学说——成为犹太人的可能性完全依赖于此学说的真理性，即关于世界之受造性的学说，按照迈蒙尼德明确强调的解释，是不可证实的。尽管科学能够——这已经司空见惯了！——驳倒无信仰的哲人关于世界永恒的论证，而且科学能表明创世具有极大的可能性，但科学无法证实这一点；因此，科学最终必须就此问题不作答复，并且采纳启示所提供的答案。① ［52/LIII］如此一来，哲学就无疑依赖于启示。迈蒙尼德对断定这种依赖性感到不满；他致力于彻底理解这种依赖性。按照迈蒙尼德，人只能够认识"下界"（niedere Welt）、天之下的世界、人周遭的世界，这个世界就在人眼前，为人所熟知，人就属于这个世界——人只能认识他的世界；人对"上界"（oberen Welt）、对天、对"超自然"物的认识，人对"上帝和天使"的认识，仍然必定是片段式的和不确定的。"下届"是生成和消逝中的世界；全部生成和消逝的原因是物质；我们受其局限并依赖于其上物质，正是我们最高的、真正的使命即认识"上帝和天使"只可能不充分地达成的原因。最高的认识，对于我们人而言就是奥秘；真理只是偶尔向我们发出亮光，以至于我们认为这就是白昼，殊不知由于物质和我们与物质密切关联的生命，真理旋即就从我们眼前消失了。我们生活在漆黑的夜里，这黑夜只是偶尔为闪电所照亮。因此，由于人的理智具有一种必然出于人的天性的界限，人不可能跨越此界限，所以，人为了荣耀其主宰，有义务在此界限前停住脚步，听命于启示的教诲，人无法看透和证明此教诲。② 然而，将启示传达给人，唯有通过先知，也就是拥有一种关于"上界"的知识的人，哲人从根本上无法直接获得这种知

---

① 《迷途指津》，卷一，章71；卷二，章16，17，22－25。古特曼，《犹太哲学》，页191。

② 《迷途指津》，卷一，章31－32；卷三，章8－9。亦参"致基斯代的书信"（den Brief an R. Chisdai），见《希伯来手稿集成》（*Kobez*），卷二，23a。

识。因此：哲人也恰恰需要启示来引导。①

[53/ LIV]如果按方才描述的方式来理解迈蒙尼德"有启示信仰的理性主义"，那么，这种理性主义不仅本身可以理解，而且更可以免遭批评：古特曼对这种理性主义提出批评，目的是推动由此中世纪的立场向现代对理论性与宗教性的真理意识的根本区分转变。按照古特曼的主张，中世纪"有启示信仰的理性主义"，

---

① 《迷途指津》，卷一，"引言"；卷二，章38。古特曼，《犹太哲学》，页178以下和195。——古特曼依据对《迷途指津》卷一"引言"的相关部分的断章取义，认为在先知与哲人"眼前的照亮"之间，只有程度上的差别。然而——古特曼根本无视这一事实：在《迷途指津》卷二章38中，绝对规定了在直接的启示认识与纯粹间接的哲学认识之间，存在一种本质区别；古特曼还根本无视下述事实：即使古特曼的解释正确，也还是得承认先知高于哲人，也因此，启示真理与理性真理的一致性，根本无从谈起——古特曼的解释避而不谈的，恰恰是在[LIV]他所偏爱的段落中规定的、先知与哲人"眼前的照亮"之间的本质区别。因为迈蒙尼德说：漆黑的夜晚，对于众先知而言，会被来自上界的闪电照亮，而对于哲人而言，只会被"微光"照亮，这"微光"来自纯洁的发光体（的反射）。我们的解释依循犹太注疏家（纳尔博尼[Narboni]、法尔凯拉[Schemtob]和阿布拉法内尔[Abrabanel]）。法尔凯拉（Ibn Falaqera）在其对《迷途指津》卷三章51的注疏中，引述了阿尔法拉比（Alfarâbi）的一个相关段落，由此段落可以确证，《迷途指津》"引言"中的比喻的来源，是柏拉图的洞喻，也同时确证了我们给出的解释：只有先知生活在洞穴之外，只有他们看得见太阳本身，哲人只看得见太阳的图像，关于太阳，哲人似乎只拥有一种记忆表象。参页[XCIV]以下和[CXVI]。[中译按]纳尔博尼，十四世纪生于佩皮里昂（Perpignan）的犹太哲人，主要学术生涯在西班牙，是伊斯兰哲人伊本·鲁什德的敬慕者，注疏了他的大部分作品，对迈蒙尼德《迷途指津》尤有精深研究，著有《论灵魂的完美》（*Shelemut ha - Nefesh*）等作品。法尔凯拉（Shemtob Ben Joseph Ibn Falaquera, 1225 - 1290），生于西班牙的犹太哲人和诗人，对迈蒙尼德和伊斯兰哲人有精深研究，精通希腊哲学，拥护迈蒙尼德的学说，注疏了《迷途指津》的哲学部分。阿布拉法内尔（Don Isaac Abravanel, 1437 - 1508），生于西班牙的犹太哲人和政治家，著有《信仰之巅》（*Rosh Amanah*），拥护迈蒙尼德的学说。

必然导致提出双重真理学说，在此学说中，"第一次提出了"下述问题：与科学意识相对的宗教意识的独立性，以及反过来，与宗教意识相对的科学意识的独立性，"应当如何维护，从而将这两种独立性结合在一种真理意识的统一性中"。因为，

> 若坚持启示权威和形而上学认识作为同时绝对有效的真理权威并行不悖，那么，两者的分歧就失去了原则上一致的任何可能性，剩下来就只有一条路可走：相互协调以适时。反对这种协调方式的违背常理和强词夺理，正是双重真理思想的内在动机。（页218以下和R页15）

我们宁愿认为，古特曼未能达成的"原则一致"，事实上恰恰由迈蒙尼德所达成——以此，我们并不想说，迈蒙尼德对启示与理性的"协调"，在任何个别情况下，都必定令人满意；我们也不想说，人们或许尤其不应怀疑[54]通过比喻来进行的、亚里士多德宇宙论意义上的圣经解释以及如此等等。由迈蒙尼德所提议的一致，完全是原则性的，因为，这种一致确立了权威（Instanz），以调节理性与启示的冲突[LV]。这个权威——对于某个理性主义者而言，不言而喻——就是理性：迈蒙尼德证明，理性有一个界限，因此，理性必须接受超理性的启示学说，而不可能理解或者证明此学说。迈蒙尼德对理性的合理批判表明，哲学其实只认识"下届"，哲学由"下届"开始攀升，便能够证明上帝的实在（Existenz）、统一性和非肉身性。对"上界"的直观认识，对于哲人而言是不可能的，所以，这种认识拒绝哲人。正是通过先知，超哲学的真理为所有人所知，也为哲人所知：世界不是永恒的，而是受造的；这个真理具有一个原则性的标志，即此真理乃生活之所绝对必需，因为，依赖于创世学说之真理性的，尽管不是全部启示的可能性，但的确是某个确定的启示的真理性和可

能的绝对性。① 因此，通过理性和启示，人可以获得为其生活所必需的全部真理：通过理性，人可以从根本上认识他的世界，这个世界指向人无法企及的"上界"；通过启示，人经验到了超越理性认识的真理，为了生活，人需要这些真理。当然，启示不仅传达生活所必需的那些超理性的真理，而且传达所有生活所必需的真理，这些真理并非不言而喻，所以，并非任何人都能轻易获得；因此，启示首先教给我们譬如上帝的实在、统一性和非肉身性，正如它也教给我们世界的受造性。之所以必然如此，是因为理性原则上可以获得的、非自明的、生活所必需的真理，经过理性艰苦持久的准备将为理性获得，与此同时，任何人、任何时候，都需要这些真理。② 可见，因为[55]启示（至少[LVI]启示的字面意思）针对所有人，而不特别针对哲人，另一方面，也因为，适合从事哲学的人，而且只是这样的人，启示才授权甚至责成他去认识人的理性原则上可及的人的世界，所以，因其负有特殊责任而享有特权的哲人，在完成其有严格限制的任务时，无需也不能容许由启示（的字面意思）来引导和受其限制；因为，启示（至少就其字面意思而言）关于事物不会告诉哲人任何东西，哲人由自己出发就可以认识事物，而认识这些事物，并非对于所有人而言都是生活之所必需。

　　正如人们向来会这样看待由迈蒙尼德所提议的理性与启示的这种一致——任何时候，迈蒙尼德都明确规定：启示真理根本超越了理性真理。至少在这一点上，迈蒙尼德与哈勒维（Jehuda

---

　　① 《迷途指津》，卷二，章25；卷二，章32；卷三，章20。

　　② 参《迷途指津》，卷一，章34。——因为，传达生活所必需的真理本身，正是启示的目的，所以，启示也宣告这样的真理：它们本来并不是真的，但仍然是必需的，靠这些真理，人类的生活，即共同生活，方才成为可能；参《迷途指津》，卷三，章28和卷一，章54，亦参拙著《斯宾诺莎对宗教的批判》，页155，注释220。

Hallewi，参页 140）这两位执中世纪犹太哲学之牛耳者完全一致。可见，古特曼的下述主张并不符合事实：关于启示真理与理性真理的同一性的学说，在中世纪犹太哲学中占据统治地位。尤其是萨阿迪亚何以主张启示真理与理性真理的同一性的详情——即使他真这样认为，按照对中世纪犹太哲学的一项肤浅判断，也有可能被心安理得地忽视；正是出于同样的原因，也正是依据同样的理由，古特曼在对中世纪哲学和现代哲学作肤浅比较时，忽视了萨阿迪亚；① 因为，生活在哲学真正长足发展之前的萨阿迪亚，绝不可能像深谙亚里士多德主义的人那样，对仅凭理性来认识启示学说的疑难，拥有一种如此清晰的观念。关于后来的理性主义，我们想起了伊本·道得（Ibn Daud）关于［56］启示律法中理性不容易理解的部分的判断，因为理性无法理解这一部分，它恰恰具有能促使人完全顺从上帝的优势。但如果实现这种最高的道德［LVII］——亚伯拉罕通过捆绑他的儿子所证明的典范式道德②——完全并绝对依赖于理性无法理解的启示诫命的存在，那么，理性的充足就更无从谈起了。最后，我们想起了勒维，他"或许（是）犹太教在中世纪产生的最纯粹的亚里士多德派"（页237），他甚至明确反对迈蒙尼德关于理性不充足的主张。勒维认为，人的理性可以充分回答所有问题，对于回答这些问题，人具有一种自然的渴望，尽管如此，按照他的观点，托拉作为有无限智慧的杰作，只在非常有限的范围内，人的理性方可企及，尽管理性，也只有理性，才拥有解开托拉的钥匙，但托拉是一个完整的世界，一个创世的相似物，它的神秘莫测，不会因为下述原因

---

① 参页［XXXII］，注释 3［编按］即本书"第一章"，第 25 页注①。

② 《崇高的信仰》（*Emuna rama*）末尾；参古特曼《犹太哲学》，页173。［中译按］伊本·道得（Abraham Ibn Daud，约 1110－1180），生于西班牙的中世纪犹太哲学先驱，主要哲学著作是用阿拉伯文写成的《崇高的信仰》（*Al－akidah al－Rafiyah*，希伯来译本即 *Emuna rama*）。

而有所减少：托拉的基本教诲——尤其是创世学说——虽然具有重大疑难，但人的独立自主的理性的确可以认识。①

如今——我们承认——这些论断似乎仅仅对古特曼关于"有启示信仰的理性主义"的观点作了限制，但这些论断的确只是拖延了对一种"有启示信仰的理性主义"的内在可能性的根本追问，如古特曼所描述的那样，这种理性主义认为启示真理和理性完全一致。因为，这个根本追问与所有根本性的追问一样，以一必定可以知万（ein Fall für tausende gelten）。中世纪主张"启示真理与理性真理具有同一性"的哲人，古特曼可以举出不啻一个。事实上，不仅有萨阿迪亚这样的哲人，对于他们，我们可以如上文那样提出异议，而且恰恰还有这样的（die）"哲人"，即从阿尔法拉比到伊本·鲁什德的伊斯兰亚里士多德派。考虑到正是这些哲人在中世纪犹太哲学[57]的全盛时期发生了决定性影响，尤其是对于中世纪犹太"宗教哲学"的影响，也有鉴于没有任何一位重要的犹太哲人传授启示真理与[LVIII]理性真理的同一性，我们必须重提下述问题：这样一种"有启示信仰的理性主义"，为什么完全可以理解？根据古特曼的描述，这种理性主义不可理解，之所以如此，是因为从他的描述中看不出"有启示信仰的理性主义者"对启示有何兴趣。所以，我们带着下述问题转向这些哲人本身：在他们看来，启示真正的内涵与目的究竟是什么。就此，我们跟随古特曼本人的忆述，他说：

> 事实上，人们必须始终清醒地意识到：这意味着一种观念的转换，如果我们将中世纪关于**启示**的目的和目标的学说，置于**宗教**概念的视角之下；启示不会失去这种特质，即使启示的目的被认为与理性的目的是一回事。（R 页 46）

---

① 参页［LXXXVI］。

如此，由于对历史事实的一种本质转换，只是出于"宗教"概念的使用，出于认为中世纪哲人传授一种"宗教哲学"，所以，我们首先要问的是：在这些哲人看来，阐明启示的内涵与目的，属于何种哲学学科？

五

启示作为上帝通过先知所给予的律法，在预言学说中成为哲学研究的主题。① 预言天然的可能性条件，灵魂的能力——其最高形式就是预言能力——不言而喻，都是灵魂学（Psychologie）的研究内容。然而，灵魂学与预言本身没有关系，正如事实所证明的那样，这门科学只是偶然研究预言能力，而非研究诸预言能力的内在关系；而且首先，[58]灵魂学没有就预言的内涵与目的给出答案。预言本来的问题是政治学的研究对象。然而，由于政治学在科学大厦中处于最后位置，这便回答了在[LIX]中世纪哲学的体系中，对律法的哲学奠基处于什么位置的问题：它既未处在开端，也未处在中心，而是居于终点和结尾，如果愿意，也可以说，对律法的哲学奠基就是为形而上学加冕和封印。

但政治学以下述方式又居于优先地位。政治学的起点是，从本性上讲，人是政治的动物；政治学表明，人类需要律法，也从而需要一位立法者。事实上，有两种律法，从而也有两种立法者：第一种律法的任务，无非是使一种和平的共同生活成为可能，从而只针对身体的幸福；而第二种律法不仅以身体幸福为目的，也同时以灵魂的幸福即完美为旨归。第一种律法是人性的律法。与此相对的律法，以灵魂的完美，更准确地说，以理智的完美为旨

---

① 就此及下文的内容，参见页[CVII]以下。——克劳斯（Paul Kraus）（迄今未发表的）研究，尤其涉及九世纪和十世纪的伊斯兰宗教和哲学史，他的研究为下文勾画的观点提供了重要的、更进一步的证明。

归，而且只为了这种人所特有的完美，并以此为前提，才追求身体安康，这种律法是神性的律法，它的宣告者只可能是先知。然而，先知无法为理智的完美给予正确指示，换句话说，先知无法唤起并教育适合从事哲学的人来研究哲学，除非他本人就是哲人。因此，先知必须也是哲人。事实上，如果由先知所给予的律法要对所有哲人都具有约束力，那么，先知就必须拥有完全的哲学洞见。但先知应当不啻是哲人；因为哲人本身不适合当立法者，因为立法的技艺以想象力的完美为前提，这种想象力不仅不是哲人的标志，亦非哲人所必需，相反，甚至会妨害哲人。所以，先知是集导师和管理者、哲人和立法者于一身的人。而且，因为若无预知未来和行神迹的能力，先知就不可能成为管理者，所以，先知是集哲人－立法者—预言家—行神迹者（Philosoph-Gesetzgeber-Seher-Wundertäter）于一身的人。

现在清楚了：何以哲人尽管有能力认识由先知所传达的全部真理，却仍然依赖启示，对启示抱有一种兴趣。[59]哲人依赖启示，这就像他是人一样确实；因为，作为人，他是政治的动物，也从而需要律法，而作为[LX]理性的人，一切必定都维系于按照一种合乎理性的律法来生活，也就是说，基于能使人臻至特有的完美的律法来生活。然而，这种律法，哲人既无法给予自己，也无法给予他人；因为，作为哲人，尽管他能够认识某种律法的整体原则，尤其是合乎理性的律法的原则，但他任何时候都不可能将理想律法的、具体的个别规定神圣化，而通过严格确定这些具体的个别规定，律法方能行得通，甚至才能变成真正的律法。所以，哲人对启示抱有一种兴趣，因为，他本质上是人，而人本质上是政治的动物。

这样做真可谓斗胆之举，如果我们提出这种主张，是打算将事实告知古特曼这样的行家；因为，不言而喻，他熟知这些事实

（尤参页 262 和注释 368）。① 我们敢于和他争论的只是这些事实的重要性，我们认为古特曼低估了这些事实的重要性，因为，他并未将这些事实放在核心位置。古特曼如此行事，并非出于偶然，而是他的前提的必然结果。尽管他并不相信现代哲学完全优于中世纪哲学，却完全相信现代哲学对于中世纪哲学具有某种优越性，所以，他并不认为迫切需要彻底批判现代的基本概念和问题提法。如此一来，事实上视犹太传统为现代思想的裁判者的古特曼，毫不犹豫地将以理性方式保存此传统的任务，交托给了作为宗教意识分析的"宗教哲学"。结果，在他看来，宗教真理问题作为理论的真理意识与宗教的真理意识之间的相互关系问题，就成了"宗教哲学"的核心问题，由此，他便致力于追踪这些问题提法在中世纪哲学中的萌芽。所以，他的描述给人的印象是：对于中世纪的理性主义者而言，传达真理而非宣示律法，才是启示的首要目的。[60] 而且，因为在这些理性主义者看来，启示所传达的真理，无助的理性也可以获知，如此便产生了更为可疑的印象：这些哲人[LXI]最终确实将一种纯粹的民众教育意义归于了启示，而启示为共同体奠基、为国家奠基的（staatsgründende）意义，在古特曼那里，则变成了一种次要目的。② 因此，由于这种对中世纪哲人的主导思想的误判，正是古特曼的现代式问题提法的后果，

---

① 亦参古特曼早期出版的"伊斯兰和犹太哲学中的启示宗教批判"（Zur Kritik der Offenbarungsreligion in der islamischen und jüdischen Philosophie），见《犹太历史与科学月刊》（*Monatsschrift für Geschichte und Wissenschaft des Judentums*），1934 年度，卷 78，页 456 – 464。

② 我们不否认，也几乎没必要指出，"信仰与认识"（Glauben und Wissen）问题，乃是中世纪理性主义的核心问题；我们与古特曼的争执仅在于"信仰"在此所具有的含义；我们认为更为确切的提法毋宁是"律法与哲学"而非"信仰与认识"；因为，"信仰的真理"，尽管在理性主义者那里，如古特曼所言，与哲学的真理是一回事，但"信仰的真理"作为"信仰的真理"，只是更为广泛的整体、即律法的一个部分。

而执着于这种问题提法，又是一种信念的后果：现代哲学对于中世纪哲学具有某种优越性。所以，我们想指出，中世纪哲学史家的正确做法应该是，至少启发式地假定中世纪哲学无条件地优于现代哲学。

引导古特曼研究的"宗教哲学"观念，可以追溯到施莱尔马赫：通过施莱尔马赫，获得一种"宗教"概念、一种"信仰概念"第一次成为可能，这种"宗教"概念比中世纪的"信仰概念"更适合"宗教意识的内在性"（Innerlichkeit des religiösen BewuBtseins），而中世纪的"信仰概念"，不管是理性主义的，还是超自然主义的，总归都是"理智主义的"（参 R 页 65 和 R 页 7）。回归或倒退到"内在性"，导致所有根本不可能由"内在性"产生的事物的贬值，或以所有这些事物的贬值为前提。然而，以此"内在性"、"道德意识"为根据，顶多能确立"最普遍的道德的基本要求"、"不成文法"（页 80）、人类共同生活的原则、自然权利（Naturrecht），却无法确立首先使那些原则行得通的个别规定。因此，古特曼的坚定不移，表现在他将这些个别规定——按照萨阿迪亚和"后来的大部分犹太宗教哲人"的学说，这些个别规定只有通过启示，[61]方能以合适的方式确定下来——视为"纯技术类型的法律规范"的时候，表现在他谴责萨阿迪亚及其后继者"没有将纯技术类型的法律规范……与道德规定（区分开来）……"的时候，也表现在他将上述[LXII]哲人提出的证据，即"最普遍的道德的基本要求""需要由启示来补充"，判为"原始"（primitiv）的时候（页 81）。我们愿意承认这种评判，尽管是在其原始、原初的意义上：中世纪的伊斯兰和犹太哲人比现代哲人"更原始"，因为，他们不像后者那样受衍生的自然权利观念支配，而是受原初的、古典的、作为统一而又整全的人类生活秩序的律法观念引导；换句话说，因为他们都是柏拉图的学生，而非基督的门徒。①

按照伊斯兰亚里士多德派的学说——此学说尤其经迈蒙尼德移植而进入了犹太教，先知作为集哲人和立法者于一身的人，就是某种律法的宣告者，而律法的目的在于人所特有的完美。然而，任何律法都以使共同生活成为可能为目的。因此，先知是某一致力于人的真正完美的社会的缔造者，故而先知也是理想国家的缔造者。理想国家的典范式构想是柏拉图式的城邦（Staat）。伊斯兰亚里士多德派实际上甚至明确从纲领上，按照柏拉图的指令来理解由先知所创立的理想国家：他们将先知理解为柏拉图式的城邦的缔造者，理解为柏拉图式的哲人－王；有预言能力的立法者实现了哲人柏拉图所倡导的、也只可能倡导（nur fordern konnte）的理想。由柏拉图倡导哲学和国家管理必须相互一致，[62]由柏拉图的哲人－王观念，确立了一个框架：完成这个框架要顾及作为现实的启示，从而形成了伊斯兰亚里士多德派及其犹太后学的先知概念。

但若果真如此，则中世纪先知论，即中世纪对律法的哲学奠基，从而还有中世纪的"宗教哲学"，就远非中世纪思想真正的（die）原创性成就，相反，它[LXIII]无非只是一种修正，或许人们会说，它只是完成了古代流传下来的一种学说。由哲人－王过渡到作为哲人－立法者的先知，相比由柏拉图的蒂迈欧（Timaios）的创造主（Demiurge）过渡到启示的创世主－上帝，绝非一项更具有自主性的（selbständigere）成就。毫无疑

① 就此，阿威罗伊主义在基督教世界被接受的方式，提供了一项证明。人们应该有某种理由将基督教的阿威罗伊主义视为现代国家观的先驱（参德·拉伽得[G. de Lagarde]，《宗教改革的政治精神研究》[*Recherches sur l'esprit politique de la Réforme*,Douai 1926]，页52以下和81以下）——原初的阿威罗伊主义的国家观完全是古典的。——我不会忘了指出，尼采的《权力意志》（*Wille zur Macht*）条972，引人瞩目地将柏拉图和穆罕默德（Muhammed）并置一处。

问，伊斯兰亚里士多德派依据启示的创世学说对柏拉图（更准确地说是亚里士多德）形而上学的重构，与将柏拉图的政治学重构为一种对启示律法的哲学奠基，至少不具有同样的可靠性和确定性；因此，比较而言，中世纪"最激进的"理性主义者——为了希腊哲学之故，在形而上学中放弃了全部或几乎全部反映启示特质的学说——恰恰在"宗教哲学"领域最具原创性，也就是说，他们在为律法作哲学奠基时，肯定给出了一种新的回答——这当然是对理想国家及其可能性的古老的古典式追问的一种新回答。

然而，对律法的哲学奠基已然表明，它并不像表面看上去那样，是诸学说之一端，相反，在伊斯兰亚里士多德派及其犹太后学的学说体系中，对律法的哲学奠基是他们讨论其哲学前提的地方。如果他们在为律法作哲学奠基时的确追随柏拉图，则有理由说这些哲人就是柏拉图派，这并非因为他们承认这些或那些柏拉图的原理，不管它们有多么重要——就此而言，他们更是亚里士多德派而非柏拉图派，而是因为他们在为哲学本身奠基时，受柏拉图引导，他们在柏拉图所设定的框架内，回答了一个柏拉图式的问题。他们与柏拉图的区别，最终只在于也正在于：对于他们而言，并非一位可望在未来出现的、[63]可能的哲人-王，而是一位在过去已然出现了的、真实的先知，才是理想国家的缔造者。这意味着，他们顾及如今已然变为现实的启示，对柏拉图的回答作了修正。由此出发，我们需要对上文作为解释中世纪伊斯兰和犹太理性主义的关键疑难而提出的问题作出回答，这个问题是：[LXIV]律法的哲学奠基，实际上也就是对哲学前提本身的哲学阐述，对于中世纪哲人而言，何以只是诸哲学主题中的一个主题，甚至是他们哲学的最终主题。这种特有的不相称性（Unangemessenheit）源于，理想的律法已然由启示给予了，所以，中世纪哲人不必再像柏拉图那样去追寻，但只是还需要根据前述学科（形而上学和灵魂学）的原则来加以理解。因此，由于律法对于中世纪哲人而言，根本不成问题（fraglich）、不值得追问（fragwürdig），所以，他们的律法哲学（Philosophie des Gesetzes）不具有柏拉图政治学的尖锐、纯朴、深刻与模棱两可。因为，柏拉图的要求如今已实现，所以，柏拉图通过追问以探寻此要求的相关研究就被抹掉了（nivelliert）。

　　认识到伊斯兰亚里士多德派及其犹太后学本质上依赖于柏拉图，为我们勾画出了系统而真实地解释中世纪哲人的学说的具体可能性。必须从根本上将这种学说理解为柏拉图哲学的衍生物。通过准确的来源分析，将这种学说稳妥地追溯到柏拉图哲学是不够的，相反，必须转而把握这种学说源出于柏拉图哲学的可能性。为此目的，首先需要确定柏拉图和中世纪思想家一致认可的最高视角。这一视角原本是关于一种合乎理性的律法的观念，也就是说，关于一种以人所特有的完美为旨归的律法的观念；然而，这样一种律法——也只有这样一种律法才配得"律法"之名——只可能源出于神圣。① 神法的观念，就是追寻到的最高[64]视角。因此，对柏拉图哲学的解释，作为彻底解释中世纪伊斯兰和犹太哲学的必要前提，不能从《王制》（Politeia）开始，而必须由《法义》（Nomoi）开始：在《法义》中，柏拉图按照一种解释方式——这种解释方式先于[LXV]中世纪思想家对启示律法的哲学解释——对希腊远古的"神法"作了转换，或者更准确地说，重新确认它是真正的神法；毫无疑问，在《法义》中，柏拉图最接近启示律法的世界。在这种没有启示引导的对启示的接近中，我们经验到了对启示信仰的无信仰的、哲学奠基之开端。柏拉图对启示信仰的接近，为中世纪思想家开启了端绪，由此出发，他们方能以哲学方式来理解启示。但如果说他们并不想因为柏拉图而失去启示信仰，那一定是由于柏拉图哲学原则上患有（kranken）

---

　　① 参柏拉图《法义》开篇。

一种疑难症（Aporie），只是靠启示，他们才消除了此疑难症。因此，彻底解释伊斯兰亚里士多德派及其后学的学说，以解释柏拉图的《法义》为前提，同时得考虑：《法义》预示了（hinweisen）启示，但也只是预示。紧接着一步，是研究希腊化时代对柏拉图政治学的修正；正是在此历史时期，发生了哲人 - 王概念向先知概念的转换。只有在进而理解了伊斯兰亚里士多德派的先知论之后——此先知论，如其所表明的那样，在阿尔法拉比之前已然有了一段并不短暂的历史，迈蒙尼德的先知论方能得到解释，他的先知论绝对是中世纪先知论阐述最为详尽的形式。关于迈蒙尼德的先知论，尤其需要澄清的是：其中处处透露出来的政治倾向，何以没有像伊斯兰亚里士多德派的先知论那样，以同样的方式淋漓尽致地表现出来；这一事实的缘由正在于：与其伊斯兰导师不同，对于迈蒙尼德而言，启示还具有传达教诲的功能，而理性无法充分保证做到这一点。因而，勒维的先知论就显得尤其有意思。他的先知论是解释的真正关节之所在。因为，勒维原则上既不承认超理性的真理，即只有启示[65]才能保证的真理，也不认为预言本质上具有一种政治的重要性：按照他的学说，预言的功能首先是预知未来（mantisch）。因此，在勒维这里，我们才算是涉及一种"有启示信仰的理性主义"，这种理性主义对启示没有兴趣，但仍然信仰启示，并将启示和所有其他事实[LXVI]作为哲学研究的对象。但也正是在勒维这里，人们能够看到，这种"有启示信仰的理性主义"，是如何通过瓦解柏拉图主义才成为可能的：勒维明确指出，人为了人类共同体的维持而预先作准备，这在柏拉图看来在所必须，可从原则上讲，这其实可有可无，因为，天命充分保证了人类共同体的维持；柏拉图式的理想国家，无需由人来建立，也无需由先知来建立——由天命所统治的世界和人的世界，就已经是理想国家了。① 按照伊斯兰亚里士多德派和迈蒙尼德的

---

① 参《主的战争》，页97。

学说，天命是先知立法和建立国家的愿望必定能够实现的条件，但按照勒维的主张，天命甚至不容许有这样的愿望。在柏拉图看来，律法问题，尤其是人帮助人的必要性，出于神性眷顾的缺失（《治邦者》274d），同样，理想国家的实现出于偶然（《王制》499 和《法义》710c – d）；在勒维的中世纪先驱那里，由于启示信仰基于天命信仰，理想国家"只是"失去了其问题性，但通过勒维对天命观念的"极端化"，理想国家完全失去了其重要性。因此，勒维不仅接近"近代自然神论"（页 228）——由此，他还以惊人的方式接近现代的政治学，现代的政治学先是明确相信，后来又暗中认为，基于一种看上去极端实则抽象的、无视邪恶力量的天命信仰，就能将国家的作用限制在最狭隘的界限内。由此出发，最终可以澄清门德尔松的启示学说的全部问题之所在，此人不顾对天命信仰的"极端化"，甚至不惜以放弃传统的责任 – 自然正当（Verpflichtungs-Naturrechts）为代价，以迎合现代的权利 –[66]天赋人权（Anspruchs-Naturrechts），① 从而企图重构柏拉图 – 中世纪的法律观。

政治学与神学（形而上学）必然具有内在关联，我们只是偶然发现了这种内在关联，这种内在关联保证：[LXVII]从柏拉图的政治学（而非蒂迈欧或亚里士多德的形而上学）出发来解释中世纪犹太哲学，就不可能把处在中世纪哲人自己眼前的形而上学问题置诸脑后。这一举措必定很少导致对这些形而上学问题的低估，相反，它为理解这些形而上学问题的真正含义，也就是人性的含义，提供了唯一保证。与此相对，如果从形而上学问题出发，正如到目前为止的研究所表明的那样，则必定会错失政治问题，其中隐藏着的正是哲学的基础，正是对从事哲学的前提的哲学式启蒙（philosophische Aufklärung der Voraussetzung des Philosophier-

---

① 由此恰恰证明门德尔松是霍布斯的学生。——关于门德尔松的霍布斯主义，参哈曼，《各各他与荣耀》（*Golgatha und Scheblimini*）。

ens）。古特曼的伟大功绩是，通过显明中世纪哲学的"宗教－哲学"特质，而指向中世纪形而上学的更深刻前提；未来的研究必须在批评式地瓦解现代的"宗教意识"概念的基础上，在重新理解古典的（antiken）、柏拉图式的神法概念的基础上，促使古特曼真正的意图得以胜利实现。按此方式，柯亨的深刻见地也才能最终获得应有的尊重：迈蒙尼德"在思想更深处与柏拉图而非与亚里士多德一致"。①

---

① 参页［CXIX］。

第二章　哲学的律法奠基

—— 从事哲学的命令和从事哲学的自由

一

[67/LXVIII]从他们的学说出发，最有可能获知中世纪犹太（和伊斯兰）哲学的哲学基础、从而也是其非信仰基础的那些人，也就是中世纪的理性主义者，或多或少都详细并且系统地阐发过一种对哲学的律法奠基，也就是说，在启示的议廷前为从事哲学所作的一种辩护。这一事实已然——甚至在这个或那个理性主义者，并非真想为哲学作律法奠基，而只是为了平息别人的怀疑而写作的情况下——可以充分证明：启示，还有启示律法的现实性，对这些哲人而言，是具有决定性的、前哲学的前提。即使在确信已获准或受命从事哲学之后，他们可以从哲学上阐明启示的可能性，甚至最终将理性视为判定启示的真假（Wahrheit oder Falschheit der Offenbarung）的唯一法官——在所有这类努力和信念之前，在全部哲思之前，启示的事实确定不移。无论这一事实的基础，被认为是对启示文献的超人类来源的直接洞见，还是一种间接的历史证据，都没有什么不同；因为，不仅是那些直接洞见，还有这些间接证据，都不依赖于特定的哲学思考，尤其不依赖于对启示整体的可能性条件的反思，事实上，它们都早于对哲学的律法奠基，从而早于哲思本身。

[68]因此，在启示的事实这个先于哲学的前提之下，也只在此前提之下，更必须在此前提之下，才需要对哲学的律法奠基。

因为，启示律法首先使从事哲学从根本上成了问题。一种由上帝给予的、因而是完美的律法，必定足以引导生活达成其真正的目标。既然如此，[LXIX]从事哲学又有何意义？从事哲学不是必然会失去其重要性吗？或者说，如果从事哲学保有其重要性，它不是必然会偏离人的、犹太人的一项责任和任务吗？犹太人与柏拉图或亚里士多德有何相干，以至于要上他们的门，向他们求取真理？这些哲人的著述不是以捏造的观点和错误的念头引诱人心的世俗之书吗？① 质而言之：从事哲学受到禁止，还是得到允许，甚或受到命令？

下面我们要看一看，伊本·鲁什德、迈蒙尼德和勒维是如何回答这些问题的。我们由伊本·鲁什德开始，因为，他在一篇特别为此目的写就的论著《定论》（*Facl-ul-maqâl*）② 中，系统阐述了哲学的律法奠基。我们首要的兴趣在于迈蒙尼德，他是犹太教中的"理性主义"经典传人。为了更好地理解迈蒙尼德"温和的"理性主义，我们必须先看看勒维远为"激进的"观点，此观点是明确针对迈蒙尼德的论辩：在勒维的"激进"学说中，可以比在迈蒙尼德的"温和"学说中，更尖锐地认识到中世纪犹太教中的"理性主义"究竟意味着什么。

---

① 参门德尔松，《迈蒙尼德〈逻辑学〉评注》（*Kommentar zu Maimunis Millot ha-higgajon*），"前言"，见《门德尔松全集》（*Gesammelte Schriften*），卷二，页 205。

② 缪勒（M. J. Müller）编，《阿威罗伊的哲学与神学》（*Philosophie und Theologie von Averroes*，Müchen 1859），和他从阿拉伯文翻译的同名著作（Müchen 1875）。我们的引文依据"缪勒本"页码及行码；这些页码及行码与"缪勒译本"相同。[中译按]下文置于圆括号（）中的数字，逗号前为"缪勒本"页码，逗号后为"缪勒本"行码。

一 伊本·鲁什德［阿威罗伊］

[69]《定论》的目的是"确定律法与哲学的关系"。这项研究明确具有律法思辨的特质（1，7）。它追问：哲学思辨和逻辑科学的思辨，得到律法许可，还是为律法所禁止，或是受命于律法（1，8）。从伊本·鲁什德所运用的形式上看，对这些规定的研究，原本出自（伊斯兰）律法；在此律法中，研究这些规定，具有十分重要的意义；研究这些规定，以及［LXX］由此研究所提出的问题，有必要运用于所有人类事务。① 因此，哲学首先绝不优先于其他任何人类事物，正如其他任何人类事物都处在律法之下，哲学也必须在律法前自辩。

在哲学之下，对存在物与其创造者的关系的思考可以获得理解（1，10）。如此理解的哲学，它的工具（Organ）是理性，但律法将哲学变成了义务，正如数不尽的《古兰经》诗行所明白无误地表述的那样（1，14－2，9）。由此引出了研究逻辑学的义务，逻辑学的研究对象——达成合乎理性的结论的方法与条件——与思辨的关系，正如工具与劳作的关系（2，13－3，1）。在早先已有他人处理过逻辑学问题的情况下，对于后继者而言，就出现了进而向先行者求助的义务，而不管这些先行者究竟是不是宗教上的伙伴：

> 因为，作为工具，如果用他来打仗，人们关心的是用他来打仗的效果，而不管他是不是我们宗教上的伙伴，只要他

---

① 参高梯耶（Léon Gauthier），《伊本·鲁什德（阿威罗伊）论宗教与哲学的关系》（*La thorie d'Ibn Rochd［Averros］sur les rapports de la religion et de la philosophie*，Paris 1909），页34 以下。——我们在此会一直关注高梯耶对《定论》的出色分析。

本身包含发挥效果的条件就好。(3，21－4，2)

由此可以得出，研究亚里士多德的逻辑学，乃是律法所交托的义务。以同样的方式可以确定，[70]研究前人的哲学著作，研究那些以存在者与其创造者的关系为对象的著作，是合乎律法的义务的（4，11－5，12）；也因此，研究亚里士多德的物理学和形而上学也是义务。

哲学处于律法之下，但也因此，从事哲学是律法的命令。事实上，哲学不啻是作为诸多人类事务之一端而受到命令，相反，哲学所固有的目的与律法的目的是同一的。有特点的是，就此远为重大的主张的根据，伊本·鲁什德在其论述中并无明确表述；他首要关注的是一种合乎律法的、也就是决疑论式的（kasuistische）思考。这种远为重大的主张的根据，在决疑论思考的不同段落中可以看到，对此根据的表述是这样的[LXXI]：律法的目的是召唤人们追求幸福；幸福在于认识上帝（*Erkenntnis Gottes*）；但人只能由存在物出发方能认识上帝；因为，这些存在物作为受造物指向其创造者上帝；思考指向其创造者的存在物——这并非其他什么行动，而正是从事哲学；因此，哲学的目的与律法的目的是同一的；从而，最高等级的愚蠢和背离上帝——而不仅仅是一种应受惩罚的行为，就是妨碍适合从事哲学的人从事哲学（1，9－13；4，8－9；5，12－18；6，15－16；18，19－21；23，7以下）。

不管从事哲学是诸多命令中的一项命令，还是唯一（das）命令，都没什么两样：无论如何，从事哲学是律法的命令。

> 因为，如今这种（即宗教）律法就是真理，它召唤人思辨，而思辨引向对真理的认识，所以，我们穆斯林确切地知道：靠证明来行动的思辨，不会走向律法启示之物的反面；因为，真理不会与真理争执，而是与真理一致，并证实真理。(7，6－9)

哲学与律法不可能相互冲突，因为，它们两者都是真理，都出于真理之源泉，出于上帝，律法的给予者，理性的创造者。然而，必须考虑到：尽管这种思考先验地排除了哲学与律法的冲突，却没为从事哲学的权利奠定基础：从事哲学的权利，唯独以律法的明确命令为基础（"因为，这种律法……召唤思索"）。[71]理性的创造是一回事，理性的运用和授权是另一回事。

因而，由律法授权从事哲学的理性，受命于律法的哲学，不可能与律法产生冲突。如果哲学会导致以任何方式认识任何事物，而律法对事物的讨论与哲学不同，那么，就需要对律法的高论（Spruch）作出解释。这意味着，对律法的高论，不可从字面上理解，而必须形象地（figürlich）理解（7，9－18）。律法的高论必须形象地理解：解释也是义务，但这只是对"从事证明的人而言"，对适合从事哲学的人而言；[LXXII]对其余所有人而言，解释是被禁止的；因而，从事证明的人受到命令，要对其他人保守解释的秘密。作为哲人或非哲人，谁要违背这种命令或禁令，就要追究其不信（否定信仰）或至少是异端（革新）之罪（16，3－4；17，11－18；20，14；21，8－9；23，1－3）。因此，适合从事哲学的人接到命令：一，从事哲学；二，在哲学与律法字义有冲突时，对律法作出解释；三，对所有未获得召唤的人保守解释的秘密。

然而，由律法授权的哲学是自由的吗？哲学可以不顾律法，传授它自己所得出的一切吗？哲学无需律法来引导吗？由律法授权而与律法相对的哲学的自由，证明哲学本身有解释的权利（Recht），但这种权利没有任何限制吗？伊本·鲁什德给出了五项限制，我们将逐一研究其影响。

一，解释不应违背阿拉伯语的习惯用法。解释必须有精湛的技艺（7，16－18）。——由此限制，从事哲学的自由不会受到影响。就此，只需要思考：与理性有冲突的某种律法的高论，不应按技艺的法则来解释，任何时候都只能按其修辞含义来理解，从而只能将其理解为对大众有效，有些情况下，对律法之整体的解释，使得对个别段落的"解释"成为多余。对解释的这种条件限制是多么小，譬如对《古兰经》诗行"你应凭智慧[72]和善言而劝人遵循主道，你应当以最优秀的态度与人辩论"① 的解释：这段经文明确指出了说服的三种方法，"智慧"针对证明论辩，"善言"针对修辞论辩，而"辩论"针对辩证论辩（7，4 - 6）。

二，如果律法的字面意思与证明的结果相矛盾，故而必须对其作出解释，那么，通过全面而又彻底地研究律法，总能找到某个段落，它的字面意思"可以证明或接近于证明这种解释"（8，4 - 6）。——如果认为，几乎不存在[LXXIII]不可以说有经文可以"证明或接近于证明"的哲学观点，则会看到，这第二种限制其实根本就不是限制。

三，穆斯林确实一致同意的段落，则要按字面意思来理解，对这些段落不应该作出解释。——就此，伊本·鲁什德自己说：关于思辨性的事物，真正的一致同意永无可能达成，之所以永无可能达成，只因为按照某种观点，按照一种在伊斯兰教初创时期广为流行的观点，"内情"（Innere），即与字面意思相悖的内在含义，不应公开传讲（8，14 - 9，17）。

四，有些学说，用全部三种说服方式——证明论辩、辩证论辩和修辞论辩——可以获知，对这些学说没必要作出解释（15，16 - 18，20）。——这一点，甚至从形式上讲，也不是对解释权的一种限制。因为，对律法的某个段落作出解释的可能性和必要性，只有当这个段落与证明的结果冲突时才存在，所以，很清楚：连证明也可以证实其字面意思的段落，根本没有作出解释的理由。②

---

① ［中译按］译文采用马坚译本：《古兰经》，章十六，节125，中国社会科学出版社，页211。

② 在《考察宗教》（*Bechinat ha-dat*）中，古特曼对麦迪格斯（Elia del Medigos）与阿威罗伊的关系，作出了同样的判断（见《以色列亚伯拉罕纪念文集》[*Israel Abrahams Memorial Volume*，Vienna 1927]，页197以下）。［中译按］麦迪格斯（约1458 - 约1493），生于克里特岛的犹太哲人，阿威罗伊主义者，晚期倾向于融合犹太神秘主义与柏拉图哲学。

五，解释不应导致对事物之实在（*Existenz*）的否定，此实在属于律法的原则；只有联系这些事物的性质（*Qualität*），解释方才可能（譬如，就不应该否认来世生活之实在，尽管人们关于来世生活的性质，可以有其他不同于[73]《古兰经》的看法）（17，7－9）。——但这些律法原则，也恰恰是哲学认识可以企及的；① 因此，哲人没有理由解释他们所处理的《古兰经》段落。

可见，在哲学与律法之间存在冲突的任何时候，哲人都应该对律法的字面意思作出解释，而不受这种字面意思的束缚；在此意义上，哲学是自由的。然而，这种自由或许是可质疑的，如果"博学之士在沉思疑难事物时犯下的错误是一桩罪行，尽管沉思这些事物已由律法授权"。所以，伊本·[LXXIV]鲁什德进而还主张，这一类错误是可以饶恕的，不仅适合从事哲学而认识真理的人，而且适合从事哲学而在哲思中犯下错误的人，都能得到上帝的酬报（13，17－14，5）。伊本·鲁什德的确只是在联系到对某个问题的解释时，才会有这样的主张，因为，他认为对此问题的回答与教义不相干。② 他的根本教诲是：

> 总而言之，与律法有关的错误有两类：要么，它是有资格沉思发生错误的内容的人所犯下的可饶恕的错误，……要么，它是不可饶恕的错误，如果这是在律法的原则问题上发生的错误，就是否定信仰，如果这是在律法派生的学说中发生的错误，就是革新。（14，12－17）

在此意义上，哲学也是受到束缚的。人们首先会怀疑，这种束缚是否与赋予哲学本身以目的的束缚即认识真理的束缚不同；因为，

---

① 这一点譬如可由《定论》46，12－15 和49，1－2 得出。
② 这个问题即：创世应被理解为是永恒的还是非永恒的。

"律法的原则"所关涉的真理，哲学本身是可以企及的，所以，哲学本身将背离律法的原则判为错误。与此同时，因为哲学要确定的是这种错误可饶恕抑或不可饶恕，所以，哲学就此并不提供具有决定性的、关涉律法原则的"否定信仰"（不信）的错误判别。这样的错误判别出自律法。当此判别对哲学构成束缚时，哲学便会受一种外在于哲学的、前哲学的权威的束缚。用不同的方式来表述就是：对伊本·鲁什德而言，存在教条（Dogmen）；尽管这些[74]教条对于自主的人类理性而言是可以认识的，因此，这些教条不是超自然的真理意义上的"教条"；但承认或否认这些理性真理，全都有承认或否认某一教条的特质和后果。如果人们反感"教条"这个字眼，至少也必须说：对于伊本·鲁什德而言，存在由律法所规定的真理。所以，由律法授权的哲学，并非在下述意义上是自由的：一开始完全不知道哲学将要传授的内容，哲学好像完全不受指引地前行，到了最后才意外地发觉，它所达成的结果已然由律法所给定；相反，从一开始，哲学的成就[LXXV]恰恰通过律法而为人所知，这些成就的错误之处，从一开始就被宣告为不可饶恕。对哲学的这种束缚，已然由哲学的定义所表明：哲学无非是自创世以来的上帝认识。哲学之所为，最终无非是所有穆斯林通过律法深入和证明所获得的认识（参46，13－17）。

哲学为其授权和自由而感激律法；哲学的自由以哲学的束缚为根据。哲学不是君主。哲学的开端根本不是开端；律法才是头等大事。律法的字面意思，只有在相反的意思得到证实的情况下，才能被抛弃；事情并非是：一开始采取了某种外在于律法的立场，由此立场出发，通过理性思考的方式走向对律法的臣服。在此条件下，就存在这样的可能性：律法传达了哲学所无法企及的种种内容，这些内容因而也是哲学不能也不应解释的内容。事实上，在伊本·鲁什德的两部著作——《无序之无序》（*Tahâfut al-tahâfut*）和《证明》（*Manâhiâ*）——中，可以找到一些讨论启示的内容超过哲学认识、启

示比理性优越的段落。① 关于人们是否完全相信这些表白，则充满
争议。无论如何，强调这些内容是值得称赞的，因为，重要的是，
这种做法澄清了一点：伊本[75]·鲁什德不像十二世纪的伏尔泰。
但即便作为证据，伊本·鲁什德那些表白也并非必不可少；因为，
此证据已然由下述事实所表明：伊本·鲁什德明白无误地承认律
法是头等大事。但如果确定律法是头等大事，问题就在于，由律
法授权的哲学，是否有能力凭自己的力量完全或部分认识律法所
传达的真理，从而，关于已提及的伊本·鲁什德的"信仰"表白
的争论，任何时候都只具有次要意义。②

二　迈蒙尼德

[LXXVI]因为哲学的律法奠基并非《迷途指津》的主题，所
以，人们无法在这本书中找到像伊本·鲁什德《定论》中那样的
关于此主题的系统阐述。故而人们必须从迈蒙尼德著述的不同部
分中，③ 概括出他的相关表述。

律法召唤对最重要的真理（上帝的实在、唯一性，以及如此
等等）的信仰。然而，信仰不啻是嘴上承认，而是对所信对象的
理解；只有当人意识到所信对象的对立面绝不可能时，信仰才算
完满。因此，律法召唤对其所传达的真理的理解和证明。从而，
律法隐含着认识世界的命令；因为，上帝只有从他的作为出发才
能得到认识。尽管律法并不明确传达这种认识，但它在命令人爱
上帝、畏惧上帝的同时，还命令人认识世界，认识世界是爱上帝

---

① 迈亨（Mehren）的《阿威罗伊哲学研究》（*Etudes sur la philosophie
d'Averrhoës...*）章七页614–623和章八页13，还有高梯耶前揭书页126–130，对
这些段落作了总结。

② 参页[LXXVIII]以下。

③ 下文的内容，参《托拉基础》（*Jesode-ha-tora*）卷二以下。

和畏惧上帝的唯一（der）道路。获得由律法所预定的真理，以许多准备性研究为前提：数学、逻辑学和物理学。①

经文和传统表明：正如上帝的作为完全达到了完满，由他所给予的律法同样如此；这些律法——律法整体和个别命令——必定有其[76]根据，有一种合乎理性的目的。神法与人法的不同在于：神法的最高目的是人的真正完美；人真正的完美就是认识，就是对上帝的认识。② 因此，律法的目的与哲学的目的是同一的。

如果由律法授权的哲学的成就与律法的字面意思冲突，从而证明字面意思不可能成立，我们就必须对律法的字面意思作出解释，也就是说，思考其比喻意义。③ 需要[LXXVII]解释的首先是全部论及上帝的肉身性和变化无常的经文。在这种情况下，甚至有义务告诉大众，不应按字面意思来理解相关经文：没有人应被容许信仰上帝的肉身性，正如不应容许人信仰上帝并非实在（Nichtexistenz）或信仰多个上帝的实在。④ 但关于其他形而上学的对象，关于"托拉的秘密"，则只应传授其大要，而且只对有资格的人传授。必须阻止大众研究这些对象：律法禁止公开传授关

---

① 《迷途指津》，卷一，章34（页120以下）；卷三，章28（页214以下）；卷三，章51（页435以下）。——括号中的数字指蒙克（Munkschen）译本的页码。

② 《迷途指津》，卷二，章40；卷三，章25–27；卷三，章52（页435以下）；卷三，章54（页461以下）。

③ 《迷途指津》，卷一，章28（页96）和卷二，章25。"论死者复活"（Maamar techijat ha-metim）：וטו שששש צנ מת טצנ רך פלרשדהרב[我们必须对字面意思不可能的言辞作出解释]，见《希伯来手稿集成》（Kobez, ed. Leipzig），卷二，10b。[中译按]脚注中所有希伯来文中译参照阿德勒（Eve Adler）英译本（Leo Strauss, *Philosophy and Law*, trans. Eve Adler, State University of New York Press, 1995）页142–3。

④ 《迷途指津》，卷一，章35（页132以下）。

于这些对象的内容。①

可见，迈蒙尼德与伊本·鲁什德的一致之处在于，律法的命令是：一，从事哲学；二，在哲学与律法的字面意思存在冲突时，对律法的字面意思作出解释；三，对所有未受到召唤的人保守解释的秘密。② 因此，[77]对迈蒙尼德提出的问题，正如先前对伊本·鲁什德提出的问题：解释的权利没有任何限制吗？这个问题尖锐化就成了：难道启示（律法）比理性优越，是因为理性无法企及启示所传达的真理，所以它不可能违背这些真理吗？迈蒙尼德的回答毋庸置疑：人的理性有一种界限，它不可能超越此界限；故而[LXXVIII]人为了荣耀他的主，有义务持守此界限，并且不违背启示的教诲，因为他无法认识也无法证明此教诲。③ 哲学——在它的领域中——是自由的。哲学的领域是自然，而非超自然，

---

① 《迷途指津》，卷一，"引言"（页9以下）；卷一，章33；卷一，章34；卷一，章50（页182）；卷三，"引言"（页3以下）；卷三，章7（页44）。

② 他们的一致还远远不止此。这种一致尤其关涉律法的哲学奠基。在此，只需回想两项特殊的一致，它们属于哲学的律法奠基。迈蒙尼德（《迷途指津》，卷一，章35，页132以下）教诲说，人必须告诉对文本解释不理解的人：כלפי הלי ותא להאלצלא אדה קנ לא[有知识的人理解这种文本解释]；伊本·鲁什德在自己的上下文中引用了《古兰经》诗行：وما يعلم تأويله الّا الله واهل البرهان[只有真主和学问精通的人，才知道经义的究竟]（缪勒，前揭书，16，13。[中译按]译文采用马坚译本，见《古兰经》，章三，节7，前揭，页36）。迈蒙尼德的确要求某人告诉有疑问的普通信徒：哲学段落绝不应从字面上来理解（有关段落的字义将肉身性归于上帝）。——迈蒙尼德（《迷途指津》，卷一，章33，页116）解释说，经文描述形而上学的对象时הדסי ו החאל הדוגו אלי לעהקי קח החי האמ אמי על[以这种方式来引导人心]；就此参伊本·鲁什德前揭书（17，7－9）：解释只应关涉性质而非实在；因为，伊本·鲁什德主张：律法只对实在作出了有约束力的教诲，对内容（Was）或方式（Wie）并未作出有约束力的教诲。

③ 《迷途指津》，卷一，章31（页104以下）；卷一，章32（页114）。

更准确地说：是天以下的世界，而非天；哲学的领域就是人的世界。①

关于人的理智低于启示，迈蒙尼德尤其在他关于创世问题的上下文中作了讨论。迈蒙尼德断定：关于"世界是永恒的还是受造的？"这个问题，人不可能通过科学获得答案，虽然科学可以削弱"哲人"关于世界永恒的论证；此外，科学的努力可以使世界之受造极具可能性，但科学无法证明世界之受造；最终，科学必须保留此问题而不予回答，并接受启示提出的解决办法。② 因此，迈蒙尼德承认这样一种超自然的真理。

由此出发，我们简单回顾伊本·鲁什德的学说。我们让下述问题保持开放：伊本·鲁什德是否承认超自然的真理。与人们认为伊本·鲁什德对此问题作了肯定回答相反，对于伊本·鲁什德而言，不可能存在超自然的[78]真理，只因为穆斯林不知道某种精神性的权威学说（ein geistliches Lehramt）。③ 从现在起我们看到，任何时候这样的论证都毫无证明力；因为，犹太教也不认识精神性的权威学说，故而对于迈蒙尼德而言，也不存在超自然的真理。尽管与迈蒙尼德学说的比较，使得方才提及的论证失去了效力；但这种比较证实了此论证所支持的观点。迈蒙尼德主张人的理智不充足，其准确含义是主张人的理智对于回答下述问题不

---

① 《迷途指津》，卷二，章24（页194）；参"致基斯代的书信"（den Brief an R. Chisdai），见《希伯来手稿集成》，卷二，23a：טרהבל י נ או מו אר לכתסהלו. התעדש מדאה שהל שק לכנ ן מחשפנ השן ה ג ב דגן כי עדי לן מ ה לעמל הלו כי י אה העדל…[而我要说，人的认识有一种界限，只要灵魂局限于身体之内，它就不可能认识超自然的事物……但它可以认识和沉思自然中的任何事物]。

② 参上文页[LII]以下。

③ 高梯耶，"经院穆斯林与经院基督徒"（Scholastique musulmane et scolastique chrétienne），见《哲学史评论》（Revue d'Histoire de la Philosophie），卷二，页251以下；曼瑟（Manser），《阿威罗伊论信仰与认识的关系》（Das Verhältnis von Glauben und Wissen bei Averroës, Paderborn, 1911），页77。

充足：世界之受造抑或世界之永恒？就此，对于迈蒙尼德而言，确切无疑的是，圣经的教诲是世界之受造，而且——[LXXIX]对于他而言尤为重要的是——犹太教若抛弃创世主张，则会失去其根基。① 与此相反，伊本·鲁什德认为，"世界之受造抑或永恒？"这个问题与教义不相干（13，17 – 14，5）。因此，伊本·鲁什德失去了促使迈蒙尼德持有下述主张的最重要理由：人的理智不充足，人的理智依赖于启示。从而，我们认为，伊本·鲁什德从根本上承认人的理智是充足的，因此，他论及启示的理论教诲超越了理性的理论学说的段落，需要"解释"。

人的理智充足还是不充足，人的理智需不需要启示引导，在此意义上人的理智是自由的还是受束缚的，这些问题是次要的，如果考虑到，对于伊本·鲁什德恰如对于迈蒙尼德，律法确定是头等大事：从事哲学是律法的命令，哲学由律法授权。哲学的自由以对哲学的束缚为条件。在此前提下，由律法授权的哲学，无非是理解、更确切地说是证明已然由律法所传达的真理，无非是将律法拥为己有（*Aneignung des Gesetzes*）。

三 勒维

[79]勒维哲学学说的特质，整体而言，尽管绝非在所有要点上，乃是迈蒙尼德与伊本·鲁什德学说的折衷。下文将要讨论的勒维关于理性之充足的学说，任何时候都恰好处在迈蒙尼德主张理性不充足和伊本·鲁什德主张理性充足之间。勒维的思想游走于由迈蒙尼德和伊本·鲁什德的立场所划定的界限之间，与此同时，对于勒维而言，律法是头等大事以及由此所确定的哲学的重要性，乃是自明的前提。

正如迈蒙尼德在《迷途指津》中之所为，勒维在《主的战

---

① 《迷途指津》，卷二，章25（页197）。

争》中只对这样的犹太人说话：他们"因为这些重大的问题而陷入了混乱"，但他们的理智不满足于仅仅[LXXX]能表达什么，而只满足于能理解什么。① 勒维本人的确无需证明，从事哲学乃是律法所给予的自由；就此他可以将迈蒙尼德作为可信赖的权威。迈蒙尼德表明，我们必须信仰由思辨所证明的内容，在思辨与经文字义发生冲突时，应以下述方式对经文字义作出解释：经文字义与思辨是一致的。②

勒维由此作出一项推论，以此推论——至少，按照此推论的明确论断——勒维超出了（über... hinausgeht）迈蒙尼德。他将下述做法当成了原则：首先，他完全将研究当作科学研究来实施，然后，再来阐明科学研究的结果正是托拉的观点。③ 从而，他承认科学所具有的自由比迈蒙尼德所认为更大。他意识到，在此他与迈蒙尼德有分歧：因此，他认为有必要对迈蒙尼德明确作出解释。这项解释是《主的战争》"前言"最重要的主题。

[80]在这篇"前言"中，勒维——为了排除有可能从一开始就使其努力成问题的怀疑——首先讨论了迈蒙尼德关于以科学方式解决创世问题的可能性的抉择。④ 他反对迈蒙尼德的抉择。比起迈蒙尼德本人让此抉择变得模棱两可，勒维不满足于这种抉择，这并不令人感到奇怪，因为，迈蒙尼德只是附带解释说：也许另外一个人而非他自己，拥有关于创世的某种证据；但他本人没法做得更多，除了承认自己的窘迫。⑤ 在此，难道没有隐含着一种

---

① 比较《主的战争》（4，2－5）与《迷途指津》卷一"引论"（页7以下和25）和卷一章50（页179）。——我们引用《主的战争》的页码和行码，依据"莱比锡本"（Leipzig 1866）。[中译按]下文置于圆括号（）中的数字，逗号前为"莱比锡本"页码，逗号后为"莱比锡本"行码。

② 《主的战争》（4，2－5；419，8－15）。

③ 《主的战争》（7，9－11）。

④ 参上文页[LXXVIII]。

⑤ 《迷途指津》，卷二，章24（页195）。

要求：后人应当致力于"认识对于前人而言仍然隐藏着的事物"？① 然而，对迈蒙尼德的解释，也可以有完全不同的理解：如果连作为"哲人之冠"的迈蒙尼德，也承认他无法解决所讨论的问题——难道企图解决此问题，不正是"轻率和狂妄"② 之举吗？勒维考虑到了这种[LXXXI]容易想到的异议。他的答复是：对于前人而言隐藏着的事物，对于后来者之所以不会一直隐藏，是因为若非如此，就没有哲人能够获知他并非得自他人的学识；但若情况果真如此，就绝不会有科学；应受责难的人，不是背离前人的人，而只是提出了错误主张的人。③ 勒维决定，要严肃对待迈蒙尼德仅仅点到、但或许根本未严肃主张的可能性：另外一个人而非他（迈蒙尼德），有能力解决创世问题。相信后人能够认识对于前人而言一直隐藏着的事物，相信"时间使究明真理成为可能"，④ 从而相信科学进步的可能性，⑤ 使得勒维对迈蒙尼德的抉择产生了怀疑：这种抉择为科学立下了不可超越的障碍。勒维确立了自由的、[81]不受前人的权威限制的研究权利：除了客观真理，这种权利不承认其他任何标准。⑥

　　迈蒙尼德曾经谈道，三千年来，哲人就"世界之受造抑或世界之永恒"的问题争论不休。⑦ 在另一处，他虽未特别提及创世问题，但肯定并非不是恰恰在思考这一问题，他说：存在这样的

---

① 《主的战争》（4，19）。

② 《主的战争》4，7。

③ 《主的战争》4，11－20。

④ 《主的战争》4，14－15。

⑤ 相信科学进步的可能性，在此当然并非相信某种无限进步的可能性；参《主的战争》（356）。

⑥ 就此反对哲学权威的自由立场，勒维与迈蒙尼德并无不同（参《迷途指津》卷二章 22 页 179 和卷二章 24 页 194，还有卷二章 19 页 156），却与伊本·鲁什德不同（《定论》4，3－6 和 5，10－12）。

⑦ 《迷途指津》，卷一，章 71，页 347。

事物，对于认识它们，人有"一种巨大的渴望"，尽管人的理智没有能力对这些事物作出证明；怀疑与争执，也正是出于人对于认识这些事物有着强烈的渴望。① 而勒维明显与迈蒙尼德的这些表述有联系。他提出的反对理由是：渴望认识关于创世问题的真理，这是天性；但一种出于天性的渴望，不可能指向根本无法认识的事物；因此，解决创世问题，原则上讲是可能的，而非像迈蒙尼德所确定的那样，根本没有可能。② 人有这种强烈渴望的事实，对于迈蒙尼德而言，毋宁成为他对由此渴望[LXXXII]所产生的诱惑提出警告的理由，③ 与此同时，这一事实对于勒维而言，则成为这种渴望能够实现的标志。因此，勒维不仅主张人有敢于回答问题的权利，这些问题是前人没有回答或干脆认为无法回答而遗留下来的；他还主张，人至少足以回答当前的讨论所直接关涉的问题：世界之受造抑或世界之永恒？但因为这个问题至为关键，更因为勒维所提出的、原则上有可能回答此问题的理由，事实上正是回答所有问题原则上都有可能，人对于回答所有问题都有一种出于天性的渴望；另一方面，无疑因为迈蒙尼德也从总体上主张人的[82]理智不充足，所以，我们必须要说，勒维提出人的理智充足的主张，正是为了反对迈蒙尼德关于人的理智不充足的主张。

迈蒙尼德将下述做法引以为原则：不按清晰的次第来系统阐述形而上学的学说，而是在其著述的不同位置，将此学说与其他主题掺和在一起来阐述此学说。促使他放弃彻底加以阐述的原因，不啻是律法明确禁止（公开传讲托拉的秘密），也在于而且尤其在于，这样做有其客观必要性：形而上学的对象，并非任何时候都能不间断地为人所洞察，也不像其他科学的对象那样，可以有

---

① 《迷途指津》，卷一，章31，页105以下。
② 《主的战争》5，20以下。
③ 《迷途指津》，卷一，章32，页113。

条理地彻底予以阐明；相反，形而上学的对象总是稍纵即逝；因此，谈论上帝的唯一恰当的方法，就是运用比喻和谜语，也因此，尽管对于一篇科学论文是必需的，但会使关于上帝的论说变得唐突难解（dunkel und kurz）。① 人不足以认识上帝：这是形而上学所固有的传达方式，即内传（esoterische Mitteilung）方式的根据之所在。因为，勒维以人的理智充足的主张，取代了人的理智不充足的主张，所以，对于他而言，就没必要采取与其他科学习以为常的方式不同的方式来阐述形而上学。勒维明确反对那些著作家，他们[LXXXIII]——为了使大众难以理解他们思想——通过编排他们的描述和模糊他们的言辞，将容易的东西变得困难；与这些著作家针锋相对，勒维的原则是让论述变得彻底，让编排变得清晰。② 他不满足于以此方式来否认公开传讲形而上学受到禁止；他甚至主张，如此公开传讲乃是义务：正如上帝从纯粹的好出发，使所有存在者都分有了存在和完美，人也应当以他所拥有的完美使他人变得完美；所以，最有害的事情莫过于拒绝与他人分享他的知识。③ 因此，勒维[83]超出迈蒙尼德和伊本·鲁什德，主张自由地公开传授——因为，任何书面传授都是公开传授④——哲学真理。

按照这些说法，勒维对从事哲学的自由理解如下：一，从事哲学的权利；二，完全毫无顾忌地彻底进行哲学研究；三，根据哲学发现的真理来解释律法的权利；四，公开传授哲学所发现的真理。既如此，难道在勒维看来，哲学完全自由了？我们先来考察在他的著作中发现的对哲学自由的表面限制。

一，勒维反对迈蒙尼德，主张哲学足以胜任创世问题。尽管

---

① 《迷途指津》，卷一，"引论"，页9–13。
② 《主的战争》8，6–30。
③ 《主的战争》5，33–6，2。
④ 《迷途指津》，卷一，"引论"，页10。

如此，他却在其《〈摩西五经〉注疏》（*Pentateuch-Kommentar*）中说：难以相信，某位哲人能以思辨方式认识关于创世的真理，如果他的研究不受托拉指引；① 勒维在此意义上谈论了他的创世解释：他是靠托拉的教诲"受神奇的方式"引导而达成这些解释的。② 很明显，就此他并未收回人的理智充足的主张；因为，他的说法完全可以和人的理智原则上足以胜任某个问题协调一致，尽管这种胜任非常困难，从而几乎没有可能。

二，勒维解释说，关于神迹学说，[LXXXIII] 人必须依赖圣经。他如何处理此问题，由其文本可以看得很清楚：从圣经出发的特质，无非是从感知（sinnlichen Wahrnehmung）出发；若要研究某个对象、某个感知原则上可以认识的对象，按照从感知出发的方式，研究者事实上不一定能认识此对象，所以，他必须求助于其他人的转述，这些人拥有关于研究对象的感知："正如哲人对于生物和托勒密（Ptolemäus）对于星象。"③

[84]三，在其亚里士多德《论题篇》（*Topik*）注疏中篇中，伊本·鲁什德将"世界是不是受造"的问题，作为可以用辩证方式来研究的论题。勒维对此提出反对意见：这一主题不应以辩证方式来研究，而应当以预言为根据来接受，预言向预言的信仰者证实了无信仰的哲人不可能解释的事物；此外，以辩证方式研究创世问题是有害的，因为，信仰神迹与信仰创世，一荣俱荣、一毁俱毁，托拉中讲述了神迹，而某个神迹就是托拉本身的启示。④ 从而，勒维只禁止以辩证方式研究创世问题，而非禁止对创世问题作哲学研究。至少，由此针对伊本·鲁什德的论辩出发，勒维

---

① 页 7a。

② 《主的战争》7，12 - 17 和 419，19 - 22。

③ 《主的战争》441，24 以下。

④ 《伊本·鲁什德〈论题篇注疏〉评注》（*Superkommentar zur* Topik, München Cod. hebr. 26），页 326a。

不像后者那样主张创世问题与教义不相干，他比后者更紧密地与启示的教诲联系在一起。

四，勒维反对伊本·鲁什德，主张人的理智不足以与 *intellectus agens*［能动理智］相符合。他提出的反对意见是：如伊本·鲁什德所承认的那样，这种相符合的前提是，人掌握所有 *intellectus agens*［能动理智］所拥有的概念；但这一前提无法得到满足，因为譬如存在种种动物、植物和矿物，或因为它们渺小，或出于其他原因，我们不可能拥有关于这些事物的概念。① 在其他地方，勒维谈及人无能准确认识月球以下的事物对天体的依赖性，这种无能出于人的本质和位置远离天体。② 在《〈摩西五经〉注疏》"前言"中，勒维对这些评论作了概括：［LXXXV］我们不可能完全认识创世之中所包含的真理和恩赐。人们可以首先尝试，通过回顾《迷途指津》中勒维无疑关注过的段落，来消除存在于人的理智不充足的主张与《主的战争》"前言"中提出的、人的理智充足的主张之间的分歧。迈蒙尼德将人的理智不能充分认识的对象，划分为人不渴望认识的对象和［85］人强烈渴望认识的对象；他将一部分天体和一部分动物、矿物和植物种类，列入了前一类对象。③ 事实上，勒维论及人的不充足，的确考虑到了人不足以认识各种动物等等，也不足以认识天体；他进而主张人的自然渴望与人的理智充足之间具有内在关联。因此，或许可以说：勒维反对迈蒙尼德，主张人足以认识所有对其有一种自然渴望的对象；勒维又赞同（mit）迈蒙尼德，主张人不足以认识某些人对其没有渴望的对象。但这样做不可能解决问题。在他论及人不足以认识天体的上下文中，勒维主张人恰恰对认识这些"深刻的对象"有着巨大的渴望：因为，我们认识这样一种事物的渴望越强烈，这

---

① 《主的战争》85，9－26。
② 《主的战争》95，24－30；190，2－4。
③ 《迷途指津》，卷一，章31，页105。

个事物就越美妙，以至于我们对不充分地认识美妙的事物，要比对完美地认识低级的事物，抱有更大的渴望。① 但如此一来，勒维似乎完全陷入了矛盾，因为看上去，这与他关于人的自然渴望与人的理智充足的内在关系的主张相互矛盾：人恰恰对最难认识的那些对象，抱有最强烈的渴望。但在此已然有了解决问题的办法：因为，人对其抱有最强烈渴望的对象最为崇高，在本质和处所方面离人最远，所以，认识这些对象最困难；然而——渴望的自然性质充分表明了这一点——认识这些对象并非[LXXXVI]没有可能；因此，由研究的困难无法得出"我们必须放弃这种研究"的结论，相反，这样的研究尤为值得赞赏也尤为急迫。② 因此，尽管勒维以某种方式主张人的不充足，但任何时候都无法得出对自由研究作出某种限制的结论；因为，由[86]此不充足出发，如勒维所主张的那样，并不容许对人的研究规定某种确定不移的限制。

对从事哲学的自由作出限制，勒维也表示认可，这种限制事实上远为严格：对于哲学而言，这种限制并非到最后才出现，相反，它是哲学的基础。

> 不应继续对我们隐瞒：我们不可能完全认识托拉的存在中所包含的智慧和恩赐，毋宁说，我们对此所知甚少却误解多多；正如我们不可能完全如其所是地认识实在事物的存在中所包含的智慧和恩赐，毋宁说，我们关于智慧，关于创世中所包含的智慧，所知甚少。③

托拉和世界一样，都是无限的智慧和恩赐的一项作品，因此，有限的理智只能认识其微不足道的部分；托拉本身就是一个世界，

---

① 《主的战争》189，1–14；参5，27–32。

② 《主的战争》189，1–114。

③ 《〈摩西五经〉注疏》。

人就生活这个世界当中，人应当尽其所能致力于理解这个世界，但这个世界所包含的智慧和好（Güte），永远比人所能洞察的要多。因此，托拉——并非以某种方式构成对研究的限制，因为，在揭示托拉所包含的智慧和恩赐时，研究不会受到限制，相反——托拉就是研究的正道。① 托拉——和世界一样，或作为"世界"——先于哲学。律法是头等大事，这对于勒维正如对于迈蒙尼德和伊本·鲁什德一样确定。问题仍然在于：这些哲人如何理解他们首先只是作为现实、作为被给予之物而接受的律法，从而从哲学上表明律法是正确的。

---

① 《主的战争》7，12－17 和419。

第三章　律法的哲学奠基

——迈蒙尼德的预言学说及其来源①

一

[87/LXXXVII] 先知论（Prophetologie）是《迷途指津》（*More newuchim*）教诲的核心部分。关于先知论的疑难，② 可以构想出一系列条件，根据迈蒙尼德的教诲，先知必须符合这些条件：即先知必须具备（1）完美的理智（Verstand），（2）完美的道德（Sitten），（3）完美的想象力（Einbildungskraft），（4）勇敢能力（Vermögen der Kühnheit），（5）预言能力（Vermögen der Divination），（6）管理（人的）能力（Vermögen der Leitung [von Men-

---

① 这篇论文写于 1931 年夏，按其最初的形式，原想在 1931 年度的《犹太科学院通讯》（*Korrespondenzblatt der Akademie für die Wissenschaft des Judentums*，Berlin，Jahrgang 1931）上发表，亦获此刊编辑部采用，但此刊之后未能继续出版，目前的论文形式并未对最初的形式做任何重要变动。后来，这篇论文以最初的形式发表于 1933 年度的《东方世界》杂志（*Le Monde Oriental*，Jahrgang 1933）。这篇论文只想澄清迈蒙尼德先知论的前提，而无意于全面阐述此学说以揭示此学说的全部疑难。——晚近，蒂森德鲁克（Z. Diesendruck）的 "迈蒙尼德的预言学说"（Maimonides' Lehre von der Prophetie，*Jewish Studies in memory of Israel Abrahams*，New York 1927，S. 74 –134）曾尝试全面阐述此问题。这里不是深入探讨蒂森德鲁克这篇论文及其他文本的地方。

② 关于迈蒙尼德先知论的核心位置及其疑难，蒂森德鲁克（前揭书，页 74 –79）有详尽而有力的讨论。

schen]）。这些不同的预言（Prophetie）条件所共有的特质是什么？这些狂想之言（Rhapsodie）何以获得了一个统一而又清晰的秩序？我们思考的方向，必须以得到正确理解的事实为起点：先知论是《迷途指津》教诲的核心部分。[88] 这一事实，若理解正确，则意味着，只有迈蒙尼德先知论所阐明的意义上的预言存在，《迷途指津》为之澄清和辩护的立场才有可能。因而，对此先知论的理解，完全依赖于对附属于此先知论的立场的理解。由对此立场的暂时理解出发，我们根据此理解来解释先知论中[LXXXVI-II]可以由此理解出发来把握的部分（二）。迈蒙尼德先知论的另一部分，既不能按其本身，也不能按其与第一部分的关系，由迈蒙尼德本人的表白出发来解释，原因是，迈蒙尼德在其先知论中，遵循了一个数世纪以来占统治地位的哲学传统，对此传统的前提，他却只字未提。但他也没有盲从此传统：一方面，他对此传统的教诲作了限定，另一方面，他又进一步发展了此传统，但他仍处在一个在他之前已然划定的问题和可能答案的范围之内。因此，有必要追溯迈蒙尼德思想的源头。所以，我们要追问他的先知论与阿尔法拉比（Alfarâbi）和伊本·西拿（Ibn Sîna）的先知论的关系。通过考察此渊源，我们再来解释在（二）中未曾讨论的迈蒙尼德先知论的另一部分（三），并最终解释其先知论整体上的内在关联（四）。对先知论的完整解释，反过来将为深入理解迈蒙尼德的立场做出贡献。

二

我们完全有理由将迈蒙尼德的立场视为"中世纪的宗教启蒙"。所谓"完全有理由"，前提是，如果我们愿意接受下述看法：对于现代的启蒙——也就是说，对于严格意义上的启蒙运动时代而言，由此时代开始，人们习惯于将"启蒙"这个术语归于中世纪（还有古代）的某种现象——和迈蒙尼德及其中世纪先驱和追随者而言，① 问题的关键是人思考的自由，是[89]"从事哲学研究的自由"。但我们丝毫不应怀疑：中世纪哲人恰恰不是严格意义上的启蒙者；他们的追求不是发出亮光，以教育即启蒙大众，使其获得理性认识；他们总是再三嘱咐，面对没有资格的大众，哲人有责任隐藏由理性获知的真理；对于他们而言，哲学的内传（esoterische）特质[LXXXIX]——与严格意义上的启蒙即现代启蒙对立——确定不移。毫无疑问，甚至在十六和十八世纪还有这样的人，他们——用伏尔泰（Voltaire）的话说——认为："Quand la populace se mêle â raisonner, tout est perdu[一旦群氓也理性思考，就全完了]"；但另一方面，甚至像迈蒙尼德那样的人，也将对所有人的某种启蒙放在心上。② 然而，若认识到现代启蒙到处宣扬其学说的做法与中世纪启蒙不同，就不会对下述看法持有异议：中世纪启蒙从根本上讲是内传式的，而现代启蒙则是外传式的。甚至对迈蒙尼德立场最初步的描述，也不可不考虑他的立场与现代启蒙的特定差异。

"中世纪宗教启蒙"内传特质的根据，在于静观（theoretischen）生活理想的优先地位，正如现代启蒙外传特质的根据，在于对实践理性优先的信念，此信念在康德的构想、奠基和极端化之前，早已占据了优先地位。因此，我们可以初步将迈蒙尼德的立场描述如下：此立场保存了希腊的静观（Theorie）生活理想，这种生活理想的有效前提是启示（Offenbarung），亚里士多德在《尼各马可伦理学》的结论部分，对此生活理想有过经典描述。因此，对于迈蒙尼德而言，有两点是确定的：第一，

---

① 下文关于"中世纪启蒙"的讨论，专指保守的伊斯兰哲人和犹太哲人。

② 参卷一，章35开头的内容。另参勒维（Lewi ben Gerschom）反对内传（Esoterik）的论争，就此蒂森德鲁克（前揭书，页82）有所论及。

启示完全具有约束力；第二，对于人而言，要成为完美的人，完全取决于过静观的生活。这些异质的信念之所以能够获得统一，就在于召唤和教育人过静观生活被认为是启示的最高（尽管并非唯一）目的。圣经的确要求人[90]"认识上帝"，静观的至高对象就（noch）是最高的存在者，即上帝。因此，迈蒙尼德教诲说：与全部纯粹的人法相对，启示和神法的独特之处，在于它关注的是如何改进信仰，即传播关于"上帝和天使"的正确看法，教育人追求对所有存在者的真知。①

[XC]因此，启示本身召唤合适的人从事哲学，神法本身要求哲思。获得授权的自由哲思，以所有存在者为对象。所以，与所有存在者一样，启示也成了哲思的对象。在先知论中，启示作为由上帝通过某个先知所给予的律法，就成了哲学的对象。

如果启示只是上帝的神迹（wunderbare Tat），那么，它将完全超越全部人类理解。启示只在上帝的启示行动通过中间原因（Mittelursachen）得以贯彻，并在创造、在受造的自然中得以实现的范围内，才是可以理解的。如果启示完全可以理解，那么，它必定完全是一个自然的事实。上帝的启示行动得以贯彻的中介，就是先知，即某个非同寻常的、超越了所有人的人，但他无论如何仍然是人。所以，对启示的哲学理解，对律法的哲学奠基，意思是：从人性（*Natur des Menschen*）出发来解释预言。

迈蒙尼德能够以此预言解释为前提。伊斯兰亚里士多德学派——Falâsifa[伊斯兰哲人]②——曾教诲说：预言体现的是人性的某种完美状态（Vollkommenheit），有相应天赋的人，通过相应的训练，一定能达到这种完美状态。迈蒙尼德接受了这一教诲，但前提是：有相应天赋且训练有素的人，不一定就是先

---

① 《迷途指津》，卷二，章40；卷三，章27－28。

② [中译按]下文以"伊斯兰哲人"对译Falâsifa。

知，上帝可随意拒绝赐予这类人预言。然而，神奇地拒绝赐予预言，与神奇地拒绝人行使看或动手的能力，根本具有同样的特质。① 但这意味着：只有预言之赐予是神奇的，而预言本身并不神奇；[91]预言本身是自然的。② 所以，尽管有相应天赋且训练有素的人，不一定成为先知，但先知一定是有相应天赋且训练有素的人。预言与确定的条件有关。迈蒙尼德遵循伊斯兰哲人的教诲说，这些条件是：理智的[XCI]完美，道德的完美，想象力的完美。③ 至于为何偏偏这些条件在所必需，要明白这一点，则当追问：预言必须如何建构，从而在先知所传达的启示之下，静观生活才有可能成为人真正的完美状态；或从而，与全部纯粹的人法相对的启示的特殊性，有可能正是操心传播关于"上帝和天使"的正确看法。

如果启示传达基本的静观真理，那么，启示的传达者，即先知，就必定拥有关于这些真理的认识：他必定至少也是哲人，即实际的认识者；通过操练而达到的理智完美，就是预言的一个条件。④

具有完全约束力的启示，针对所有人；但只有一些人，只有少数人，才有过静观生活的能力。因此，必须根据大众的理解能力，将真理——启示受其约束或完全以其为根据（zu denen bzw. auf Grund deren die Offenbarung schlechthin verpflichtet）——传达给他们；这些真理因而必须——至少部分地——以形象化的方式予以传达。所以，先知必须是这样一种人：他拥有哲学认识，

---

① 卷二，章32，页261以下。

② 因此，迈蒙尼德能说出这样的话：梦中和预言中的流射（Emanation，参下文页[XCII]），并无特殊区别，而只是等级上有差异（卷二，章36，页282）。

③ 卷二，章32，页261以下；章36，页287以下。

④ 卷二，章36，页284。

同时有能力形象地描述哲学认识；除了理智完美，想象力完美也是预言的条件。①

迈蒙尼德像伊斯兰哲人那样，按照当时流行的关于亚里士多德学说的观点，将认识的过程理解为人的理智天赋（Verstandesan-lage）［92］（或"质性理智"［hylishen Intellekts］）通过外在于人、超越人的"能动理智"（tätigen Verstand）而现实化，这里的"能动理智"是最低等的（unterste）非物质的理智。从它那方面而言，"能动理智"的存在和活动由上帝所确定。就预言性认识而言，单靠能动理智对人的理智的影响是不够的；因为，先知还必须让大众直接理解自己，所以，他必须形象地讲话，能动理智还必须能够对想象力产生影响。这样，我们就拥有了统一于迈蒙尼德的预言定义中的诸要素。这个定义是：

> 预言［XCII］本质上是一种流射（Emanation），这种流射从上帝发出，借助能动理智，首先流向理智能力（Ver-standeskraft），进而流向想象力。②

因此，就预言而言——正如就哲学认识而言，不仅理智，还有想象力，都受到能动理智的影响，所以，正如迈蒙尼德直接按照他自己的预言定义所解释的那样，预言是"人所能达到的最高阶段和人类所能实现的终极完美"。由于这个原因，先知就已经无条件地超越了（überlegen）哲人，当然也首先超越了其他人。作为认识者，先知甚至在哲人自己的领域内也超越了哲人：先知可以不顾"前提与结论"，直接认识其他所有人只能间接认识到的内容；因此，先知可以获得纯粹的哲学认识者不可能达到的洞

---

① 卷一，章34，结尾；卷二，章47，页356；卷三，章，27，页210以下。

② 卷二，章36，页281。

见。① 所以，不难理解：就人无能作出科学回答的核心问题（世界是永恒的还是受造的?），迈蒙尼德可以吩咐哲人追随先知。② 哲人在其哲思中能以先知为榜样，因为，先知拥有纯粹的哲学认识不可能达到的洞见。

然而，先知之于哲人的优越性，却因为下述事实——这种优越性一开始就表现在这一事实之中——而成了问题：先知在其认识活动中要借助想象力。[93]因此，若说整部《迷途指津》就致力于批判想象力，当非过分之辞。首先，《迷途指津》第一部分的研究，针对的正是对圣经的臆解（imaginative Verständnis），这部分研究的目的是捍卫上帝概念的纯洁性，以反对所有质疑上帝的绝对统一性的观点。想象力与理智直接对立：想象力抓住的只是个别而非普遍；想象力的活动绝对无法摆脱物质，所以，它不可能认识形式，因此，我们根本不必关注它。想象力必然妨害理智活动；[XCIII]摆脱想象力的影响，乃是真理认识不可或缺的条件。③ 在此情况下，斯宾诺莎反对迈蒙尼德的论辩，无非是顺理成章的结论：以特强的想象力著称的人——就像迈蒙尼德和斯宾诺莎眼中的先知，获得纯粹认识的能力特差，因此，斯宾诺莎否认先知有超过庸常之见识。④ 然而，这一"结论"如此显而易见，如果它事实上正是迈蒙尼德教诲的结论，就不会逃过迈蒙尼德的眼睛。

首先必须确定的是：对想象力的怀疑，对想象力的鄙视，就包含在迈蒙尼德的先知论中；按照他的教诲，最高等级的预言，即摩西的预言，之所以出类拔萃，就因为在摩西的预言中

---

① 卷二，章38，页297以下。

② 卷二，章23，页182。

③ 尤参卷一，章73，页348。

④ 《神学政治论》（*Tract. theol. - pol*），卷二。

想象力不起作用。① 然而，确定了这一点，似乎并无多少收获，因为，"普通"先知——除摩西（Mosche）以外的所有先知——尽管在其认识中加入了想象力，但也正因为如此，他们才会超越哲人；所以，剩下的问题就是，加入想象力如何能够奠定这种超越性。然而无论如何，真实的情况恰恰是：普通先知的认识，就处在摩西未加入想象力的认识和哲人肯定未加入想象力的认识之间；因此，丝毫不考虑想象力，也可以确定最伟大的[94]先知与最伟大的哲人的不同；这种不同包括了（umgreift）摩西与其他哲人的不同，也包括了其他先知与其他哲人的不同，从而使得首要的悖谬之可能性，即想象力的加入奠定了先知之于哲人的超越性，变得可以理解。所以，我们必须问，按照迈蒙尼德的教诲，摩西的认识与哲人的认识有何不同。

哲人当然的代表就是这位哲人——[XCIV]亚里士多德。亚里士多德的情形是：他关于月球（Mondsphäre）以下的世界的说法无疑是真实的，与此同时，他关于上界的主张，尤其是关于非物质理智的主张，部分只具有可能性，部分则完全是错误的。② 亚里士多德的情形，自然更适用于所有其他不是先知的人：人只可能认识月球以下的世界，即他的世界，这是他周遭的世界，是他眼前熟知的世界，他就属于这个世界；只有下界，才是他触手可及的世界；他关于上界的认识，必定永远是不完整的和成问题的。"上界"和"下界"这两个术语，不仅表明了一种空间关系，还同时表明了一种等级差别：上界就是等级更高的世界，不仅因为它的空间距离，而且因为它的高等级，人的认识难以接近这个世界。下界是有生成和败坏的世界，所有生成和败坏——概而言之，所有匮乏——的原因是物

① 卷二，章36，页288；章45，页348。
② 卷二，章22，页179。

质，物质导致了我们的局限性，我们又依赖于物质，正是因为物质，我们才无法达成我们真正的、最高的使命，即认识上界，认识"上帝和天使"。① 对于我们人而言，最高的认识就是奥秘；真理只是偶然向我们发出亮光，我们认为这就是白昼（Tag）；然而，因为物质和我们受物质牵扯的生命，真理又旋即从我们眼前消失了。我们生活在漆黑的夜里，这漆黑的夜只是偶然会被闪电照亮。[95]由此图景，可以表明人的等级秩序。被只有短暂间隔的一次又一次闪电照亮的人，夜晚几乎变成了白昼；这个几乎持续生活在光中的等级，就是摩西的等级。对于其他人而言，闪电只是以很长的间隔出现，这是其他先知的等级。② 最后，还有这样的人，整个夜晚，闪电只向他们闪现一次；属于此等级的人，据说，"他们曾有过预言，却未进一步发出预言"。然后，还有一类人，从未有闪电照亮过他们的黑暗，而只有在夜里发光的、由[XCV]某种石头磨成的物体，照亮过他们的黑暗；甚至连这微光也不会持久照亮我们（！），这微光方才闪现，旋即又消失了。最后，还有一类人，他们根本没有看见过光。最后这类人，就是无知的大众。前三类人包括所有先知：从最高的先知，到最低的先知。那些仅仅由尽管是借来的、间接的微光照亮过黑暗的人，必定就是哲人。因此，哲人以其上界认识的间接性，与先知区分开来，哲人拥有一种——多少称得上伟大的——关于上界的间接认识。③ 普通先知与摩西的区别在于：他们不像这位持续生活在光中的

---

① 卷二，章24，页194；卷三，章8–9。

② 关于摩西以外的先知等级的评论，的确只见于伊本·提朋（Ibn Tibbon）的希伯来译本（参蒙克[Munk]，《迷途指津》，卷一，章11，注释2）；但此评论是由文本整体的内在关联中得出的。

③ 卷一，导言，页10–12。就此段落的解释，我们依循希伯来注疏家；譬如参照纳尔博尼："这无瑕的石头，就是证明，尤其是静观。"亦参《迷途指津》，卷二，章38，页297以下。

先知，闪电只是以更长间隔向他们显现。在《密示拿·托拉》（*Mischne tora* [*Jesode ha - tora*]）卷二章 6 中，迈蒙尼德如此表述此区别：普通先知无法随心所欲地在任何时候拥有预言的知识，而预言总能在摩西想要的时候降临在他身上；摩西不像其他先知，需要为预言做准备，他一直有准备。在已提及的段落中，迈蒙尼德进一步列举了普通先知与摩西的区别：普通先知在其获得预言知识的时候，感到恐惧、困惑、不安，而摩西则平静而坚定地获得了他的预言。若回想关于漆黑的夜晚和照亮夜晚的闪电的比喻，[96]我们便可以理解迈蒙尼德关于普通先知的困惑的论说所指为何：这过分刺眼的、直接认识上界的不寻常的光，使普通先知感到迷惑和恐惧。如果说哲人与先知的不同在于哲人不知迷惑和恐惧，那么，哲人将此"优点"仅仅归于下述情形，即照亮哲人的只是间接认识的"微光"：因为，先知比哲人看到的更多也更直接，所以，他感到眼花缭乱。由此也可以理解，何以想象力在先知认识中的共同作用，能成为先知高于哲人的理由：因为，[XCVI]先知比哲人看到的更多也更直接，这过分刺眼的不寻常的光让先知眼花缭乱，所以，他对所知之物的描述是形象化的；所知之物完全充满了先知，完全抓住了先知，也因而抓住了先知的想象力。因为，想象力被"从上面"完全抓住并投入使用，所以，它根本不会产生干扰，但对于其他人，想象力会干扰其哲学认识。先知之所以形象化地、也从而以肉身方式来描述"上帝和天使"，并非因为他认为"上帝和天使"拥有肉身——只有无知者才这样认为，而是因为他按其非肉身性直接认识"上帝和天使"，所以，他的认识比哲人更清楚；他对上界的理解，恰恰不是想象式的理解；先知对所知之物的形象化描述，是由他的认识热情过分（überschwenglichen）所致。想象力的加入，的确并非因为先知的认识落后于哲学认识，而是因为先知的认识比哲学认识无限优越：先知与上界有直接关联。

现在，我们来看理解预言的第三个条件——道德完美——的可能性。明确强调这个条件，初看上去似乎没有必要，因为，道德完美不过是理智完美的一个必要条件。尽管经验表明，有理智完美的人，但他们仍然受感官热望的支配，从而远离道德完美。这一点当如何理解？一个理智完美的人虽不是先知，却无疑也充满对知识的热望，而且，他要想满足对知识的热望，[97]就必须摆脱低级的快乐；但他不会完全充满对知识的热望。人对于上界的认识，因为受他的世界束缚，也因为其肉身性和感性，而受到阻碍。通常，他凭自己的性情和追求（Sinnen und Trachten），完全投身于这个世界。这一点同样表现在他的梦中。做梦的时候，人从某种意义上摆脱了他周遭的世界，但梦的内容，却完全由他在世界中的性情和追求所决定。因此，一个人可能真对知识有强烈的渴望，从而，如果他有相应的天赋也受过相应的[XCVII]训练，也有可能达到理智完美；但他最私己的性情和追求，就像梦中所表现的那样，不一定会因而专注于知识。因此，人使自己摆脱感性感知是不够的，他还必须摆脱所有感性欲望，摆脱对世界的依赖；在他的心的最隐秘至深处，除了认识"上帝和天使"，他应当别无所求。如果他能这样做，如果他因而除了这种知识而别无其他"梦想"，那么，在摆脱了物质世界——在梦中和在异象中——的状态中，在他是有完美想象力和完美理智的人这一前提下，他将只觉知神圣事物，只看到上帝及其天使。①

我们总结如下：先知是有着完美理智和完美想象力的一种人，他完全为认识上界的热望所支配。只有这种人能与上界直接关联，能直接认识"上帝及其天使"。这种超越了所有其他人类认识的认识，使得先知有能力当人类的导师（Lehrer），而导师也是哲

---

① 卷二，章36，页284 – 287；就此参考卷一，章34，页125 – 127和章50，页181。

人；尤其是下述事实赋予了他这种能力：先知的想象力完全为关于上界的认识所支配，从而使他以形象化的方式来描述他的认识，并以此教诲大众。

三

[98]至此所讨论的迈蒙尼德的先知论部分，理解起来具有内在的一致性。接下来要讨论的部分所涉及的难点，不仅在于这部分内容本身，而且在于此部分与第一部分的内在关系。我们由初步了解尚未讨论的迈蒙尼德的先知论部分所研究的主题开始。

到目前为止，我们所论及的想象力，仅限于形象化地描述理智洞见这一功能；此功能是理智现实化的必要条件。然而，在先知的认识中，[XCVIII]想象力除了这种模仿活动，它还有一种自主活动，或至少也有这样一种活动：从表面上看，相对于理智活动，它的独立性并不明显；但认识未来却以此活动为基础。不仅先知可以认识未来，普通人——虽然以较低级的方式——也可以认识未来，尽管普通人是在真实的梦（Wahrtraum）中认识未来。在睡眠中，意识平静下来，想象力有了自由，可以接受能动理智的流射（Emanation），由此途径，人可以知晓未来。真实的梦中的想象力活动，只是在等级上与先知的未来认识中的想象力活动不同。先知的想象力具有最大可能的完美性，但想象力作为一种能力，在先知那里和在所有人那里并无不同。真实的梦起于能动理智对想象力的作用，正如哲学实践出于能动理智对（人的）理智的作用。若能动理智作用于理智和想象力，就会产生预言。①问题在于，迈蒙尼德是否认为：理智和想象力也在先知的未来认

---

① 卷二，章36，页281–283；章37，页290以下。

识中共同发挥作用,① 就像它们在对[99]静观式洞见的形象化描述中共同发挥作用一样。迈蒙尼德不仅没有回答这个问题,甚至连下述更为根本的问题也未作答:如此具有根本区别的活动——对静观式洞见的形象描述与认识未来——能共同成为[XCIX]先知的特质,这一点到底该如何理解。我们将通过研究迈蒙尼德的思想来源(Quellen),来尝试回答这个问题。为了证明我们有理由这样做,我们必须首先解释迈蒙尼德的先知论与伊斯兰哲人的先知论之间的总体关系。

迈蒙尼德自己说,他的学说与伊斯兰哲人的学说——除了一点——完全一致。这一点是一个保留条件:并不像伊斯兰哲人所以为的那样,必然能够获得以确定条件为根据的预言,相反,即使满足了所有条件,上帝也有可能任意拒绝赐予预言。因此,迈蒙尼德的保留条件,并不符合预言的本质及其自然条件。但根据伊斯兰哲人的教诲,预言的条件是:理智、道德和想象力的完美;迈蒙尼德的教诲也是如此。根据迈蒙尼德,预言的本质是上帝的流射,预言通过能动理智,首先流向理智,进而流向想象力;这些内容,伊斯兰哲人在他之前已经讲过了。因此,就预言的权威解释而言,迈蒙尼德的明确陈述与阿拉伯哲人一致。②

———————————

① 迈蒙尼德明确指出:先知(他有能力看到未来事物,就像看到活生生的现实)认识未来,乃想象力之事务。与此想象力的完美相符合的正是这种理智的完美,依据这种理智完美,先知可以抛开前提与结论,直接由静观获得洞见。而且,通过能动理智而实施的想象力——因而,使得对静观洞见的形象化描述成为可能的不只是想象力——应当以能动理智作用于先知的理智为先决条件:能动理智只对理智有作用,也只通过理智对想象力发生作用(《迷途指津》,卷二,章38,页298)。这一主张与先前的主张——能动理智在真实的梦中,只对想象力发生作用——明显矛盾;若考虑迈蒙尼德更进一步的主张——真实的梦和预言只是等级不同,而且,在先知的未来认识中,能动理智只对想象力发生作用,那么这种矛盾就更严重。参下文页[CI],注释34([编按]即本书页97注④)。

② 卷二,章32,页261–263;章36,页281和287;章37,页290以下。

就迈蒙尼德的思想来源，我们首要关注阿尔法拉比和伊本·西拿的著作。对阿尔法拉比先知论最全面、最详尽的阐述，就在他自己的著作[100]《理想国》（*Der Musterstaat*）中。① 下文，我们只研究这一阐述。阿尔法拉比在《理想国》的两个不同段落讨论了预言。他在每一个段落中分别讨论——当然没有直说——一种不同类型的预言：他最先讨论的预言类型，以想象力为根据；他进而讨论的预言类型，则以理智和想象力为根据。——想象力有三种功能：保留可感之物的印象；结合这些印象；最后，主要是摹仿可感之物。② 从整体上讲，也从而特别就其摹仿功能而言，想象力有赖于从别处获得材料。在清醒状态下，想象力主要由感性感知来获得材料。但因为想象力此后完全[C]致力于服务其他灵魂能力，这使得它未能进一步发展其自主能力；想象力自主能力的发展发生在梦中，即当感官和理智平静下来的时候。想象力进而摹仿感官已感知之物；偶尔，想象力也以相应的方式，对理智呈现于它的事物进行加工；之所以说以相应的方式，是因为想象力没有能力接纳理智之物本身，因此，想象力摹仿理智之物，并将其感性化。所以，想象力以最完美的感性之物（具有美的外表的事物）来表现具有最高完美性的理智之物（譬如第一因、非物质性的存在、天）。同样，想象力还以相应的方式加工由其他灵魂能力（譬如维生能力等等）呈现给它的事物。③ 想象力也可以由能动理智获得内容。在此情况下，想象力承担了（人的）理智

---

① 迪特里奇（Fr. Dieterici）编辑（Leiden 1895）并翻译了这部著作（Leiden 1900）。我们的引文就依据迪特里奇本页码及行码。[中译按]迪特里奇（Friedrich Heinrich Dieterici, 1821 – 1903），德国著名东方学家，早年求学于哈勒和柏林大学，1856 年擢升为柏林大学"闪米特文学教授"，以阿拉伯语言和文学研究著称，校勘或翻译中世纪阿拉伯文献多种。

② 《理想国》，页 48 行 3 – 5；就此参照《迷途指津》，卷二，章 36，页 282。

③ 《理想国》，页 47 行 17 – 页 48 行 9；页 49 行 8 – 10；页 50 行 9 – 13。

的功能。理智有两类：静观理智，它认识理智之物；实践理智，它与特殊事物（particularia）有关。当能动理智作用于想象力时，后者要么获得了理智之物，要么获得了——尤其是有关未来的——特殊事物。想象力必然将理智之物感性化，然而对于特殊事物，想象力有时候也会表现这些事物的实况，但在[101]其他情况下，想象力则会用多少与其相像的其他特殊事物来表现这些事物。① 因此，未来认识（Zukunftserkenntnis）以同样的方式表现为对理智之物的感性化理解：通过能动理智对想象力的作用。——想象式理解具有不同层次。居于最低层次并且最经常出现的是梦中的未来认识，即真实的梦；比真实的梦者（Wahrträumer）更高一个层次的人，在梦中以图像方式理解理智之物；最高的人，在清醒状态下，不仅能获得（未来的）特殊事物，而且能获得理智之物的图像，这是想象力能够达到的最高层次，尤其是人借助想象力能够达到的最高层次。因此，这（第一种）类型的预言的条件，就是想象力的至高完美。② ——第二种预言与第一种预言的不同在于：前者的条件，除了[CI]想象力的至高完美，还有理智的现实化。对满足此条件的人，上帝就通过能动理智给予启示：由上帝向能动理智流射之物，能动理智首先使其向具有合宜性情的人的理智流射，并进而向其想象力流射。③ 通过由能动理智向先知的理智的流射之物，先知就变成了哲人，而通过由能动理智向哲人的想象力流射之物，哲人就变成了先知，即告诫未来的人。先知的想象力必须足够完美，以使他不仅能够由能动理智获得特

① 同上，页50行21–页51行4；页51行14–20。

② 同上，页52行7–23；页51行10–12。——清醒状态下的认识之于[CI]梦中的认识的优越性，在迈蒙尼德看来，对于确定预言的等级具有决定性意义；参比《迷途指津》，卷二，章45；章41，页313以下。

③ 这与迈蒙尼德的预言定义完全一致；参比《迷途指津》，卷二，章36，页281。

殊事物，而且能够以感性形式把握理智之物。① 满足上述条件的人，就有能力以某种适合大众的方式，传授他得自能动理智的事物。② 此人就站到了人性的至高层次③——他与第一类先知的不同在于，[102]他是唯独借助想象力可以达到的人性的至高层次。

对迈蒙尼德和阿尔法拉比先知论的比较表明：④ 迈蒙尼德对阿尔法拉比所承认的、低级的、仅仅[CII]想象式的[103]预言持否定态度；因此，对于迈蒙尼德而言，在真正的（der）预言中，人性的最高层次与想象力的最高层次重叠在一起，而阿尔法拉比却能够将想象力本身的最高层次，与人性真正的最高层次区分开

---

① 《理想国》，页 57 行 17 - 页 58 行 1；页 58 行 18 - 页 59 行 1。

② 参同上，页 59 行 6；页 69 行 19 - 页 70 行 3；页 52 行 15 - 16。

③ 同上，页 59 行 2 - 3。参比《迷途指津》，卷二，章 36，页 281。

④ 关于迈蒙尼德的先知论，尤其尚不清楚的是，迈蒙尼德如何并在怎样的意义上主张能动理智对想象力的直接作用（参上文页[XCVIII]，注释 23[中译按]即本书页 94 注①）。我们现在将尝试表明，通过研究阿尔法拉比的先知论，就回答此问题会有何收获。迈蒙尼德和阿尔法拉比一样教诲说，就预言性认识而言，能动理智首先影响先知的理智，并"进而"影响先知的想象力（《理想国》，页 58，行 22；《迷途指津》，卷二，章 36，页 281）；他和阿尔法拉比一样，将先知的未来认识归于其想象力（《理想国》，页 59，行 1；《迷途指津》，卷二，章 38，页 298）。因此，在预言性认识中——不管它是对理智之物的想象式理解，还是未来认识，都没有两样——根据阿尔法拉比，也根据迈蒙尼德，都不存在能动理智对想象力的直接影响。然而，在非预言性认识中，情况又如何？就此，迈蒙尼德直接遵循他无条件地否认能动理智对想象力的直接影响的做法，提出了一种值得注意的论辩。他争辩说：缺乏理智完美的人们（Leute），能够在梦中获得静观洞见（《迷途指津》，卷二，章 38，页 299 以下）。这种可能性，阿尔法拉比也承认[CII]；他教诲说：在真实的梦中和在较低级的预言中，能动理智也使想象力分享理智之物。也许，迈蒙尼德否认能动理智对想象力的直接影响，仅指涉预言本身——因此不指涉真实的梦——并且预展了他对下述可能性的否定：一个理智未臻完美的人，能在梦中获得静观洞见。也许，他与阿尔法拉比一样，很少否定下述情形：在未来认识（转下页）

来。① 因此，迈蒙尼德只承认更高类型的预言是预言。就此预言，他与阿尔法拉比很大程度上一致。明显的不同只在于，阿尔法拉比并未提及道德完美是预言的条件。事实上，迈蒙尼德和阿尔法拉比之间的完全一致，就表现在阿尔法拉比关于幸福的阐述中：幸福就在于摆脱物质羁绊；通过理智的现实化，可以直接获得幸福；但间接条件是道德之善。② 两者之间的一种真实分歧或许在于：阿尔法拉比否认先知有某种关于上界的超哲学的认识之可能性，先知[CIII]通过能动理智对其理智的作用变成了哲人③——没有变成其他人，也没有变成更高的人，而是变成了哲人。④ 倘若

***

（接上页）中，通过真实的梦，能动理智能对想象力产生影响。实际上，他甚至明确主张，在（认识未来的）真实的梦中，能动理智对想象力有直接影响（《迷途指津》，卷二，章37，页291）。——反对这种尝试，即考察迈蒙尼德与阿尔法拉比的相互关系，从而使迈蒙尼德的矛盾表述能够协调一致，是基于下述考虑，尽管这种考虑也顾及这种关系：引人注目的是，迈蒙尼德在完全一般性地论及想象力活动的段落中说，当感官平静下来的时候，想象力最强烈（《迷途指津》，卷二，章36，页282）；而阿尔法拉比——迈蒙尼德在其他问题上完全遵从他（参上文页[XCIX]）——却就同一种关系论道：当感官和理智平静下来的时候，想象力最强烈（《理想国》，页59行1；页51行15–17）。这只是迈蒙尼德表述不严格，还是他有意作出修正？如果是后一种情形，他似乎认为：甚至就真实的梦中发生的未来认识而言，也有理智共同作用；如此一来，他认为在真实的梦中，能动理智只影响想象力而不影响理智，就可以这样来理解：即便在真实的梦中，能动理智对想象力的影响，也只能通过理智；但如果理智不完美，则这种影响会仿佛不留痕迹地掠过理智（《迷途指津》，卷二，章37，页291）。

① 《迷途指津》，卷二，章36，页281。——《理想国》，页52行11–12；页59行2–3。

② 《理想国》，页46行7–页47行3。

③ 同上，页58行23。

④ 伊本·图法意尔（Ibn Thufail）针对阿尔法拉比先知论的论辩，或许也支持这种解释（《自我教育的哲人》[*Hayy ibn Yaqdhân*, ed. Gauthier]，页12）；阿尔法拉比《哲学论集》（*Philosophischen Abhandlungen*, ed.（转下页）

迈蒙尼德就此要点与阿尔法拉比有不同教诲，他也不会因此与真
正的（den）伊斯兰哲人相矛盾：迈蒙尼德肯定在伊本·西拿那儿
发现了关于先知的直接认识的教诲。在伊本·西拿看来，使得先知
与众不同的至高能力，就是直接而非以推论和证明为根据的认识。①

[104]伊本·西拿教诲说：② 在人当中，占据优先地位的是达
到了理智和道德完美的人；反过来，在这些人当中——连同在所有
人当中，最卓越的人是有预言倾向的人。③ 先知的特质在于下述三
种灵魂能力：一，想象力之完美；二，显神迹的能力；三，直接认识。
（除理智和道德能力外）还拥有这三种灵魂能力的人，能获得启示：
他能听取上帝之言，并能看到上帝的天使的可见形态。这三种表明

（接上页）Dieterici,Leiden 1895,p. 75）中的一个段落,可算作与此相对应的一个例
证,如果此段落及文本整体果真出自阿尔法拉比之手,而非如我所认为的那样,还
有可能出自伊本·西拿之手。就此参比下文页[CXVI]所引阿尔法拉比的一节文
字。[中译按]伊本·图法意尔,十二世纪出生于西班牙的伊斯兰哲人和医生,仅
有哲学教育小说《自我教育的哲人》传世,书名或采自伊本·西拿的同名小说,
但内容完全不同。伊本·图法意尔的《自我教育的哲人》除了对阿拉伯和波斯文
学、哲学影响深远,1671 年译成拉丁文、又进而译成其他欧洲语言后,尤其深刻
影响了欧洲启蒙运动,成为欧洲"教育小说"之前驱。

① 《论灵魂》（*De anima*,Opera Avicennae,Venet. 1508,f. 26b）,卷
五,章 6;《论文集》（*Tis' rasâ'il*,Konstantinopel 1298）,页 84;兰道尔
（Landauer）,《伊本·西拿的灵魂学》（*Die Psychologie des Ibn Sîna*,ZDMG
XXIX）,页 410 以下。

② 《阿维森纳形而上学概要》（*Avicennae Metaphysices Compendium*,ex. ar.
lat. redd. Carame,Roma 1927）,页 243;尤参页 244 译者脚注。伊本·西拿的巨著《形
而上学》（*Metaphysik*,X,1,ed. Venet. 1580,f. 107b）中对应段落的拉丁译文不忍卒读。
我在柏林馆藏的一封手稿中查阅过《形而上学》原作（Minutoli 229,f. 165b－166a）。
亦参安萨里（Ghazzâli）,《论哲人的混乱》（*Tahâfut*,ed. Bouyges,Beyrouth 1927）,页
272－275。

③ 伊本·西拿也在《论预言的证据》（*Risâla fi'itbât an－nub wâ*）中说:在
地上的存在者当中,先知居于最高等级（见《论文集》,页 84）;亦参《迷途指
津》,卷二,章 36,页 281。

先知特质的能力之间,具有一种等级关系:居于最低级别的是想象式的预言,更高一级的是有力量改变物质的预言,而最高级别的预言,在于静观理智的绝对[CIV]完美。① 这一点不可理解为:似乎最高等级的先知,不具备其他两个等级的先知所具有的能力。伊本·西拿尤其承认想象力在预言本身(Prophetie als socher)中的共同作用,也从而承认想象力在最高等级的预言中的共同作用,他关于预言本身的定义表明了这一点:预言就是听取上帝之言,就是看见上帝的天使的可见形态。②

因此,我们可以说,在同一语境中,迈蒙尼德先知论的决定性要点,[105]既可以在阿尔法拉比那里找到,也可以在伊本·西拿那里找到。③ [CV]唯一[106]具本质性的要素,

---

① 《论灵魂》(De anima, Opera Avicennae, Venet. 1508, f. 20b),卷四,章4;卷五,章6(f. 26b)。

② 蒂森德鲁克(前揭书,页83以下)声称:不管在阿尔法拉比还是在伊本·西拿看来,想象力对于预言都不具建构性。关于阿尔法拉比,他之所以有此看法,是因为他没研究过阿尔法拉比的《理想国》。关于伊本·西拿,他完全依循沙拉斯塔尼(Schahrastâni)。[中译按]沙拉斯塔尼(1076-1153),中世纪伊朗伊斯兰宗教史家。

③ 迈蒙尼德的两个独特教诲,应以注释方式予以提及,这两个教诲并未影响由伊斯兰哲人所奠定的基础。迈蒙尼德强调指出:通过修习而达成的理智完美,乃是预言的条件(《迷途指津》,卷二,章32,页263;章36,页284和287;章38,页300;章42,页323)。迈蒙尼德以此学说与伊本·西拿相左,后者在下述意义上理解先知的直接认识能力:先知完全不依赖于修习(《论灵魂》,卷五,章6;《论文集》,章44以下)。就此观点,我们在伊本·鲁什德那里见到了更为强烈的表述:"我们知道,先知(即穆罕默德)是一个未受过教育的、平凡的游牧民族中一个未受过教育的人,这个民族从不致力于科学,人们也从不将知识归于这个民族,这个民族从未像希腊和其他民族——在这些民族手中,哲学经过长期发展而得以完善——那样致力于研究存在之物"(《阿威罗伊的哲学与神学》[Philosophie und Theologie von Averroes, übersetzt von M. J. Müller, München 1875],页94)。与此形成对照,迈蒙尼德在《迷途指津》卷一章71开篇(in Princ.)对他自己的民族的看法完全不同。伊本·鲁什德为了确证自己(转下页)

（接上页）的观点，引述了三段《古兰经》。这种观点其实是伊斯兰教的正统学说；就此可参比塔百里（Alî iben rabban at‑Tabarî）《论宗教与帝国》（Kitâb ad‑dîn wad‑daula，Kairo 1923），页48－50，亦参阿尔马瓦迪（Ali Ibn Muhammed al‑mâwardî），《预言之顶点》（A ' lm an‑nubuwwa，Kairo 1315）（这是由阿里姆［Abd‑ul‑alîm］先生的友好答复中得知的）。因此，迈蒙尼德明确强调修习之于先知的必要性，可视为针对伊斯兰教的论辩：他接受伊斯兰教关于下述事实的主张，即穆罕默德从来没有修习过，但他认为，这一主张已然说明，穆罕默德作为先知的资格无需辩护（unberechtigt）。——初看上去，至关重要的是：迈蒙尼德将摩西的预言根本排除于他的先知论之外。迈蒙尼德解释说，他不想在《迷途指津》中谈论摩西的预言，哪怕连影射一次也不想；摩西的预言与其他先知的预言根本不同；摩西的预言人无法理解（《迷途指津》，卷二，章35，页277以下和281）。迈蒙尼德给人的印象是：他除了［CV］对伊斯兰哲人的先知论持明确保留态度（卷二，章32，页262以下），还想持有某种更进一步的保留态度。实情果真如此吗？尽管他有上述解释，但就如何理解摩西预言的独特性，迈蒙尼德还是对我们作了交代：摩西听取上帝之言未经想象力中介（卷二，章45，页348）；他对此独特性还有更尖锐的表述，因为他说：摩西作预言不用比喻（卷二，章36，页288）。这种主张若不加限制是不能成立的，因为，摩西不仅不怀疑而且反复强调："托拉"（Tora）中的很多说法都具有比喻特质。几乎《迷途指津》的每一页文字都可为此作证；这无非表明，迈蒙尼德在其先知论中讨论先知论说的比喻特质的部分，杂乱地引述了"托拉"和"先知书"；在有关此问题的章节（卷二，章47）开头，迈蒙尼德明确指出，预言的工具，即想象力，导致先知的论说具有比喻特质。由于摩西用比喻说话并不比其他先知少，所以，他必定有能力以比喻形式表达其洞见；这意味着，他必定有完美的想象力，也必定运用这种能力。若能追踪迈蒙尼德本人给出的一条线索，我们便能知道该如何理解迈蒙尼德表面上有矛盾的主张。迈蒙尼德在一处指出：摩西不像其他先知那样用比喻作预言（卷二，章36，页288），在此段落，他指引我们注意他早前关于此主题的表述。他以此很有可能首先意指他在《托拉基础》（Jesode‑ha‑tora）卷七章6中的论述。在那里，他是这样来规定摩西预言的"非想象式"特质的：摩西听取上帝之言是在清醒状态下，而非在梦中或在异象中；他不以谜语或比喻方式看事物；他不会感到害怕或迷惑。这说明，他在作预言的状态下，绝不受想象力影响；（转下页）

至少对于伊本·西拿的学说而言，是关于先知的神迹能力的学说，迈蒙尼德的先知论缺乏此要素。当然，在迈蒙尼德的著述中，也可以找到关于此学说的只言片语；① 然而，事实上这些只言片语不可能具有决定性意义，如果我们了解迈蒙尼德神迹学说的基本取向的话。为此，也必须考察迈蒙尼德的思想来源。在伊斯兰哲学中，有两个［CVI］相互对立的神迹论。② 根据卡兰姆（Kalâm）学说，神迹出于上帝的力量而非先知的行动，先知与神迹事件的关系无他：先知只是预告神迹的发生，先知所预告的神迹的应验，是对先知的神圣确认；由此神迹预告，可以将真正的［107］预言与圣人（Heiligen）和巫师所行的神迹分别开来。相对于卡兰姆，伊斯兰哲人教诲说，神迹由先知实现，而不仅仅由其预告——前提是，所有发生的事件，并不以上帝无条件的随心所欲为根据，而必定出于有确定条件的完全不同的事件。迈蒙尼德的做法虑及伊斯兰哲人的基本原则，因为他教诲说，神迹以某种

（接上页）他不像其他先知那样，会被关于上界的直观所迷惑；这并不意味着，也不可能意味着：作为先知，他自己不拥有想象力，相反，他必须拥有想象力，如果在其他情况下，他想用大众所能理解的言辞来引导大众。——迈蒙尼德关于摩西预言的教诲，并未背离伊斯兰哲人的先知论，纳尔博尼在其注疏伊本·图法意尔的《自我教育的哲人》时的评论中，也表明了这一点：迈蒙尼德从阿尔法拉比和伊本·巴迪亚（Ibn Badja）那里采纳了这一教诲（参比阿尔法拉比的《宝石工》［Steinsschneider］，页 65，注释 1）。亦参蒙克（前揭书，卷二，页 288，注释 1）所引述的关于以弗得（Ephodi，［中译按］指"犹太教大祭司的圣衣"）的评论。

① 《迷途指津》，卷二，章 35，页 279；章 37，页 291；章 46，页 354 以下。《托拉基础》，卷八，章 1。

② 下文的论述根据伊本·查尔顿（Ibn Chaldûn）的论著（《历史哲学引论》［Prolégomènes d'Ebn - Khaldoun, ed. Quatremre, Paris 1858］，页 168-170）。［中译按］伊本·查尔顿（1332-1406）是生于北非的伊斯兰博学家，开现代诸多社会科学门类之先河，他最有影响的著述就是这部"历史哲学"著作。

方式寓于自然之中（die Wunder in gewisser Weise in der Natur sind）：上帝创造自然时，预先赋予自然以产生神迹的力量；上帝让先知知道在适当时间预告神迹的发生，这正是先知的"标志"。① 因此，迈蒙尼德和伊斯兰哲人一样，否认上帝会随心所欲地干涉他所创造的世界；然而，迈蒙尼德在伊斯兰哲人的基础上，牢牢坚持卡兰姆关于先知在神迹中的作用的观点：先知只是预告神迹，他并不行神迹，行神迹的是上帝。但如果上帝行神迹而先知不行神迹，那么，神迹本身就只能取决于上帝自由的神迹行动。正因为如此，迈蒙尼德方能教诲说：即使对于满足预言的全部条件的人，预言也会神迹般地隐匿。这一教诲就是那个（der）保留条件，迈蒙尼德以此保留条件与伊斯兰哲人的先知论对立。这个保留条件只有在下述前提才下有可能：神迹实际上并非由先知所行。迈蒙尼德抛弃了关于先知行神迹的学说——唯独这一点，将他的先知论与伊斯兰哲人的先知论区别开来。由此证明了迈蒙尼德本人的解释：他的先知论只在唯一一点上——因为上述保留条件——与伊斯兰哲人不同。因此，有鉴于迈蒙尼德与伊斯兰哲人的根本一致，尽管 [CVII] 迈蒙尼德向我们隐瞒了他自己的观点，我们也完全有理由通过追溯伊斯兰哲人的相关学说，以解释迈蒙尼德先知论的模糊之处。在我们确信自己有此理由之后，我们再回到迈蒙尼德未曾回答的问题。这个问题是：究竟该怎样理解，如此根本不同的两种行动——对静观式洞见的形象化描述和 [108] 未来认识，都是先知的特质。

　　若追溯阿尔法拉比的学说，便可以按如下方式澄清这一模糊之处。未来-认识是关于特殊事物（particularia）的认识；认识特殊事物，乃实践理智之事务；如果在真实的梦中或在预言中认识了未来事物，则是想象力在代表实践理智起作用。认识理智之物，

---

① 《迷途指津》，卷二，章 29，页 224。

乃静观理智之事务，而理智之物的感性化，正是先知的特质；如果在真实的梦中或在预言中认识了理智之物，则是想象力在代表静观理智起作用，但想象力不可能把握理智之物本身，而必须形象地描述理智之物。① 先知——迈蒙尼德所认为的先知本身，即阿尔法拉比所认为的更高形式的先知——认识理智之物也认识未来，这意味着：先知同时拥有（完美的）静观性认识和实践性认识。然而，静观性认识是关于理智之物的纯粹智性的理解；对理智之物的感性表达，与静观性认识毫无关系；这种感性表达的意义只在于：通过这种感性表达，可以向大众传授某些教诲，若无这些教诲，社会就不可能存在。如果先知论说的纯粹智性的"内在含义"所传达的是静观的真理，那么，这种论说的想象式的"表面含义"所传达的内容，则尤其是对于改进人类社会的状况有用的教诲。② 因此，想象力参与先知的认识，任何时候——不管对于未来－认识，还是对于完全只为引导大众而采取的对理智之物的感性化——都有某种实践意图。如此便可以理解，迈蒙尼德何以会认为：如果能动理智只影响人的想象力，那么，受影响的人将变成[CVIII]政治家和立法者，或变成真实的梦者，或变成预言者，或变成巫师；所有这些只因想象力受到影响而产生的、表面上相互毫无共同之处的行动，却具有共同的本质要素：这些行动都是实践性的。反之，[109]只有当人的理智受到能动理智的影响，他才会变成哲人，变成静观者，而当人的理智和人的想象力同时受到能动理智的影响，他就会变成先知。③ 因此，预言结合了静观的完美和实践的完美（同时也提高了任何一种完美，使其超越了非－先知所能达到的尺度）。能动理智必定影响先知的理智，从而使先知能够向人们传达静观的真理，也从而使先知能成

① 《理想国》，页 50 行 18－页 51 行 2。
② 《迷途指津》，卷一，引言，页 19。
③ 《迷途指津》，卷二，章 37，页 290 以下。

为人类的导师，所以，能动理智也必定要影响先知的想象力，从而使先知能够履行其实践使命。预言同时是静观的和实践性的；先知是集导师和管理者于一身的人。

四

如果理智和想象力共同受到能动理智的影响乃产生预言之所必需，如果能动理智只影响理智能使人成为哲人，而能动理智只影响想象力能使人成为政治家、真实的梦者、预言者或巫师，那么，可以说先知是集哲人 – 政治家 – 预言家（ – 行神迹者）于一身的人。既然如此，预言中"所凝聚的"种种实践能力是否同等重要？若回想阿尔法拉比《理想国》中的相应段落，在其中，先知看上去集哲人和预言家于一身，[1] 我们或许乐意在预言术（Mantik）中看到先知最出色的实践能力。甚至连先知的神迹行动也可以归结为预言术，如果先知在神迹中的作用无非是预告神迹的出现。因此，我们必须问：预言术或治邦术就是最出色的实践能力吗？我们使问题尖锐化：何为[CIX]预言的最终目的？为何人类要依赖预言术？

迈蒙尼德就此问题作了回答，尽管回答并不那么明确：人是[110]政治的动物（Wesen），而且，[2] 与其他生命存在不同的是，人从本性上需要协作；另一方面，没有其他哪种生命存在像人类一样，在个体性情上存在如此巨大的分歧。因此，由于再没有像人类的协作那样有其必要却又如此困难的事情了，所以，人类需要一位管理者（Leiters），由他来支配个体的行为，方法是：用建

---

① 页58行23 – 页59行1。

② 为理解这一点，"或"可参阅亚里士多德，《政治学》（Pol.），卷三，章6，1278b19 以下。

立在规章之上的一致，取代自然而然的分歧。所以，人类的存在依赖于有管理能力的个体存在；因此，一定是希望人类存在的神圣智慧（die göttliche Weisheit），给了此个体以管理能力。管理方式有二：立法和统治（Gesetzgebung und Regierung）。立法者制定行为规范，统治者则强制人遵行规范；因此，统治式管理总以立法式管理为前提；最为原初的管理方式就是立法。既如此，立法的目的可以是人的身体完美，也可以是人的灵魂完美；甚或，由于较高的完美以较低的完美为必要前提，立法也可以只局限于对致力于身体完美的手段作出规定，或致力于身体完美以服务于灵魂完美。灵魂的完美，更准确地说，理智的完美，乃是人所特有的完美。① 以人所特有的完美为指向的律法，就是一种神法（*göttliche Gesetz*），而宣示神法的人就是先知。② 因此，先知是以人所特有的完美为指向的律法的宣示者。但律法的目的是使共同生活成为可能。所以，先知是以人所特有的完美为旨归的社会的缔造者。

我们已然表明，迈蒙尼德的教诲是：先知[CX]是集哲人 - 政治家 - 预言家（ - 行神迹者）于一身的人。因为，如今[111]创立以人所特有的完美为旨归的社会，乃是先知的目的，所以，我们可以总结说，先知必须集哲人 - 政治家 - 预言家（ - 行神迹者）于一身，从而成为以人所特有的完美为旨归的社会的缔造者，这个社会也才能成为完美的社会。如果完美社会的缔造者必须是一位先知，而先知胜过哲人，那么，这意味着创立完美的社会对于仅仅是哲人的人而言是不可能的。因此，连哲人也要遵行由某一位先知所立定的某一项律法；连哲人也必须服从先知；哲人必须服从先知，即使哲人的静观洞见并不比先知的洞见低，因为，这种静观洞见不会使他有能力立法。而人，作为政治的动物，只

---

① 《迷途指津》，卷三，章 54，页 461 以下。
② 《迷途指津》，卷二，章 40；卷三，页 27。

能生活在律法之下。

　　关于先知的本质规定是：先知作为集哲人－政治家－预言家
（－行神迹者）于一身的人，是完美社会的缔造者。我们的讨论
碰到的问题是：预言的目的究竟是什么。我们说过，迈蒙尼德就
此问题作了回答，尽管回答并不那么明确。因此，必须再次指出，
我们已提及的迈蒙尼德的教诲，在他看来就是对此问题的回答。
为了表明这一点，我们必须再次追溯其思想来源。法尔凯拉
（Schemtob Falqēra）在解释《迷途指津》中未明确研究预言目的
的一章（卷二，章40）时，引述了伊本·西拿《形而上学》中的
一个对应段落，此段落明显是迈蒙尼德阐述的最终来源。我们若
按照伊本·西拿似乎是纲领性的解释来考察先知论在全部科学中
的位置，就会理解这个对应段落的全部效应。在他的论著《论科
学诸部分》（Über die Teile der Wissenschaften）中，伊本·西拿认
为研究预言主题的科学就是政治学。这已然表明：预言的目的是
政治的，先知最出色的实践能力不是预言术，而是政治管理。①

　　[112/ CXI]在上述论著中，伊本·西拿首先列举了政治学的
主题：统治与政治联合的方式；维持政治联合的方式方法及其衰
败的原因；不同国家形式（Staatsformen）的变迁方式。他进而
指出：

　　　　就此而言，有关王权（Königtum）的内容，都包含在柏
　　拉图和亚里士多德论国家（Staat）的著述之中了；有关预言
　　和**宗教法**（religiösen Gesetz）的内容，都包含在他们两人论

_____

　　①　预言的目的是立法而非认识未来，尤为——或许是与勒维[CXI]论
辩——阿尔伯（Joseph Albo）的《论原理》（Iqq）卷三章 12 所强调。此章
节与《迷途指津》卷三章 39 的广泛一致，是上文阐发的迈蒙尼德先知论解
释的更进一步的例证。[中译按]阿尔伯（1380 - 1444），西班牙犹太哲人和
拉比，以阐述犹太教基本原理的《论原理》一书知名。

律法的两部著作之中了……实践哲学这一部分（即政治学）①的主题是：预言的存在以及人类的存在、维持和繁衍，都依赖于宗教法。政治学既研究全部宗教法之总体，也按照民族和时代，研究个别宗教法之特质；政治学还研究神圣预言与所有虚妄之区分。②

按照他对科学的划分，伊本·西拿在其《形而上学》的结尾部分，即致力于实践哲学的部分，研究了预言。尽管他在灵魂学（Psychologie）中也论涉预言，但在此上下文中，他只阐述了先知的特殊能力，从而只研究了方法，而没有研究预言的目的和意义。预言本身并非灵魂学的主题，这一点首先表现在：在灵魂学中，诸预言能力的内在关系，并未得到系统研究，而只是散见于完全不同的段落；也就是说，每一次论及一种灵魂能力，都将此灵魂能力的最高完美作为先知的特质。

关于人类对预言的依赖，[113/ CXII]伊本·西拿和迈蒙尼德的阐述根本一致。人与动物的不同在于：如果人只为自己活着，他的生命不可能完美；人要真正像人一样活着，就必须生活在社会中；人类的存在和维持，有赖于人的社会生活；社会以相互交往为前提；生活若无秩序和正义，交往就没有可能；若无立法者，生活就不可能有秩序；立法者必须有能力对人民讲话，并责成其服从由他立定的生活秩序；因此，立法者也必须是一个人。立法

---

① 实践哲学，如伊本·西拿紧接此前所解释的那样，分为三个部分：伦理学、家政学和政治学。

② 阿拉伯的文本刊印在《论文集》（Tis' rasâ'il，Konstantinopel 1298）页 73 以下。为了复原文本，除此刊本外，我还采用了一个哥达（Gothaer）编本（A 1158, fol. 159）。有一个拉丁译本，看样子是以一个足本为底本，收集在阿尔巴古（Andreas Albagus）编本（Venet. 1546，140b – 141a）中，在法尔凯拉《智慧的开端》（Reschith chokma, ed. David, Berlin 1902）页 58 以下，还有一个删节严重的希伯来译本。

者不应任由人民按照自己关于公正与不公（Recht und Unrecht）的
观点行事；因为，每个人都认为对自己有利就是公正，对自己不
利就是不公；所以，人类要维持，就得依赖于这样一个人，而这
个人就是先知。因此，要说神圣的天意不关切这种必要性，那是
不可能的。所以，必须真有先知存在（或存在过）。他必须有他
人所不具备的特质，可以使人民感觉得到他的高超，从而将自己
与他们区分开来。①

如果我们从《迷途指津》的相应表述出发，面对预言存在的
根据，那么，初看上去，我们会错失神法与纯粹的人法的明确区
分，神法以人真正的完美为旨归，它的宣示者是先知，而人法只
以身体的完美为旨归，它的宣示者是政治家。然而，这种区分已
然表明于（参见上文页[CXI]）由《论科学诸部分》中所引述的
段落之中了；在那里，伊本·西拿对政治学研究王权的部分，与
研究预言和宗教法的部分作了区分。他在一个与此相关的文本处
境中说：政治学的功用，在于[CXIII]知晓人类个体之间必须有怎
样的社会关系，[114]方能相互帮助以保身体安康和维持人类种族
（menschlichen Art）。② 这种表述迫使我们不得不问：预言与所有
纯粹的政治事物究竟有何不同。我们请伊本·西拿本人来回答这
个问题。他在一篇特别致力于说明预言的论文中指出：（预言的）
使命是启发灵感，其目的是：

---

① 见《阿维森纳文集》（*Avicennae Opera*，Venet. 1508）中的《形而上
学》卷十章 2 和《阿维森纳形而上学纲要》（*Avicennae Metaphysices Compendi-
um*, ed. Carame）页 253 – 255。《形而上学》的阿拉伯文本，我见过柏林米
努托里编本（Berliner Hs. Minutoli 229, fol. 168b – 169a），《纲要》的阿拉伯
文本，见于罗马本（ed. Rom 1593）。亦参伊本·西拿，《原理与告诫》
（*Ischârât wat – tanbîhât* [*Le livre des théorèmes et des avertissements* éd. J. Forget,
Leyde 1892]），页 200。

② 《论文集》（*Tis' rasâ'il*）页 2 以下。

通过科学和政治管理，实现**两**世的幸福，即（永恒）存在的世界的幸福和流逝的世界的幸福。负有使命的人（先知）是这样的人：他宣示灵感（Inspiration）之所获，从而根据他的观点，借助政治管理以实现感性世界的幸福，并借助科学以实现智性世界的（幸福）。①

因此，预言与纯粹的政治事物的区分在于：预言并不像纯粹的政治事物那样，仅仅以身体安康即感性世界的幸福为旨归，预言的目的还在于理智完美，即人真正的完美。所以，迈蒙尼德关于预言之目的的教诲，与伊本·西拿的教诲完全一致。

对迈蒙尼德与伊本·西拿的教诲的对比，证实了下述看法：根据迈蒙尼德的教诲，先知作为集哲人－政治家－预言家（－行神迹者）于一身的人，是完美社会的缔造者。伊本·西拿视完美的社会为"卓越的城邦"（die vortreffliche Stadt）或"向美好转变的城邦"（die Stadt des schönen Wandels）；② 我们可称其为：理想国家（der ideale Staat）。先知是理想国家的缔造者。理想国家的古典方案就是柏拉图式的国家（der Platonische Staat）。伊本·西拿援引柏拉图关于国家的著述即援引《王制》和《法义》作为政治学的古典表述，正如他援引亚里士多德的《伦理学》作为伦理学的古典表述；对于伊本·西拿而言，《法义》尤其是关于预言的哲学教诲的决定性表述。③ 在此上下文中，尽管伊本·西拿也提到亚里士多德的《政治学》，但他可能只听过这本书的名字，[115]因为，《政治学》从未被译成阿拉伯文。④ 伊本·西拿如何完全决定性地倾向于[CXIV]柏拉图式的国家，下面这个出自他的

---

① 同上，页85。
② 《形而上学》，卷十，章5（柏林米努托里编本 fol. 174b – 175a）。
③ 《论文集》（Tis' rasâ'il）页73 以下；参见上文页[111]。
④ 施泰因施奈德（Steinschneider）希伯来译本页219。

巨著《形而上学》的段落表明了这一点："立法者立法的首要目的，必定是将城邦划分为三个部分：管理者，手工业者，以及卫士。"① 因此，先知必定要按照柏拉图《王制》中所规定的划分来划分国家。先知是柏拉图式的国家的缔造者；先知履行了柏拉图的要求。②

这种预言观的始作俑者似乎是阿尔法拉比。他研究柏拉图政治学的最明确证据，体现于下述事实：他编有一部柏拉图《法义》"章句"（Auszug）或"大全"（Summe）。③ 我们已讨论过阿尔法拉比关于两种预言的区分（参见上文页［XCIX］以下）。如今，关注下面的问题至为关键：阿尔法拉比是在怎样的上下文中探讨每一种预言的。关于较低级的预言，［116］他是在灵魂学语境中讨论的；关于较高级的预言，他只是在研究了"人需要结成社会并相互帮助"——与伊本·西拿和迈蒙尼德根本一

---

① 《形而上学》，卷十，章4（柏林米努托里编本 fol. 171b）。

② 关于先知宣示律法的阐述（《形而上学》，卷十，章2–5），细节上当然遵循了伊斯兰律法。但就此，在细节上，伊本·西拿是否或在何种程度上受柏拉图影响，尚需进一步研究。我暂时只想指出下述对应段落。伊本·西拿说："……在城邦中，必须从律法上首先确定事关繁衍的婚配事务；立法者必须呼吁婚配并唤起人民的繁衍欲求；因为，通过婚配，人类才能持存……"（《形而上学》，卷十，章4）柏拉图说："立法者必须首先确定何种律法？难道他不会当然地通过命令为城邦的产生确定开端？……所有城邦产生的开端难道不正是联姻和婚姻共同体？……首先确定婚姻法，看来是事关城邦公正秩序的正确举措。"（《法义》，720E–721A）——伊本·西拿也援引柏拉图作为下述原则的权威：说话用比喻和谜语是预言的条件之一，"需要先知负担的条件是：言辞委婉，语含暗示；正如柏拉图《法义》中所言，不理解先知的委婉言辞之含义者，无法抵达神的国度。所以，古希腊最知名的哲人和先知在他们的著述中使用比喻和图像，以此隐藏他们的秘密，譬如毕达哥拉斯、苏格拉底和柏拉图就是这样"（《论文集》［Tis' rasâ'il］，页85）。

③ 施泰因施奈德，《阿尔法拉比》（Alfarâbi），页61。尤参施泰因施奈德论述阿尔法拉比的伦理和政治著述的章节（同上，页60–73）。

致——之后才讨论的。他这样做，让我们理解到：较高级的预言，即真正的预言，之所以与所有［CXV］等级的庸俗的预言术（Mantik）不同，正因为较高级的预言有政治使命；可由以出发来彻底理解真正的预言的唯一语境，就是政治。这里的"政治"和"政治的"，要按柏拉图的意思来理解：对阿尔法拉比而言，这无关某个一般意义上的国家，而事关以人真正的完美为旨归的国家，事关"卓越的国家"，即理想的国家。在阿尔法拉比看来，理想国家的统治者必定是一个有完美理智和完美想象力的人，神通过能动理智让他分享了启示。① 换句话说：理想国家的统治者必定是先知——集哲人与预言家于一身。② 此外，他自然必定拥有下述特质：③ 他必定好学且敏于学；他必定有很强的记忆力；他不应渴望感性享乐；他必定热爱真理、厌恶欺诈；他不应爱财；最后，他必定"永远坚韧不拔地致力于他认为必须完成的事业，必定勇敢、大胆（kühn）、④ 无所畏惧、绝不心软"。这意味着：理想国家的统治者——理想国家的统治者只能是一位先知——当然必定拥有的特质，按照柏拉图的要求，当然是哲人－王必定拥有的特质。⑤

然而，指涉柏拉图的内容，的确并不啻是下述事实：在迈蒙

---

① 《理想国》，页 57 行 13 – 页 59 行 13。

② 同上，页 58 行 23 – 页 59 行 1。

③ 同上，页 59 行 10 – 页 60 行 11。

④ 由此可以理解，迈蒙尼德为何在《迷途指津》（卷二，章 38）中强调大胆（Kühnheit）是预言的条件。塔木德的说法是：预言只会落在聪明、坚定（勇敢）和富有的人身上，这种说法不可能是迈蒙尼德此论的思想来源，下述事实也说明了这一点：迈蒙尼德以此说法为根据，是在一个完全不同的关于其先知论的阐述中；参《迷途指津》，卷二，章 32（页 263以及此页中蒙克的注释 2）。

⑤ 柏拉图，《王制》（485A – 487A）；亦参《王制》（374E – 376C）以及《法义》（709E – 710C）。

尼德和伊斯兰哲人的先知论中，作为完美国家的条件，哲学与政治的结合乃是前提，而完美国家的[117]缔造者只可能是一位先知；迈蒙尼德和伊斯兰哲人的先知论的柏拉图渊源，还在于理解先知的哲人－存在（Philosoph－Sein）的方式。先知是这样一种人：在获得启示（wachij）之后，他便有能力为人民带去消息（rasâla），此消息借助政治管理，可以为人民带来感性世界的幸福，借助科学，可以实现智性世界的幸福（参见上文页[CXIII]）。启示是一种出自上帝的流射，借[CXVI]助能动理智，这种流射可以赋予先知关于上界的直接认识。似乎只有关于上界的直接认识，使得先知有能力管理人民，这是先知所特有的能力，即将政治和科学统一起来。迈蒙尼德通过下述比喻阐明了这种直接认识的特质：一开始，所有人都生活在漆黑的夜里；只有少数人的黑夜曾被完全照亮过；这些人中间的大多数——哲人——被借来的、地上的光照亮过，而这些人中间的极少数人——先知——则被来自高处的闪电照亮过（参见上文页[XCIV]以下）。法尔凯拉在解释《迷途指津》作此比喻的段落时，将他的解释指向《迷途指津》的一个相关段落（卷三，章51），他在此引述了阿尔法拉比的一个对应段落，这个段落是这样说的：①人分三等，头等人是大众，大众只认识具物质形式的理智之物，他们就像居于洞穴中从未见过太阳的人，他们好像只见过事物的影子，而从未见过光之究竟；次等人是哲人等级，这等人认识理智之物，但只是间接认识，就像人们看到水中的太阳，人们在水中看到的只是太阳的图像，而非太阳本身，哲人就像离开过洞穴并看到过光的人；三等人是有福之人（Glückseligen），这等人能看到事物本身，他们好像看到了光本身，在他们视野中绝没有似是而非的东西，他们本身变成了他们所看见的事物。——法尔凯拉以此指

---

①　《〈迷途指津〉义疏》（*More ha－more*，PreBburg 1837），页132；此著页9上的文献指引，因为印刷错误而搞混了（应以"章31"代替"章51"）。

引证实了柏拉图的洞喻与迈蒙尼德关于漆黑的夜和照亮黑夜的闪电的比喻之间的渊源关系，这使得我们有理由认为：正如在柏拉图［118］看来，完美国家只有靠哲人来实现，因为，哲人超出了洞穴并见到了光，他直观到了好之理式，同样，在迈蒙尼德和伊斯兰哲人看来，完美国家只能靠先知实现，对于先知而言，人类深陷其中的黑夜，曾被来自高处的闪电即关于上界的直接认识照亮过。

<h2 style="text-align:center">五</h2>

［CXVII］先知作为集哲人－政治家－预言家（－行神迹者）于一身的人，是理想国家的缔造者。按照柏拉图的指点来理解理想国家：先知是柏拉图式的国家的缔造者。柏拉图的要求是：如果真正的（wahrhafte）国家要变成现实，哲学和政治权力必须一致，这是由柏拉图的哲人－王概念所设定的构想（Rahmen），依据实际的启示来完成此构想，结果就产生了伊斯兰哲人和迈蒙尼德的预言概念。因此，理解这种先知论，有赖于澄清先知概念与柏拉图的哲人－王概念的关系；最终，有赖于澄清伊斯兰哲人的立场与柏拉图的立场的关系。

伊斯兰哲人和迈蒙尼德与柏拉图的关系，首先具有如下特征：前两者是由一个非柏拉图的前提出发的。对于他们而言，启示之事实（Faktum）是确定的；因此，对于他们而言，同样确定的是：现实存在着一种具有完全约束力的律法，一种神法，一种由某个先知凭确定的效力（Rechtskraft）所宣示的律法。这种律法授权他们从事哲学。他们通过哲思追问现实的律法之可能性；他们回答此问题所依据的是柏拉图政治学的视界：他们按照柏拉图的哲学来理解启示。他们由一个非柏拉图式的前提——启示的前提——出发来汲取柏拉图的政治学。

这种尝试，即依据柏拉图政治学的视界来理解现实的启示，被迫按照现实的启示来改变柏拉图的构想。只需回想，对于迈蒙尼德和伊斯兰哲人而言，[119]先知的未来认识（和神迹行动）具有怎样的重要性，就足够了。因此，柏拉图的构想只是被改变了，即在一定程度上被扩大了，但并未被打破；柏拉图的构想仍然是连接哲学与政治的纽带。我们讨论的这种转变，本身含有一种对柏拉图的批评。这种批评因其可以诉诸启示之事实，而获得了其全部重要性。对何为真正的国家的柏拉图式的追问给出现实回答，由此产生了一种对柏拉图式的方案的改变，也就是说，对柏拉图式的答案的一种批评。如果[CXVIII]完美社会的缔造者只可能是一位先知，那么这意味着，对于仅仅是哲人的人而言，要缔造完美社会是不可能的；因此，并非如柏拉图所主张的那样，哲学与政治权力的一致，足以实现真正的国家，统治者－哲人必须超越（mehr）哲人。柏拉图在构想真正的国家时，也预见到了（geweissagt）启示。然而，正如只有这种预见先实现，才能教我们完全理解这种预见（Weissagung），也只有从现实的启示出发，即从现实的理想国家出发，才能改变柏拉图式的方案。

伊斯兰哲人和迈蒙尼德对柏拉图式的构想所作的这种改变，在希腊化时代已初现端倪。在此时代，我们碰到了这样的学说：在上古时代，统治者、哲人和预言家是一回事。① 这种学说与柏拉图的哲人－统治者概念，因为两个表面上——仅仅是表面上——互不相干的要素而不同：一，尊重预言术（Mantik）；二，

---

① 参譬如西塞罗，《论预言》（*De divinatione*），卷一，章41，节89。莱茵哈特（Karl Reinhardt）对此学说作了系统解释，并尝试追溯了波塞冬尼厄斯（Poseidonios），视其为此学说的始作俑者（《波塞冬尼厄斯》[*Poseidonios*, München 1921]，尤其页429以下）。[中译按]波塞冬尼厄斯（前135 - 51），希腊廊下派哲人和政治家，著述甚丰，但只有断章存世。

确信在古代真有过人性的完美状态。理想的统治者之权位（Führertum）乃是一个事实，而不仅是一种愿望（Desiderat）。还有一个将伊斯兰哲人的先知论与柏拉图关于哲人－统治者的学说区别开来的要素，即关于先知的神迹行动的学说：新毕达哥拉斯学派的（neupythagoräische）观点为此要素做好了准备。① 关于先知的直接认识——先知以此直接认识与哲人区别开来——的学说，[120]尤其由斐洛（Philo）做了准备。②

然而，在希腊化时期已做好了准备的先知论，最终并且决定性地是由柏拉图的政治学奠定基础的。这究竟意味着什么？这一事实莫非只是一种奇谈？这一事实难道只是由于或只能归于下述情形：柏拉图还真是"神圣的柏拉图"，而其他伟人的政治学，譬如亚里士多德的政治学，[CXIX]由于极为偶然的原因，仍不为人所知？迈蒙尼德和伊斯兰哲人的先知论依赖于柏拉图的政治学，这并非奇谈或某种偶然，如果这些人说到底或许都是（wären）柏拉图派，如果他们非柏拉图式的前提——启示之事实——从根本上讲，并非像第一眼看上去那样似乎具有（wäre）非柏拉图特点。至少柯亨（Hermann Cohen）认为，迈蒙尼德是一个柏拉图派。③我们将此主张拥为己有，但却基于一种在细节上与柯亨的理由完

---

① 参昂德莱（Tor Andrae），《迈蒙尼德的人格》（*Die Person Muhammeds*，Stockholm 1918），页360

② 参莱维（Hans Lewy）的《清醒的迷狂：古代神秘主义历史研究》（*Sobria ebrietas. Untersuchungen zur Geschichte der antiken Mysik*，Gießen 1929），页56以下，关于斐洛的迷狂论（lehre vom Enthusiasmus）的详尽解释。斐洛的普纽玛（Pneuma）与伊斯兰哲人和迈蒙尼德的能动理智具有同样的功能。

③ 为此主张提供证明，乃是柯亨的论文"迈蒙尼德伦理学的特质"（Characteristik der Ethik Maimunis）最重要的任务（此文首次发表于文集《摩西·本·迈蒙尼德》[*Moses ben Maimon*，Leipzig 1908]章一，页63–134，重印于"犹太教著述"[Jüdischen Schriften]中。我们下文的引述依据首次发表的文集的页码）。

全不同的思考，这迫使我们将伊斯兰哲人也纳入这一主张。

　　完全将伊斯兰哲人和迈蒙尼德视为柏拉图派，这种主张首先会遭到一致反对；或者确切地说，不管为此主张说出多少理由，这些理由恰恰会使此主张失去全部确定性和全部意义。因为，伊斯兰哲人的教诲——我们当然必须首先遵循此教诲——一方面更多是亚里士多德式的，其次也更多是新柏拉图式的，却并非是真正柏拉图式的，因此，伊斯兰哲人看来是柏拉图派，无非是在下述意义上：每个亚里士多德派和每个新柏拉图派都是柏拉图的学生。但柯亨却并非是在此意义上提出其主张的；他的哲学史研究的最重要关切之一，是将亚里士多德与柏拉图的关系理解为一种不可化解的对立。以此[121]关于亚里士多德与柏拉图的关系的观点为指导，柯亨提出了一个只有以此为前提才有意义、但以此为前提——更甭提迈蒙尼德显而易见的亚里士多德主义——会导致悖谬的主张："迈蒙尼德在思想更深处与柏拉图而非与亚里士多德一致。"（《摩西·本·迈蒙尼德》，页105）

　　柯亨将柏拉图式的（苏格拉底式的）哲思与亚里士多德式的哲思的对立，理解为首要的问题是好、是正确的生活、是真实的国家，与首要的兴趣是思考存在者和认识存在的对立。[1] 但若按此方式[CXX]来理解柏拉图与亚里士多德的关系，就必须无条件地将伊斯兰哲人和迈蒙尼德视为亚里士多德派。用柯亨的话说：

　　　　不仅迈蒙尼德从亚里士多德那儿学来的东西，还有他尽管与亚里士多德有深刻分歧、却向来以其为经典传人和指南之处，正是对纯粹静观（Theorie）的迷狂，对科学认识的迷狂，而追求科学认识是为了其本身的缘故，科学认识也是人

---

[1]　尤参《摩西·本·迈蒙尼德》，页63以下，页70，72和108。

的此在的最终和绝对的目的。(《摩西·本·迈蒙尼德》，页 86)①

柯亨对迈蒙尼德的亚里士多德主义存有悖谬式的怀疑，他为此提出的最有说服力的理由是这句简明扼要的话："亚里士多德的神值得尊重，但他真不是以色列的上帝。"(《摩西·本·迈蒙尼德》，页 86)② 在此，我们无法解释：柯亨打算以何种方式确切指出，迈蒙尼德是柏拉图派；我们更无法解释下述事实及其理由：柯亨就此所作的表述，在细节上站不住脚，其根据是对历史事实的误解。我们仅限于强调指出：柯亨为其主张提供详细证明的方式，以及这种证明也因此而站不住脚，都不会影响先于此证明并引导此证明的洞见：亚里士多德的神不是以色列的上帝；所以，一个犹太人作为犹太人，不可能是亚里士多德派；他不会也永远不会仅仅执着于静观优先（Primat der Theorie）；他不会无条件或肆无忌惮地主张静观优先；如果他要主张静观优先，就必须以某种方式有所限制，通过这种限制，他又最终使得静观优先成了问题。

[122]迈蒙尼德毫无疑问主张静观优先。然而——并且具有决定性的是，对于迈蒙尼德而言，哲人占据着人类的至高等级，比哲人更高的则是先知。因此，如果迈蒙尼德的亚里士多德主义在哪一点上可能受到质疑，则肯定是他的先知论。尽管先知优先于哲人的理由，在于先知的直接认识高于哲人的间接认识，但与此同时，就使得先知有别于哲人的管理能力而言，与仅仅致力于认识的哲人不同，先知是集导师和管理者于一身的人。有鉴于迈蒙尼德和伊斯兰哲人主张预言优先于哲学这一事实，而且尽管如此，

---

① 柯亨对此主题句作了疏排（[中译按]中译将此主题句变为楷体）。

② 类似的表述在《摩西·本·迈蒙尼德》页 83 以下和 91 页也可以找到。

他们[CXXI]认为预言的目的是缔造理想国家，我们可以在柯亨的意义上称他们为柏拉图派。就其历史来源而言，必须将这些哲人的先知论特质描述为柏拉图式的：事实上以及在何种意义上如此，正是上文的分析所指出的内容。

然而，在此前提下，若撇开其先知论，则伊斯兰哲人和迈蒙尼德追随亚里士多德甚于追随柏拉图，这又当如何理解？对真实的国家、对好（dem Guten）的柏拉图式的追问，会迫使人走上一条弯路（参《王制》，435D 和 504B），在此弯路上，以及在其他地方，必须追问什么是灵魂，灵魂的部分有哪些，什么是科学，什么是存在者。因此，还必须按照柏拉图的意图，追问亚里士多德追问过的所有问题，尽管后者不再着眼于追问好这个问题。不仅如此，在下述问题上，柏拉图的教诲并不比亚里士多德少有确定性：幸福和人的真正的完美，在于纯粹的沉思和理解（Betrachten und Verstehen）。柏拉图与亚里士多德的根本差异，仅在于他们将静观作为人的最高完美时所采取的方式。亚里士多德给予静观以完全的自由；更确切地说，他为静观保留了其天然的自由。与此相对，柏拉图不允许哲人做"哲人如今被允许所做之事"，即将哲学生活当作在对真理的直观中打坐。他"迫使"哲人为他人着想并看护他人，以便使得国家成为现实的（in Wirklichkeit）国家、真实的国家（《王制》，519D - 520C）。在对美、正义和好本身的直观中，哲人使自己超拔于感性世界之上，他生活并且愿意生活在此直观中，但建国者的命令，即首先考虑[123]整体的秩序而非部分的幸福，将哲人召回（zurückgeholt）国家，并绑回（zurückgebunden）于国家之上。哲人也处身在城邦之下，他必须在城邦前自辩；他绝非独立自主（souverän）。柏拉图要求哲学居于一个更高的法庭之下，居于国家之下，居于律法之下：这个要求在启示信仰的时代实现了。这一时代有全部认识自由的哲人，时刻意识到他们对律法负有责任,① 并在律法面前保持头脑清醒：他们在律法的［CXXII］议廷前为自己的哲思辩护；他们由律法获得授权以从事哲学，并将此授权作为律法赋予的义务。② 这些哲人的柏拉图主义与其处境有关：与其现实地处身于律法之下有关。因为，他们现实地处身于律法之下，所以，他们自然不必像柏拉图那样，寻求律法和国家，即追问律法：在他们看来，人类生活有约束性的完美秩序，已然由一位先知给予了。因此，他们经由律法授权，以亚里士多德式的自由方式，自由地从事哲学；所以，他们才能亚里士多德化（aristotelisieren）。柯亨指出：迈蒙尼德"低估了亚里士多德对伦理学的轻视所导致的危险。而且，迈蒙尼德由他的观点出发可能更容易忽视这种危险，因为，他看到在他的宗教之中就隐藏着伦理学的价值"（《摩西·本·迈蒙尼德》，页87）。因为，对于迈蒙尼德和伊斯兰哲人而言，律法是给予的，所以，律法并非他们哲思的首要或第一主题。因此，在他们的著述中，形而上学主题比道德－政治主题占有远为宽广的篇幅。但尽管如此，作为哲人，他们必然要尝试理解所给予的律法；在他们看来，这种理解通过柏拉图、且只有通过柏拉图才有可能。

---

① "因此，他们，尤其是迈蒙尼德和伊本·鲁什德，作为法学家，并不亚于其"作为哲人。

② 参上文页［LXIX］以下。

雅可比哲学中的认识论问题

Das Erkenntnisproblem in derphilosophischen Lehre Fr. H. Jacobis

前　言

[241]若不想重复在别处已充分讨论过的问题，就必须放弃描述雅可比与其同时代的哲学——启蒙运动、康德批判论、浪漫派——的关系。因此，有必要也有可能纯粹局限于由雅可比所塑造的思想形态，而不过问其已然终结的历史。对雅可比本人思想发展过程的解释与澄清，也不在考虑之列；因为，首先，这种解释和澄清已成为专门研究主题；其次，仅仅出于对问题及其内在结构的兴趣，我们只关注可以得到的文本中最精确的要点，而全然不考虑同类哲学母题（Motive），在思想家的一生中，这些母题从其早年开始就驱动着雅可比式的哲思。① 批判哲学的出现，并没有

---

① 关于一般的精神史关系，可参见施密德（F. A. Schmid）的专著《雅可比：对其个性与哲学的描述，兼论现代价值问题史》（*Friedrich Heinrich Jacobi. Eine Darstellung seiner Persönlichkeit und seiner Philosophie als Beitrag zu einer Geschichte des mondernen Wertproblems.* Heidelberg 1908）所作的全面描述。关于雅可比对康德学说的批判和深化，尤其是关于物自体（Ding‑an‑sich）问题，参见卡西尔（Ernst Cassier），《近来哲学与科学中的认识论问题》（*Erkenntnisproblem in der Philosophie und Wissenschaft der neueren Zeit*, Berlin 1920），卷三：《后康德体系》（*Die nachkantischen Systeme*），页 17–33。关于泛神论之争，参舍尔茨（Heinrich Scholz），"历史批评引论"，见氏编，《雅可比与门德尔松之间的主要泛神论争论著述》（*Die Hauptschriften zum Pantheismusstreit zwischen Jacobi und Mendelssohn.* hrsg. und mit einer historisch‑kritischen Einleitung versehen von Heinrich Scholz. Neudrucke seltener philosophischer Werke, hrsg. von der Kant‑Gesellschaft, Band Ⅵ, Berlin 1916）[中译按]以下简称《泛神论争论》）。关于雅可比思想发展的各个时期的非常详尽的描述，参见弗兰克（A. Frank），《早期后康德哲学的实践理性优先》（转下页）

引发雅可比修正自己——就其独特要点而言——的观点。康德式的母题，极大地拓展和深化了雅可比的视野，给了他拓展和深化他的[242]反唯理论（antirationalistischen）立场的材料，这种立场首先只遵循斯宾诺莎（Spinoza）和莱布尼兹－沃尔夫式的（Leibniz－Wolffischen）哲学。这种哲学经费希特（Fichte）深化，为雅可比提供了采取主观论（Subjectivismus）立场的理由。但这种立场至少采取了他在 1781 年以前就已达成的学说形式。不过，雅可比将解救之言（erlösend *Wort*）归于康德：这是新的非启蒙式的"理性"之含义。雅可比所理解的"理性"，完全先于他对此术语的接受。然而，通过康德，雅可比得以从术语上与柏拉图的哲学方式建立联系。①

雅可比明确区分了感性（Sinnlichkeit）、知性（Verstand）和理性（Vernunft）这三种认识能力。关于其含义，尤其作为具体的肯定和否定之后果，则由康德式的理性批判所确定。但从根本上讲，雅可比"前批判时期的"著述，已经为三种认识能力的本质区分做好了准备，后来，这种区分以康德的措辞明确表达出来。因此，我们无需特别关注下述问题：譬如，在"观念论和实在论"（Idealismus und Realismus）中，理性仍被称为"意识"（Sinn）；② 知性（Verstand），这个特有的启蒙式的认识工具（Erkenntnisorgan），按照这个世纪的用语，仍然被称为"理性"（Vernunft）。③ 只是按照这个词，将信仰（Glauben）定义为"并非以理性为根据而产生的认其为真（Fürwahrhalten, welches nicht

---

（接上页）（*Der Primat der praktischen Vernunft in der frühnachkantischen Philosophie.* Diss. Erlangen 1904）。

① 《雅可比文集》（*Werke.* Leipzig 1812－1825），卷二，页 28。

② 《雅可比文集》，卷二，页 221，注释。

③ 《雅可比文集》，卷二，页 7。

aus Vernunftgründen entspringt)"，① 与关于理性作为一种信仰原则
（Vernunft als einem Prinzip des Glaubens）的学说产生了矛盾；事
实上，在此段落中，还同时讨论了知性（Verstand）。如果说某些
段落否认宗教信仰具有认知特质（Wissens‑Charakter），这同样
是按照康德式用语所作的一种调整，从雅可比的观点来看，并无
根据可言。② 在此，已然对"真正的认知"与信仰作了更为严格
的区分。③ 如果我们对"认知"（Wissen）和"认识"（Erkennt-
nis）这两个术语不作补充，而是不受（康德式的）限制，将其运
用于关于自然之在（Natursein）的认知和认识，则符合雅可比哲
学的基本取向。为了描述雅可比的学说，我们需要一个关于感性
认知和[243]宗教认知（vom sinnlichem und religiösem Wissen）的
上位概念（Oberbegriff），此上位概念不需要预先对两种认识方式
（Wissensarten）作出区分。

　　这个前言可免去我们详审诸多矛盾之累。

　　下文的描述，并不追踪雅可比著述的历史次序。材料将按照
其系统性关联加以组织和加工。当然，有相当充分的根据反对在
方法上作此改造之权利；因为，一位思想家赋予其学说的形式，
无论如何都根本符合其学说。针对此类异议，我们应立即通过下
述解释来维护自己：应当少关注雅可比本人，多关注一定程度上
由"雅可比"之名所标示的问题，或者更确切地说，问题视角
（Problemperspektiven），尽管如此，我们也能历史地显明这些问题
视角的确属于雅可比。

---

①　《雅可比文集》，卷四，章一，页210。

②　《雅可比文集》，卷三，页7；页449及其他多处。

③　《雅可比文集》，卷二，页60。

第一部分：立场与方法的对立

[244]对于雅可譬如此"有个性"的哲学而言，最不着边际的看法莫过于认为，这一特征[中译按：即"立场与方法的对立"]是对其客观真理内涵的一种限制。让我们暂时离开雅可比，尝试澄清"主观性"与"客观性"之间有这样一种和谐之可能性，由此转入我们思想家的思想轨迹。

毫无疑问，一种有自知之明的哲学，一种不愿对导致自毁的相对主义（Relativismus）听之任之的哲学，会将其所追求的真理作为一种不依赖于哲学、却又与其密切关联的持存（Bestand）来思考，哲学不创造这种持存，而是探究、发现并肯定这种持存。不过，初看上去，与哲人完全受制于符合客观法则的真理这一事实相抵触的是，还有另外一种哲人，通过费希特的名言"谁选择怎样的哲学，要看他是怎样的人"而为人所知。所谓哲学论断的主观性要表明的无非是：尽管有很多种研究哲学的理性类型，其评价特质却取决于作为一种客观之物的真理是否中的（Treffen oder Verfehlen）。实际情况很复杂，如果我们把哲学真理领域的无限性放在心上，那么，个别的理性类型所涵盖的有限领域就无法企及哲学真理，任何哲学体系因而只是真正的哲学——非常意义上的（im eminenten Sinne）永恒哲学——（philosophia perennis）的一个部分。在此情况下，需要思考的是：独特的可能性通过比较斟酌而现实化，接着出现了一种全新的、具有特殊"批判内涵的"、普世的哲学类型，此哲学类型不仅"天然"（naiv）与问题相对，而且，[245]至少在同等程度上，根据其最深刻的类型学法则（Gesetzlichkeit），哲学史也属于这种哲学类型的组成部分。

如果我们考虑——作为理论之外的实际情况的可能性条件的——价值王国，则会出现更进一步的复杂情形。在此，可以设想一种——或许可以延伸到个别事物的——两极划分，由此会产生一种立场甚至观念（Gesinnungen）的多样性，然而，这些立场或观念并非相互补充，而是相互排斥（譬如"天堂"与"地狱"；"君子道德"与"畜群道德"，以及如此等等）。首先，情形或许是这样的：若通观可能出现的观念的多样性，会发现"批判"哲学"毫无德性可言"（gesinnungslos），它无非是指，拒绝就相互排斥的价值体系中的某一价值体系作出决断；或者，有一种针对观念等级的哲学标准或理想的哲学观念，个别思想家若真想抵达哲学真理，就必须拥有这种哲学观念，因此，他必须对哲学真理作出决断。

后一种情形正是雅可比的观点。理论精神的类型，归根结底在于精神整体的类型。在某一确定的精神占据统治地位时，只能发展出与之相符合的哲学；在任何时候占据统治地位的哲学学说，就是相应的观念的上层建筑。如果存在一个观念等级，且如果理论精神的类型依赖于精神内涵之整体的类型学（Typologie），则有权将此等级套用于理论精神的类型。因此，理想的观念类型，也是理想的、作为理论人的哲人类型。而某一时代的观念或观念在其中自我显明的"行为方式"，并非真正的观念，也不是理想的观念，所以，根据理论精神必定会错失真理。[1]

在其著述的很多地方，雅可比都让两种相反的立场相互对立。最详尽的规定可以引述如下：

> 我将多少按原则行事的人分为两类：一类人夸大了恐惧；另一类人则夸大了勇气和希望。前者，即小心谨慎的人，不容许其本人受到（auf）任何中伤，却也少获（an）评骘；这

---

[1] 《雅可比文集》，卷四，章一，页237以下。

些人完全丧失了信心；他们恐惧[246]真理，因为真理可能遭到误解；他们恐惧伟大的品质、高贵的德性，因为它们可能被误用。这些人眼里只有不幸。——而后者，即勇敢的人，我想说，在柏拉图的意义上，他们是不明智的人（Unbesonnenen），对待事情不够认真；他们并不如此令人厌恶和不安，他们更多信赖其内心的话语而非某种说出的话语；他们信赖德性，而非通常需要长久期待的德性……。鉴于我必须站在我划分的这两帮人中的某一边，我选择后一类人。①

根据其他文本（Stellen）② 中的规定，我们可以在以下表格中对两类人加以比较：

一、 得到肯定的 （"高贵的"）类型	二、 遭到贬斥的 （"不高贵的"）类型
不明智	恐惧
信任	不信任
信仰	不信（怀疑，疑惑，"贪婪"）
爱	傲慢

在启蒙运动时期，这种不高贵、自负、不诚实的类型取得了统治地位。③ 从一种内在不真实的观念出发，只可能产生完全错误的哲学。如果说这种哲学的方式尚且合乎逻辑，如果说它尚有很多零星的真实"成果"，那么，这种哲学所采取的整体态度则是抵制和拒斥。不过，在启蒙运动中，遭到贬斥的类型取得了统治地位。这种类型的伦理（Ethos）——如果由伦理与其固有的学

---

① 《雅可比文集》，卷五，页 113 以下。
② 《雅可比文集》，卷三，页 41；卷五，页 144，157，163。
③ 《泛神论争论》，前揭，页 191 和 195。

说内容之间的关系出发来理解——在后来的哲学的整体发展中完全变成了现实。这种发展是一种衰落（Verfallsentwicklung）。"合乎自然的"立场则与之完全相反。这种衰落在启蒙运动中达到了极点。因此，雅可比在《沃尔德玛》（*Woldemar*）中写道：①

> 我看到眼前有一片不堪入目的死亡之海，无精神能使其波动、[247]变暖、获得新生：为此，我渴望一场洪流，任何一场洪流，即便它来自蛮族，让它冲刷这令人厌恶的罪恶渊薮，暴风雨般摧垮其所在，还我们一个原始、健康的土地。（卷五，页93）②

这种类型学描述，在此揭示了启蒙运动，它在确定的限度内，完全按照雅可比的原则，涵括了一段十分广泛的西方精神史路程和文化领域，考虑此领域——至少由在此成问题的视角来看——处在我们思想家的兴趣之外，尽管我们无需大体或完全同意雅可比式的特殊评价。然而，我们发现：在此，现代文化的一个完全确定的要素（Moment），或许是第一次以如此广泛的方式受到关注。我们没有理由将这种表达视为雅可比纯粹的情感抒发（Angelegenheiten）而予以忽视，这种情感最多证明了这种表达与后来的社会学家（如特洛尔奇［Troeltsch］、桑巴特［Sombart］、韦伯［Max Weber］、舍勒［Scheler］）的研究成果原则上一致。

这种类型学规定无法摆脱巨大的危险，尤其当进而对这种规定——譬如雅可比的规定——作出评价时，因为，这种规定很容易给出理由，将只可在理论上予以确定的问题"落实"（ins Gewissen zu Schieben），但我们很容易摆脱这一危险，如果将立场

---

①　[中译按]《沃尔德玛》（1779）是雅可比继《阿尔维尔信札》（*Edward Allwill's Briefsammlung*，1776）之后的又一部哲学诗作，这部小说集中体现了雅可比的哲思。

②　《雅可比文集》，卷五，页93。

的对立转化为方法的对立，从而作出纯粹的理论考察。无论如何，最重要的是弄清楚由何种共同观点（Gesamtstimmung）出发，按照我们在此提及的形式，可以产生信仰学说。这种信仰学说是一类人对另一类人的要求的反动。在雅可比那里，信仰是对怀疑的回答，准确地说，是信仰理论对怀疑原则的反动。因此，我们必须尽最大可能从一般意义上澄清哲学式怀疑的含义。

"我不是笛卡尔主义者（Cartesianer）。"在此明确的措辞中，体系上的分歧——如果就一位反对体系的思想家，我们可以谈论这种分歧的话——以全部的尖锐性表达出来。这关涉一种普遍的哲学方法论原则，其范围根本未得到雅可比的重视，其深刻的实际权利也几乎未［248］受到雅可比的关注，但在笛卡尔（Descartes）那里，此原则却以特别明确的方式摆在眼前。我们这样来定义它：这种普遍的哲学方法论原则的任务是，通过追溯其不容置疑的前提来摆明问题对象，并从理论上加以解决。如果我们将此对象（首先是：具体的自然对象）称为"存在"（Sein），那么，这种方法的结果是，将存在追溯至非－存在（Nicht－Sein）。按此普遍性，首先需要确定的原则是：客体绝不会在主体中缩减为知识前提；这种原则是一种可能的特征（Ausprägung），但绝非唯一可能的特征。非－存在既可能意指非现实的客观原则，也可能意指非－客体（Nicht－Objekt）。"观念"（Idealen）的双重含义与普遍怀疑的双重含义相关。

与雅可比式的哲思相对，有这样一些遵循非－存在哲学的类型：

一，作为主体的非存在（Nichtsein）之整体与作为主体的存在之整体相互对立：康德－费希特式的先验哲学（Die Kantisch－Fichtesche Transzendental－Philosophie）。

二，首先，非－存在作为纯粹、绝对的客体与经验上具相对性的客体相对：不变的理式（Idee）与生成之存在（柏拉图）相对，正如无限而又绝对的实体（Substanz）与有限的情感（Affektion，斯宾诺莎）相对。

其次，非－存在作为创造之源（Produktivität）与完成创造的（produktartigen）存在相对：谢林式的自然－哲学（Natur-Philosophie）。

所以，如果说在柏拉图那里，非－存在意指 רך פלרשדהרב‎ טצגו שש צצו חז טצו‎[实体]，如果说在费希特那里，由自我出发的存在要由非－我来刻画，那么，术语的倒转自然有利于非－存在。在此，我们无法深究这三种形式是否穷尽了所有可能性。但需要指出的是，雅可比在此并未在具有决定性的意义上，思考柏拉图理式的非－存在－特质（Nicht－Seins－Charakter）。

对于所有非－存在哲学而言，具有典型意义的是对已给予之物（Gegebenen）的否定，已给予之物作为已给予之物总有不合理性（irrational），而应该由一个纯粹理性的原则或由理性本身中产生出来。存在（Sein）、现实性（Wirklichkeit）、事实（Gegeben-heit），都将毁灭。所以，"纯粹理性的哲思……将所有外在于纯粹理性之物变成了无（Nichts）"，它只容许有一个例外——

> 就一个如此纯粹的精神而言，按照其所具有的这种纯粹性，它本身并不存在，而只是能够产生一切；但反过来，按照这样一种纯粹性，又可以观察到，这种纯粹的精神同样不可能存在，而只是作为精神的产物而存在[249]：其整体是一个单纯的行为连接（That－That）。①

在此，就费希特哲学所作的说明和批评，具有普遍的、超越了其历史特征的有效性。在行为中，更准确地说，在纯粹自我的行动中，看到与存在的对立，这的确只是更多可能性中的一种。普遍的情形是：我们只能够领会我们能创造的事物。意欲理解世界的哲人，因此将成为世界的创造者。而他为此必须首先将"事

---

① 《雅可比文集》，卷三，页20。

物化为无"。① 这与事实上毁灭某种存在无关，而只是从方法上忽略了"自然的确定性来源"（确切地说，由此确定性来源所保证的事物）和"人为的"补偿。在费希特那里，自我存在与外在于自我的事物存在，这两个"在自然人（natürlichen Menschen）看来具有相同确定性"的原则变得不同，这种不同之变化乃是必然——结果，要么，（教条式地）将第一个原则追溯到第二个原则，要么（理想化地）将第二个原则追溯到第一个原则。② 与自然经验的知觉（Sinn）相应的是这两条原则显而易见的一致性。自然意识给出了这两条原则的真实性。费希特的抽象是一种"人为的由 – 感官 – 而来（Von – Sinnen – Kommen）[的抽象]"，费希特"太缺乏幻想"（Sparren zu wenig）。他的哲学缺少一种"幻 – 觉"（Wahn – Sinn）要素，我们必须接受这种要素，以便实现对自然确定性的绝不会动摇的原初知觉。③ 这表明了雅可比哲学的核心：所有体系 – 哲学的合理化趋势都不自然，都破坏了自然的确定性及其所给予之物，它没有能力从固有的方法出发——"人为地"（künstlich）——补偿完全逝去的事物。④

因此，有不合理性的确定性，即有效的认识方式（Erkenntnisweisen），它们向我们担保，有无法证明、无法解释、无法追究的[250]事实，所以，这些事实是体系建构的界限。以不合理性的方式具有确定性的事物长期存在，不可因体系之故而否定和歪曲它。

---

① 《雅可比文集》，卷三，页 20 以下。

② 《雅可比文集》，卷三，页 10；费希特，《科学院版文集》，卷一，页 425 以下。

③ 《雅可比文集》，卷三，页 19。

④ 人为性（Künstlichkeit）属于哲学建构之本质，体系 – 哲学也无法避免。就此内在关联，指出柯亨（Cohen）就足够了，他关于"起源"的原理是一个真正的非 – 存在 – 原理（Nicht – Seins – Prinzip），他偶尔称非 – 存在是"思想的怪胎"，并将非 – 存在概念刻画为"怪异的概念建构"（《纯粹知识学的逻辑》[Logik der reinen Erkenntnis]，第二版，页 84）。

我们可以在体系和不可体系化的事实之间作出选择。康德有条件的理性主义（relativ Rationalismus），没有损害以更不合理性的明确性（Evidenzen）来表达的主题，这与绝对的、本身更加合乎逻辑的理性主义——如费希特所持有的理性主义——的"纯粹人为"的做法不同。① 这一判断与康德将上帝概念排除于科学范围之外有关。另一方面，引入"理性信仰"（Vernunftglauben）概念以代替自然的信仰（des natürlichen），当然也意味着对后者、从而也是对这种现象的一种扬弃，而只有此现象才配得"信仰"之名。② 尤为清楚的是理性主义原则在费希特伦理学中的灾难性后果，费希特伦理学必然"无视法律、麻木不仁、无声又无情地"把"从科学向爱的可靠过渡"变成确定之事，必然扯断伦理真理的有机来源"与人心（Herz des Menschen）的最后一丝联系"。雅可比不怀疑："如果应该出现一个普遍有效的严格的科学道德体系，纯粹和真正的非本质性一定是必要的基础"。③ 然而，这个道德体系必定存在吗？

费希特的科学－学说是"颠倒的斯宾诺莎主义"。④ 从方法上看，两个体系出自同一个类型。雅可比的方法与结构性方法完全不同。他对斯宾诺莎及其后康德式（Nachkantische）思辨的敌意，最多只能从方法问题出发来理解。方法上的对立，使他特别清楚地认识到不同体系相互间的亲缘关系，他以方法上的对立来支持不同的体系。雅可比并未直截了当地将康德的方法归结为非此即彼的类型，这样做是对的；在此，他的确只看到一种善意的、可爱的前后矛盾。⑤

---

①　《雅可比文集》，卷三，页5/7。

②　《雅可比文集》，卷三，页7；页363以下。

③　《雅可比文集》，卷三，页39以下。

④　《雅可比文集》，卷三，页12。

⑤　《雅可比文集》，卷三，页5以下。

雅可比偶尔[251]针对笛卡尔主义所规定的一个对立特征（Moment）是：雅可比使客体优先于主体，他"由第三人称而非第一人称（Person）"出发，① 因此，雅可比的做法未能彻底确定方法性区分的全部范围。如果他本人还在其他地方与哲人们相对，那是因为他们将一切都纳入了绝对的是（IST），按照任何方式和方法，这个绝对的是都不是某物（*Etwas*）。② 这样一种客观的无，就在斯宾诺莎的实体中，也历史性地存在于谢林的自然哲学的绝对者中。

主观的无，准确地说，作为无 – 客体（Nicht – Objekt）的主体，客体之根源就在其中，客体在其中可以得到确定，它支持狭义的笛卡尔类型的原则，支持康德、费希特和谢林的先验 – 哲学。关于康德的体系，雅可比在一封致福尔斯特（Georg Forster）的信中指出，这种主观的无是"将笛卡尔的原理 cogito ergo sum［我思故我在］发挥到极致"，雅可比"宁愿将此原理颠转过来"。③ 另外，如此具有根本性的是，这种对主观主义的反对——再说一遍——并未认清眼下之要务，而是对所有哲学的否定，这种否定"将最不自然之物当成了最自然之物，又将最自然之物当成了最不自然之物"，或者说，因为缺乏激情而欲将已给予之物归结为非 – 存在之物（Nicht – Gegebenen），并由非 – 存在之物出发来评判已给予之物。④

雅可比的方法的本质内容是，原则上转向先于一切"领会"（Begreifen）的事件（Begebenheiten）。这有赖于对事件的领会，

---

① 《雅可比文集》，卷三，页518。《泛神论争论》，页52注释。

② 《雅可比文集》，卷三，页334。

③ 《雅可比文集》，卷三，页518。康德关于主观主义的合逻辑性与关于理性主义的合逻辑性并不一致，后一种合逻辑性已为雅可比所否定（《雅可比文集》，卷三，页5以下，参上文页[250]以下）。

④ 《雅可比文集》，卷三，页275以下。

有赖于对事件的改造，为此，需要那种方法上的人为性——这处在雅可比的视界之外，至少因为急于论战，他没有顾及这些，在此论战中，雅可比相信，与所有"非自然的"观点相对的"自然的"观点的原则性权利，必然可以得到确证。所以，先于上帝的"超验位置"（transzendentalen Ort）这个问题，我们首先应该意识到上帝的真实性（Realität）和上帝概念的含义。体系将按照上帝的存在和含义（Sein und Sinn Gottes）来自我调整，体系不应该将宗教的原初现象[252]歪曲为爱（Liebe）。① 若想为此方法命名，那么，合适的做法是，按照如今已然被接受的习惯用语，称这种方法为"描述"（Diskreption）。②

　　雅可比的斯宾诺莎批判的一个基本原理是："任何证明（Demonstration）的路子都将走向宿命论。"③ 此言清楚地表明了哲学方法问题的基本含义：一种确定的方法，无法接近确定的事实（Gegebenheiten）。因此，对于意欲收复暂时失去的内容的哲学而言，一种革新的目的必定首先是方法的革新。方法与学说的内容处于明确的类属关系之中。

　　另一方面，方法原则上所具有的二元性，复又最为紧密地与"态度"（Attitüden）的二元性联系在一起。每种方法都表现出了精神的某种确定的总体态度。正是同一种态度产生了不高贵的怀疑风尚和"不自然的"普遍怀疑的方法。④ 正如雅可比所否定的精神类型，完全可以由恐惧（Furcht）来刻画，同样，也可以将对丰富的感性生活的忧惧和厌恶，归于对立方法的主要机制

---

　　① 就此，比较奥托（Rudolf Otto），《论神圣》（*Das Heilige*，Breslau 1920），页42注释，奥托的学说通过弗里斯（Fries）与雅可比相关。[中译按]《论神圣》中译参见，成穷等译，成都：四川人民出版社，1995。

　　② "现象学"（Phänomenologie）这个术语意义不明确；适宜的做法是，将此术语的运用局限于胡塞尔的"观念"（Ideen）意义上纯粹意识研究。

　　③ 《雅可比文集》，卷四，章一，页223。

　　④ 《雅可比文集》，卷五，页113以下。

（Hauptorgan）① ——也正如那种因不容其本人受到任何中伤而少获评骘的人，其怀疑方法同样如此："荣誉，为这种性质的怀疑画上了句号，正如死亡荣誉（der Ruhm des Todes），涉及与生活相关的不幸。"② 怀疑就是因理论的弊端（不合理性）而放弃理论生活（真理），而这种弊端必然与理论生活联系在一起。这也对我们提出了要求：为了赢得生活，就必须拿生活来冒险。"谁不可能犯错，谁也就不可能拥有更高的真理。"③ 怀疑是理论上的恐惧——信仰是理论上的英雄主义。

---

① 《雅可比文集》，卷三，页 228 以下。
② 《雅可比文集》，卷二，页 217。
③ 《雅可比文集》，卷三，页 293。

第二部分：学说的内容

一　认识论

（一）知性

1. 知性的本质

知性作为总体意识的原则。

［253］知性是意识的原则（Prinzip des Bewusstseins），用康德的话说，是统觉（Apperception）的原初－综合的统一性。知性是所有特殊的意识－天性（Bewusstseins－Artungen）的可能性条件，知性是这些意识－天性的前提，尽管它并不包括这些意识－天性于其中。"……所以，统觉的综合统一性乃是我们必须将全部知性运用……附着于其上的最高点，这种能力正是知性本身。"（《纯粹理性批判》，第二版，页134注释）因此，若无知性，也就不存在理性和感性，也就是说，若没有全部知识的总体条件，就没有特殊的知识。"理性的意识和理性的觉悟，只有在一种知性中方才可能。"① 另一方面，上帝尽管没有严格意义上的理性，没有后来雅可比式的理性概念所探讨的含义，却拥有知性。② 因为，若无

---

① 《雅可比文集》，卷二，页9以下。

② 《雅可比文集》，卷二，页10。——在一种较为宽泛的意义上，《雅可比文集》卷三，页236及其以下，针对小施勒格尔（Fr. Schlegel），为（νοῦς κόσμων［宇宙理智］意义上的）上帝的合理性（Vernünftigkeit）作了辩护。

知性，上帝就不是有认知的本质（wissendes Wesen）。

知性作为纯粹的形式能力。

这不过是对同一事实的另一种表述，如果让实质的认识能力与纯粹的形式能力相对，那么，这种纯粹的形式能力无非就是认识本身的形式。

自康德以来，通常将范畴归于形式。[254]因此，我们在此插入范畴演绎，雅可比曾尝试以下述方式作出演绎：

一，首先，在关于有限本质的每一次感受中，总可以区分感受者与被感受者。其次，两个处在相互影响中的、相互分离的有限事物，规定了"一种经过扩展的本质"。第三，"因此，凭借关于人和任何一种有限本性（Natur）的意识，可以确定一种经过扩展的本质"。所以，"对一种经过扩展的本质的表象（Vorstellung）……对于所有有限的、有感受的本性而言，都必定是共同的，这种表象也是一个客观真实的表象"。①

二，一个个体是一种本质，"我们看到这种本质的各个方面不可拆解地联系成为一个整体"，"我们只能根据这种统一性辨别个体"。②当更多个体相互关联时，由于局部具有不可捉摸的特点（Undurchdringlichkeit），它们会遇到抵抗——从而出现作用与反作用。这种作用和反作用复又要求前起后继，也从而要求时间（Zeit），"时间即前起后继之表象"。③

由此演绎出了空间、时间和因果性，但并非如康德那样，"由一种本身臻至完善的纯粹的知性［演绎出了空间、时间和因果性］"，而是按照斯宾诺莎的方式，"由本质（Wesen），而且尤其是由个别事物的关联中［演绎出了空间、时间和因果性］"。④并非

---

① 《雅可比文集》，卷二，页208以下。
② 《雅可比文集》，卷二，页209。
③ 《雅可比文集》，卷二，页212以下。
④ 《雅可比文集》，卷二，页215以下。

由知性法则，而是由知性－客体（Verstandes－Objekts）概念，尤其是由客体本身[演绎出了空间、时间和因果性]。有限的意识在何处与感性客体相对，则必定会在何处思及某些基本概念——空间、时间、因果性；同一性、复多性、行为、苦。① 但如此一来，这些概念就不成其为知性概念；这些概念不是客体的形式。②

知性作为概念建构能力。

在雅可比谈论经验（Erfahrung）时，此经验是"不依赖于任何一种知性活动（Operation）"③ 而达成的，所以，很清楚：雅可比所谓经验，必定另有所指，而非作为最高[255]认知原则（Wissens－Prinzip）的知性。在此，知性必定是一种特殊的认知。知性"并不给予对象，而只思考对象"，这表明了与《纯粹理性批判》的联系。④ 以其他方式被给予的对象，经由知性而构成了概念。在此概念性构成中，知性能够层层递进，不断远离直接被给予之物，但知性概念的对象性内容，完全维系于概念的直观基础，在此直观基础上，知性概念必定会得到证明。⑤ 所以，证明（Demonstration）这种认知活动，也"只是概念向证明概念的……直观的回溯"。⑥ 在此，清楚地表明了休谟（Hume）对鲜活的印象与模糊的理式（ideas）的区分。前者是原象（Urbilder），而后者是映象（Abbilder）。⑦ 这些原象和映象，只是模仿实际事物所得之

---

① 《雅可比文集》，卷二，页 261。
② 《雅可比文集》，卷二，页 267 以下。
③ 《雅可比文集》，卷二，页 176。
④ 《雅可比文集》，卷二，页 31。
⑤ 《雅可比文集》，卷二，页 32。
⑥ 《雅可比文集》，卷二，页 59。
⑦ 《雅可比文集》，卷二，页 11，175。参见休谟，《人性论》（*Treatise*，deutsch v. Lipps），页 16。

本质。①

知性的本质，向来与感性事物的多样性和可变性对立。因此，知性活动，即对感性－被给予之物的修正（Bearbeitung），导致简化和缩略。② 由此倾向，首先导致了一种所有联系（Verknüpfen）所固有的等量齐观（Gleichsetzen）。③ 就证明而言，原则上，只有相似性可以理解。④ 这是一场生死之战，是对扰乱知性之宁静的感性事物的根除。概念建构出于知性之"恐惧"（Angst）。概念并不多于现实性，而是不确定的、去特殊化的（enteinzelte）、消除了危害的（entweste）现实性。概念建构越宽泛（weiter），就越不具有现实性。⑤

为存在的超越的真实性（transzendenten Realität des Seins）作辩护，可谓雅可比认识论的基本问题。在描述思维进程时达到的第一个阶段：存在（Sein）被理解为超越的（transzendierend）知性之领域。［256］超越（Transzendenz）的第一个层次，是对不合理性（*Irrationalität*）的超越。

这一理论并未涉及先验概念（apriorischen Begriffe）所固有的含义。先验概念与相对一般的概念被区分开来。后者"源于一种只关涉某一事物的混乱表象（verworrenen Vorstellung），这些概念的对象对于我们而言并不常驻，尽管在某些特殊情况下，它们就在眼前（gegenwärtig）"；前者则"源于一种关于所有事物的混乱表象，先验概念的对象对于我们而言是常驻的，在世界（Schöpfung）的任一部分，乃至最小的部分中，它都在眼前"。所有概念的共有特征是："这些概念确定而直接地来自向我们呈现的

---

① 《雅可比文集》，卷二，页230以下。
② 《雅可比文集》，卷二，页226。
③ 《雅可比文集》，卷二，页226以下。
④ 《雅可比文集》，卷四，章1，页223。
⑤ 《雅可比文集》，卷三，页228以下。

现实之物。"① 概念是知性依赖于现实（*am* Wirklichen）的产物，概念摆脱了现实（*aus* Wirklichen），却未摆脱理性。因此，先验概念也完全维系于现实，尽管并不维系于个别现实事物或某些现实事物，而是根本维系于现实（das *Wirkliche überhaupt*）（前揭）。

2. 知性批判

关于严格意义上的知性批判，只需回想知性的本质就完全足够了。因为，由知性的本质，就可以确定知性的本质范围或界限。此外，批判可意指对诸知性理论的批判，即按照事情本身来考量这些理论。

作为意识原则的知性与作为概念性认识原则的知性之间的关系问题，在雅可比那里，未有更为切近的关注，因此，我们必须探究这两个原则本身的共性（das Gemeinsame）。这种共性，就在于两个原则的形式特质。第一个原则（[中译按]即"作为意识原则的知性"）是所有经历（Erleben）的形式，由此形式本身，无法以任何方式达到经历之充盈（Fülle）；第二个原则[中译按：即"作为概念性认识原则的知性"]是方式和方法，认识依赖此方式方法抓住客体，这一原则是"把握"客体的原则，但这一原则并未就客体更为切近的结构有所表达。因此，在"质料"（Materie）中可以找到两种含义的知性的界限，而且，只要有认识，就总能有所认识，故而，知性需要其他能力来辅助，正是它们给予知性以材料（Stoff）。

我们若将知性看作证明能力，[257]依据证明的正确法则，问题依然超出了知性的维度。因为，证明的原则绝对无法证明自身，所以，[证明证明原则的]尝试必定导致循环论证（Zirkel）。这个不可证明的证明原则，外在于知性的范围，处在知性之"前"（*vor*）。就此情形，对逻辑（Logik）少有兴趣的雅可比

---

① 《雅可比文集》，卷三，页 267 以下。

并不关注。

在雅可比看来，一个作用上同等的问题更重要，此问题与作为意识整体之原则的知性相关。此原则本身无法证明，也就是说，总要回溯到其他更为明确的事实。此原则是最终的被给予之物，它比所有证明更明确。"有些原理，不需要证明，也经不起证明，因为，能够提请证明的所有原理，都比已有的确信（Überzeugung）更弱，不过已有的确信也许会变得混乱。当我们说"我在！"（Ich bin!）时，我们就说出了这样一条原理。此确信是一种直接的认知，其他所有认知都要由此认知来检验、以此认知来衡量、按此认知来评价。① 如果我们只关注形式本身（Identität）的"先验"特征，并有意不理会形而上学式的谴责，那么，我们不妨援引下述段落：人在其个体性中，"通过一种直接的、不依赖于回忆过往情形的本质感受（Wesenheitsgefühl），而非通过认识，发现自己是这样一种本质；他知道，他是这个人而且是同一个人，他绝不可能成为另一个人，因为，直接的精神－确定性与精神、与自我本质（Selbstheit）、与实体性（Substantivität）不可分离"。②

如果我们——就其本身而言，或许并不合适，却符合雅可比的见解——以"合乎理性"（rational）来理解"可证明"（beweisbar），那么，我们可以谈论认识形式的不合理性（Irrationalität）。另一方面，质料的不合理性，也符合雅可比的见解。很容易由证明的本质中得出的内容，就在于将需要证明之物（demonstrandum）回溯到直接确定之物，而非进而将可证明之物回溯到"不合理性之物"。

按此，知性在双重意义上活动于"不合理性之物"之间，在其中，一方面，知性固有的本质与其对象一样都不合理性，另一

① 《雅可比文集》，卷五，页121以下。
② 《雅可比文集》，卷三，页234以下。

方面，知性通过其活动与种种不可证明的事物联系起来，它活动于这些事物之中，并在其中"商谈"。与此"不合理性之物"相关，［258］科学因而就是"彼此相互指涉的认识的系统化索引（Register），对于这些认识而言，缺乏必须予以关注的最初和最后的不合理性之物"。① 科学是一个知性一无所知的组织，通过此组织，知性"关于真实事物的认识"，"毫发"（Haar breit näher）无损。② 靠知性，无法通过思考而达致所给予之物的实质性内涵。靠永恒的"继续思考"（Weiterrechnen），靠追寻关系——这些关系相互连接成为无限的链条和关联，一项"真实的作为（Facit）"在任何地方也无法达致"本真之物"。③ 知性认识（Verstandserkenntnis）不断涉及其他事物，又由其他任一事物涉及另外的事物。知性认识永远只能在由其他认识 - 方式所给予之物中找到其终点。④ 对于知性而言，这是不能接受的：通过知性的"纯粹盲目的思考，未将必须思考之物（因为，这对于知性而言，永远是无法识透的秘密！）转变为完全属于它自己的真实财富"。⑤

因此，知性失去了任何独立自主的认识 - 意义（Erkenntnis - Bedeutung）。认识的经验特征，在康德那里，也在某种意义上脱离了合理性（Rationalität），雅可比此外还将范畴排除于知性之外，却没有否定范畴的先验特征。若撇开其对于进一步的思想 - 发展无关紧要的内涵不谈，知性就仅只是感觉论意义上的"抽

---

① 《雅可比文集》，卷四，章一，页［XXX］以下。

② 《雅可比文集》，卷三，页 29 以下。

③ 《雅可比文集》，卷三，页 305。关于数学家这类人，备受批评的相关论（relationalism）在他们那里获得了最高程度的清晰表述，这完全是雅可比意义上的现象学家："这类人，他们只是作准备，并由准备出发来证明，却因此丧失了对最终的绝对存在的感觉。他们荒疏了看（das Schauen），所以，他们只会证明。"（Adolf Reinach，《全集》［*Ges. Schriften*］，页 388）

④ 《雅可比文集》，卷三，页 208。

⑤ 《雅可比文集》，卷三，页 223。

象"能力,这种能力可以联系和分开感性事实与理性,却不允许由其自身——即使它拥有某种特有之物——[为认识]添加最微不足道的内容;因为,如此一来,这种能力甚至会歪曲对象之图像(Bild des Gegenstandes),这种能力只是摹仿对象之图像。

3. 认识的接受性

[259]人们习惯于认为,普遍怀疑方法固有的优越性是:怀疑无成见和无前提地以这种概念或者对象为开端,甚至只承认这种概念或对象,哲思本身通过提供解释可以为这种概念或对象作担保。然而,恰恰存在无需合乎理性的事实——这种无前提的研究方法将回溯到这些事实。这一点在实证论(Positivismus)那里表现得很明显,实证论为其无前提性和摆脱了理论束缚(Theorienfreiheit)而备感自豪。实证论的最终特性(Letztheiten)就是感性的质(Qualitäten),可这些感性的质的被给予之在(Gegebensein)可以指明(aufweisbar),在某种意义上,即在《纯粹理性批判》首段文字所指出的意义上,这些感性的质表明了认识自然界的第一手资料。实证论恰恰与绝对唯理论一样,都有显著的优势:它们绝少主张,或更准确地说,关于对象性内容,它们绝无过多主张;对于两种立场而言,因为困难随着对象的复杂性而增长,所以,从——不管按实证论来理解,还是按唯理论来理解——一开始(vom Prius her)就深入对象,都具有内在的必要性。故此,以任何可能的方式,都无法认识对象之整体,但已认识的部分的确已被认识,而未经检验的要素(Momente)是闯不进认识的。普遍怀疑是一道栏木,在摆脱了怀疑的确定性领域才有效的任何认识,都必须通过这道栏木。

与此相对,雅可比依据的是 jus primi occupantis[第一占有人之权力]。不合理性的确定性也有效并且被承认,要怀疑这种确定性,就必须有充分的根据证明这种怀疑是正当的。普遍怀疑派是

"进攻的一方，其所为是以其僭越阻碍我们拥有一种完全习传之物"。① 关于一个实事或一个判断的不合理性，无论如何也找不到任何证明怀疑之有效性的理由。如果我们一开始用怀疑挫败了不合理性的确定性所具有的力量，那么，我们将无法"以不自然的方式"取代这种力量。这一点，贝克莱式的（Berkeleysche）唯心主义同样"无法克服"；也就是说，由贝克莱式的唯心主义的前提出发，的确无法就认识的本质[260]获得更好的洞见。然而，贝克莱式的唯心主义的前提，即对认识现象的基础性解释，以具本质性的特殊方式改变了认识现象。正是这种超越于认识之上并与对象联系在一起的力量，未被认识或者说未得到承认。贝克莱式的唯心主义者主张"完全不顾自然感受，认为一个事实上外在于他的物质世界不真实，他拥有的只是经验；正如可以清楚地得到证明的那样……"。② 当然，我们只有借助感官，也只有通过经验活动，才能真正拥有自然事物，更确切地说，获得关于自然的感知。但我们虽然经验——通过经验和感知——到了自然，却未经验到我们自身的经验活动。贝克莱的论证"最终会导致这样的结论：因为，我们只靠眼睛来看，只靠耳朵来听，所以，看见的无非是我们自己的眼睛，听见的无非是我们自己的耳朵"。③ 这意味着，我们的眼睛什么也看不见，我们的耳朵什么也听不见，总之，我们的认识什么也认识不了。④ 认识是由两方面构成的：其一是认识主体，其二是被认识的客体。看，并非出自所看到的事物；经验，并非出自所经验到的事物；听，也并非出自所听见的事物。——然而，我们"同样真切地"认识到："看，只凭自己，什么也看不见；经验，以同样的方式，什么也经验不到；听，只

① 《雅可比文集》，卷一，页120。
② 《雅可比文集》，卷二，页76。
③ 《雅可比文集》，卷一，页115，119。
④ 《雅可比文集》，卷一，页116。

凭自己，什么也听不见；……"① 有困难阻碍我们理解和解释对外在于我们而在此的（daseiender）事物的认识之事实，这些可能导致主张认识事实之不可能性，从而导致了唯心主义。然而，如果唯心主义导致认识－理论忽视了对认识的追本溯源（Ursinn），忽视了认识的目标是一个与其相对事物，即对象，进而否认或缩小了这个对象，那么，唯心主义就毫无意义（ausserstande）。康德式的"物自体"就是对象之残余（Residuum），"主体受到物自体的刺激"，这个物自体就是认识与对象的根本相关性（Bezogenheit）之残余。即便物自体可以认识，物自体对主体的影响也是"一种神秘的[261]关系"——与显而易见的、却在每一感知活动中被否定的事物不同；然而，无论如何，这些思辨成果表明，认识－现象的本质并非完全不可认识。②

在此，对存在之超越的认识抵达了第二个层次：*客观性之超越*（*Transzendenz als Objektlität*）。客体与主体相对。首先，是知性与不合理性之物（Verstand－Irrationales）的对立，其次，是主客对立（Subjekt－Objekt）。

关于知性的思考表明，知性虽然具有自发性（Spontaneität），却并非独立自主。从而（Nunmehr）表明，就真正意义上的认识而言，知性的无能恰恰应归于这种自发性。因为，质而言之，认识是接受性的（rezeptiv）。

认识与外在于它的某物有关，正是这种外在于它的事物为认识赋予内涵，认识就取决于这种外在于它的事物。[认识]有条件的自发性（relative Spontaneität），雅可比以抽象和证明予以肯定，但相对于根本的接受性（grundsätzliche Rezeptivität）而言，这种有条件的自发性是次要的。知性只能够把握所给予之物——知性只能通过指向实事而作出证明。所以，真正"给予性的"认识方

---

① 《雅可比文集》，卷三，页292。
② 《雅可比文集》，卷二，页39；卷三，页75。

式是：感知和理性，正如词名之所谓——"感知"（Wahrneh-mung）就是"真实 – 获知"（Wahr – *Nehmen*），而"理性"就出自"觉知"（*Vernehmen*），感知和理性都指向超越的对象。然而，不仅认识的内容，即由真实的判断所表达的内容，是超越的，认识的形式，即真理的形式意义上的形式，也不是认识的成果，它其实是一种超越的价值（Wert）。理性由其本身出发，依其固有的本质关涉真理：理性以"真实的事物为先决条件；理性是真实的事物之前提所具有的能力"。我们不可能"追求确定性，除非我们已预先知晓了确定性"。① 认识获得了诸真理（Wahrheiten），但认识取决于认识的对象——真理之理式（Idee）就寓于理性本身。理性知道，在其自身之外的真理之形式是超越且有效的规范之形式——与理性相关联的是真实的事物之前提，即"预见真实事物"（Ahndung des Wahren）之前提。② 真理之理式，是理性的必然相关物。就理性就是关于价值的认知而言，真实的事物［262］（类似于好和美的事物），是理性诸对象之中的对象（Gegenstand unter Gegenständen）。但在诸价值中，真实的事物据有优先位置；与此同时，真实的事物已然以认识本身为共同前提。关于认识的价值特质（Wertcharakter），因此尤其关涉理性。如果说理性是所有认识的前提，那么，从另一方面而言，知性也是所有认识的前提。③

　雅可比从未就在此所描述的形式对比过这两种超越。关于两种超越中的任何一种，［雅可比的］学说相当清楚明白，所以，摆在我们眼前的应该是两种超越的相互关系问题。要回答此问题并不难。认识的具体活动与两种超越相关——与认识活动所认知的超越对象有关，也与关涉对象之超越的真理有关，认识活动承认真理。如果得出的判断是"对象和实事存在"，这恰恰说明"实事存在是真实

---

① 《雅可比文集》，卷三，页32；卷四，章一，页210。
② 《雅可比文集》，卷三，页32。
③ 《雅可比文集》，参上文页［253］；卷三，页314。

的"。因此，这是一种逻辑上同时发生的、既取决于"真理"又取决于"对象"的自我－指涉（Sich－Richten）。①

所以，超越－问题要求作出下述表述：存在（Sein，1）作为不合理性之物，与知性相对；2）作为客体，与主体相对——而且，a）虽然，作为形式，"真理"是形式的（formal），正是认识建构出了真理；b）但作为所给予之物的复多性，"真理"又是质料的（material），认识尝试描摹真理。

（二）认识的给予方式

1. 感性感知

我们对感性世界的认识，是由依赖于对象的感官（Sinn）"靠强力（Gewalt）"所决定的。"理性"这种知觉（Sinn），通过围绕我们周遭的感性世界来表现自身，这种"客观的"意识，安排我们关于世界的表象。由－感官－而来（Von－Sinnen－Kommen），意指[263]与支配（waltenden）对象的感官分离。梦就是这样一种分离性（Abgetrenntheit）。在梦中，我们闭上了眼睛——传达刺激的最主要的感官，[梦中的]世界是违背理性的；然而，等到我们重新睁开眼睛，"很快，世界中的一切复又变得合乎理性"。②换句话说，我们必须将自己提升到自在的世界意识（Sinn der Welt）[之高度]，或者说，要世界意识对我们讲话（angeredet），让世界意识向我们揭露自身。③

---

① 我们认为这与一种"形式与内容的交融"有关（拉斯克[Lask]，《哲学逻辑学》[Logik der Philos.]，页28以下）。关于上述问题，雅可比哲思中的超越与拉斯克的一致只在于某些要点（punktuell）。关于这种对"哥白尼式的概念体系"的洞见中的某一观点，雅可比自然不可能有所讨论。

② 《雅可比文集》，卷一，页89；卷三，页33以下。

③ 《雅可比文集》，卷一，页148；卷三，页209。

我们首先在感知中经验到了这种［世界］意识，所有关于自然的认知都可以回溯到感知。知性只适宜于解释感知性的被给予之物，（正如上文结合《雅可比文集》卷三页 208 以下、页 223 以下和页 227 以下所讨论的那样）。一种对感性感知现象的更为切近描述是无法给予的。只有一个特征可以得到明确说明，这个特征当然位于雅可比的兴趣之核心。这就是感知的信念特质（Glaubens-charakter）。

对外在于我们的对象，我们是从哪里知道的？依据在我们的每一次意识活动中被给予的、认知与所知之物的关联，尤其是感觉与所感觉之物的关联，是无法对此问题作出决断的。虽然所知之物"外在于认知"，而认知就以所知之物为目标，可由此还是无法保证［所知之物］具有独立于意识的状态。尽管感性世界中的事物，对于我们而言，只是"好像外在于我们"，而并非真的外在于我们，它们却与我们相对——正如连幻觉中的对象也超越了幻觉活动。① 因此，最好将"针对性"（Bezieltheit）与"真正的超越"区分开来。前者必然适合于所有我们意识到的对象之作为，而后者则呈现出了真正的问题。

自然世界观，由感性事物（Sinnendinge）的超越的真实性，完全可以得到确证。那么，"感性的自明性"的根据何在？首先，通过一个结论、一个听起来很平常的答案，我们由纯粹的表象——或者更准确地说，由纯粹的表象之物——抵达了现实事物。亦如下文所言，任意的表象及其任意的组合，［264］其根据就在我自身（in mir selbst）。可存在着非任意的表象，确切地说，表象组合。因为，这些非任意的表象组合的根据并非在我，所以，它们的根据必定外在于我。② 雅可比首先用简单的思考反对这种理论，他认为，凭朴素的感知，根本不可能得出某个结论。因为，所感

① 《雅可比文集》，卷二，页 143。
② 《雅可比文集》，卷二，页 173 以下。

知到的对象简单在此（da），是直接被给予的。与其说我不知道对象，不如说我不知道我，不知道表象；这两方面都是"在同一瞬间，在同一不可分割的眨眼之间"被意识到的。① 这个答案尚需进一步精确化。首先，作为一种纯粹针对物（bezielten）的对象的直接的被给予性（Gegebenheit），与作为一种现实超越之物的对象的直接的被给予性之间的特定区分，尚未进一步予以确定。在此，重要的首先只是，超越未得到阐明，甚至"常常得到阐述的情形是，这种怀疑（即对外部世界之超越［的怀疑]），无法凭理性的基础（Vernunftgründe），以最严格的知性来消除"。②

信念（Glauben）概念在此拥有其在体系中的位置，正如雅可比以感激的口吻所承认的那样，他在休谟（Hume）那里发现了这个概念。但这个术语在两位思想家那里，并没有同样的问题内涵。那么，休谟的信念（belief）概念究竟指什么？

信念问题在后天的认识问题中，即在关于现实事物（matters of fact）的认识中出现了。这关系到自明性之方式，"这种自明性为我们担保了真实的存在和事实性，它超越了对我们的意识或对我们的记忆的证明"。首先，因果关系（Kausalitäts – Beziehung）使我们超越了直接被给予的感性事物的领域。因此，问题在于因果性关系的自明性。首先需要说明的是，个别因果性关系，不可能关涉先验认识。③ 然而，另一方面，我们在因果性之下思考的必然联系，不可能简单地由经验所给予的材料中得出。因为，由一个事物向来如此且如此表现，并不能得出：这一事物将来也会如此表现。［265］因此，判断能力既是"直觉性的"（intuitiv）又是"指示性的"（demonstrativ）。在任何因果判断中，都可以由当

---

① 《雅可比文集》，卷二，页176。
② 《雅可比文集》，卷二，页143。
③ 休谟，《人类理解研究》（Enquiry），第四章，第一节。据艾斯勒（Rudolf Eisler）德译本。

前的材料推断（Folgerung）未来。然而，这种推断并非论证（reasoning），也不是推论（Schluss）。这也不是可能性推论（Wahrscheinlichkeitsschluss）（如道德论证），而是所有可能性推论的前提，此前提又以循环方式以这样一种可能性推论为根据。由同样的根据出发，我们没有理由认为可能性推论是经验性的（实验性的）。因为，可能性推论是所有经验性认识之前提。因此，重要的是推论的本质，是推论以一种人性原则（einem Prinzip der menschlichen Natur）为根据。

我们必须在休谟给出的问题答案中区分两个特征，它们在休谟那里以某种方式联系在一起，对这两个特征需要切实作出根本思考。其中一个特征，刻画了自明性方式本身，另一个特征是对此自明性方式的"解释"，即将此自明性方式追溯到其他意识现象。

解释的方式是习惯（Gewohnheit），即一种也许是最终的、不可化约的人性的自然原则。"所有出自经验的推断，都是习惯使然，而非理性使然"。这些推断可以描述为信念活动。所有信念都来自感性或回忆性的被给予之物，也来自被给予之物中的更多客体不断重复出现的一种关联。如果真能满足后面这些前提条件，就会出现信念这种精神过程，正如在其他情况下，会出现爱或恨之精神过程。然而，信念的本质又是什么？①

信念的本质由虚构的对象与"信以为真的"（geglauber）对象的区分所决定。信念的本质并不限制一个对象的如此在（Sosein），除非我们信此对象为真。如果虚构的对象与信以为真的对象之区分，就在于如此在，那么，在想象式的表象活动中，我们就能够设想一个虚构的对象的如此在，变成了一个信以为真的对象的如此在，从而我们不再虚构对象，而是信此对象为真。因此，在此前提下，就可能将所有表象（Vorstellen）提升为信念，非常明显，在此过程中，信念与日常经验有矛盾。如果虚构的对象与

① 参前揭书，第五章，第一节。

信以为真的对象的区分并不在对象之中，那么，这种区分就要到某种感触（Empfindung）或某种感受（Gefühl）中去寻找，这种感受的存在（Vorhandensein）刻画了信念的特征，即信念与纯粹想象式的表象对立。

[266]对这种感受的定义，正如对其他感受的定义一样，是不可能。然而，关于信念的特征，任何人都心知肚明。对信念的描述，将其刻画为一种"更活泼、更生动、更强烈、更稳定、更持久的、关于对象的表象，远甚于只能对想象力（Einbildungskraft）作出证明"。按照休谟本人的见解，这听上去是对精神活动的非哲学式描述——在此精神活动中，我们意识到真实性，或者更确切地说，意识到所认为的真实性（des für solche Gehaltenen）。因此，想象与信念的区分，首先，并不在于客体，其次，反倒在于理解和"感受"（gefühlt）客体的方式：其一，在于更高的活动性，其二，在于无意识性（Unwillkürlichkeit）。①

在不关涉感性或理性的确定性的情况下，这些理解和"感知"客体的方式总会表现出来。最显著的情况有三：

第一，因果性意识（参前揭书，第五、七章）。

第二，可能性意识（参前揭书，第六章）。

第三，现实性意识。

所有普遍的认识批判意义，应该说正在于：这三种情况，以一种超越直接的感性自明性的方式，为我们担保了真实性（或者更确切地说，诸真实性）。因为，现实性意识，在其为我们保证真实性之超越时，就具有这种含义。

在我们的描述中，我们已将随后对《人类理解研究》的更为简明的理解，放在了对《人性论》的、自然是更为详尽和更为全面的理解之前。实际上，这两部著作最具本质性的描述完全一致。尚需补充的是下属内容。信念并非多少有些含混的"假设"（An-

---

① 《雅可比文集》，前揭，第五章，第二节。

nehmen）。"假设"有［某种］更为确定的含义，这种含义的基础是与某种直接的被给予之物即某种印象（Impression）的直接关联。不合理性的确定性的更高级方式，首先是因果性意识，就以此关联为基础，并以由此关联所给予的"活动性"为基础。① 就此而言，信念作为"现实性意识"（参 Lipps），正是其他不合理性的确定性方式的根据。

不管在休谟作为信念而指出的活动，与大众语言、［267］尤其是与宗教语言所使用的"信仰"（Glauben）之含义之间，究竟有无内在关联，都没有什么不同，但出于术语上的理由，还必须对两者的区分作出解释。雅可比认为这两种［精神］活动方式，就其本质的某些方面而言，具有同样的结构。但在休谟那里，却看不到这种学说。［在休谟看来，］上帝观念（Gottesidee）固然是"理式"（idea），由此可以追溯到印象（impressions），然而，奠定上帝表象的最终根据的印象，本身却并非宗教经验（Erlebnisse）或情感（Affekte），而是完全"自然的"（参《自然宗教对话录》）。与此相反，雅可比从友人哈曼（Hamann）那里接纳了有方向规定的重要指示。哈曼的思想一方面与休谟的怀疑论感觉论（Sensualismus），另一方面与虔信派的神秘论，具有内在关联。这些在其"世界观"–特质上如此不同的学说，仍具有本质上相同的——只与不同的对象性有关的——认识论结构，此认识论结构将一种很少图式化、但对我们的目的而言足够充分的理论，视为"不合理性"（irrationalistisch）。②

因此，关于雅可比的信念概念，很容易如此来刻画其与休谟信念概念的对立：在休谟的信念概念中，作为现实性意识的信念

---

① 《人性论》，前揭，页 111 和 116。

② 感觉论与神秘论的广泛对比，就上述所关注的方面而言，可参拉斯克的《哲学逻辑学》中的历史部分。关于哈曼，参见温格尔（Rudolf Unger）的《哈曼与启蒙》（*Hamann und Aufklrung*，Jena，1911），页 126 等。

的优先地位，被进一步建构为信念的这种首要的特殊含义的唯一性。因果性进而仍然由信念所担保，遵循康德的做法，应将因果性接纳为范畴，并且当然是按照本体论（ontologisch）来演绎。所以，有可能将一种特定的对象特点（Gegenstands – Seite），即真实性，归于特定的经历特点（Erlebnis – Seite）之现象——也就是"信念"。

真实性之超越不可证明，也就是说，无法追溯到其他更为明显的事实。一种循环论证的危险很大，如果我们譬如由超越的真实性对认识主体的影响出发，来解释对超越的真实性的认识之自明性。或如果我们根据感性的自明性，混淆了合乎理性的认知与感性的自明性本身，便忽略了不合理性的确定性问题。按照与雅可比的见解相反的观点，[268]感知对象尽管并非感受（Empfindung）——正如已然由客观性之超越所表明的那样，而是感受之"外因"。"感受，连同其原因，给予我们表象，我"称此表象为感知对象。然而，靠"外因"——它的确是真实的，真实性已然得以确立并得到承认，而无需指明真实性 – 认识之来源。①

雅可比感知学说确切但并非论争性的内涵，在下列命题中得以阐明，这些命题被按照他的、可惜过分狂想曲式的表达而编排在了一起。

命题一，关于真实性的认知，是一种最终的、原则上与其他认知方式不同的认知。我们关于真实存在（Sein）的"表象"，是对这种存在的复制（Kopien）。因此，这种认知是由存在走向其在表象中的淡化，而非由表象走向存在。②

命题二，感知是对真实性本身的原初把握，在此把握的基础上，首先使真实性与纯粹表象的存在区分，更精确地说，使感知

---

① 《雅可比文集》，前揭，卷二，页 141 以下。
② 《雅可比文集》，卷二，页 175 以下，231。

与表象的存在区分，成为可能。①

　　命题三，在感知活动中，出现了一种直接的、主体与真实性之间的关系，这种关系的获得没有经过表象，也没有经过推论。②

　　命题四，在感知活动中，意识与对外在于意识的真实性的感知同时发生，正如在真实的事物本身中意识到真实事物。我们获得关于特有的真实性的意识，不会早于对超越的真实性的意识。③

　　命题五，在感知活动中所把握到的真实性当中，我们"同时领会了"自身——认识主体。④

　　命题六，关于真实性的认知，是我们最先获得之物，与此同时，我们感觉到我们的躯干。[269]但"我们不仅意识到了这种认知的变化，而且意识到了与既非纯粹经验、亦非思想内容完全不同的东西，即意识到了其他现实事物……"。对自然的领悟，"以强力"迫使我们相信。⑤

　　在命题四到命题六中，信念学说中的特殊内容，对[信念]这一术语作出了一种自由描述。如果我们尝试将此术语置于命题六，那么，我们就应当说：对自然的真实性的"信念"，是关于自然的真实性之超越性的直接确定性，这种直接确定性的根据，就在于认识主体与真实性所具有的自然的内在关系，这种直接确定性就以肉身为中介——或概而言之，对某种真实性的"信念"，是关于真实性之超越的直接确定性，这种直接确定性的根据，就在于认识主体与真实性所具有的（特别）真实的内在关系，这种直接确定性就以主体（特别）真实的结构为中介。（正如，按照艾

---

　　①　《雅可比文集》，卷二，页230以下。
　　②　《雅可比文集》，卷二，页175，230。
　　③　《雅可比文集》，卷二，页175，262。
　　④　《雅可比文集》，卷二，页262。
　　⑤　《雅可比文集》，卷四，章一，页211以下；章三，页33。可参比叔本华（Schopenhauer）的"直接客体"（unmittelbaren Objekt）概念。

克哈特大师[Meister Eckhart]的异端学说，灵魂最为内在的、与上帝关联的内核，是"非受造的"[ungeschaffen]和"不可受造的"[unerschaffbar]——因此，在这一点上，与上帝相同。)

我们从"信念的力量"① 这种说法中一定听得出来：这种力量不仅是一种纯粹认识上强烈的深信不疑，而且，在此，以某种方式，这种力量的背后是我们全部的生命力之所在，此生命力以其活动性保证了存在之真实性。信念不仅能使我们相信，山可以被移动，而且能使我们相信，信念本身就能移动山。信念将怀疑所取消的事物，牢固地摆在了我们之前。因为，在认识中有"完全的充盈，即本质（Wesen）的全部力量"，这种力量攫住了我们，穿透了我们。②

我们并不想故意让"直接性"（Unmittelbarkeit）与"中介性"（Vermitteltheit）相对抗。中介性是直接性的基础，中介性并不会剥夺直接性之特质。直接性是作为一种认知现象的信念所具有的一种性质。中介性是一种关系，它处在认知领域之外和之下。

感知之物的区别所具有的、客观真实的内涵之证明，也属于这种关系，雅可比从赫姆思特胡斯（Hemsterhuis）③ 那里接受了此证明。雅可比的结论是：[270]同时发生的、对两个不同对象 A 和 B（譬如一个球和一个圆柱）的感知中，就有心理和身体方面的主观条件，此外，中介的结构也是同样的。因此，显而易见，对象 A 与 B 之不同，或许就在于客体本身。④

---

① 《雅可比文集》，卷二，页 8。

② 《雅可比文集》，卷一，页 148。

③ ［中译按］赫姆思特胡斯（Francois Hemsterhuis，1721 – 1790），荷兰哲人，曾在莱登大学（Leiden Uni.）研究柏拉图，未获得学位，后供职于政府，业余研究美学和道德哲学，为歌德、赫尔德等人所赏识，其思想尤其与雅可比相契。据称，他的哲学有苏格拉底的特质和柏拉图的形式，以自我认识为目的，不受体系羁绊。

④ 《雅可比文集》，卷二，页 171 以下。

2. 理性认识

理性认识的客体是上帝（Gott）和价值，这两类对象具有本质关联。按照种种历史依赖性当时所具有的更大效应——雅可比就受此历史依赖性的制约，也就是说，一方面，雅可比处在与具体的宗教没有依赖关系的思辨传统之中，另一方面，处在基督教的思想之流中——对于"更高"维度的对象的认识方式而言，"理性"这个术语，或经由帕斯卡尔（Pascal）所中介的"心"这个术语，这个可以历史性地回溯到圣经的术语，受到偏爱。此外，在早期著作中，出现了——得到明确表达的——与"理性"意义相同的"理解力"（Sinn）这个词。

这并非期待着"理性"与"心"的含义完全一致。就我们的感受而言，前一个术语更具理论思维特点，而后一个术语更具伦理思想特点。然而，这种两可表达自有其实际理由，这种理由以某种夸大方式表现在这句话中："对上帝的信仰，不是科学，而是一种道德。"① 雅可比自然并不想否定上帝－认识的理论特质。但这种与不关心伦理的自然－认识相对的认识，与某种确定的伦理立场具有内在关联，即以此伦理立场为前提。在此，我们看到哲学认识与思想观念（Gesinnung）之间的内在关联。哲人无法认识存在者之全体——上帝同样属于此全体——如果他没有"道德"。

然而，为了表达清晰，这样做是恰当的，即彻底追究这两个术语在雅可比那里究竟有何区别，如果我们将"理性"当成了真正宗教的、"神学"的认识－工具（Erkenntnis－Organ），[271]将"心"当成了伦理的认识－工具。在每个要点上，要赞同这种不确定的、由论辩需要和与事实本身不相符合的类似的情况要求所共同规定的术语，原本是不可能的，也因此，我们的行事方式至

---

① 《雅可比文集》，卷三，页449。

少间接得到辩护。①

理性是一种给予能力（gebends Vermögen）。理性的功能绝不在于领会（Verarbeitung）与其本身异质的内容，这种领会被归于了知性。这种领会本身给予知性以内容。"人拥有知性的程度，从来不会多于人拥有理解力（Sinn）的程度。"② 因此，这的确尤其是雅可比意义上的主张，因为，并非所有内容都出自理性。在理性之外，甚至在理性之前，还有感性认识。关于所有非感性认知的感觉论，可以追溯到感性认识及其被给予性（Gegebenheiten），更确切地说，追溯到对此被给予性的抽象领会。所以，对休谟而言，上帝观念（Gottesidee）与所有其他观念一样，也可以还原为感性印象，上帝观念"源于我们对我们自己的精神活动的追问（Reflexion），源于好（Güte）的品质的增长，也源于对无限的洞识（Weisheit ins Unendliche）"。③ 可见，这里只承认一种领会方式。

大哲人的队伍，按照其与柏拉图一道主张知性与理性的本质区分，抑或与亚里士多德一道主张知性与理性只有一种等级差别，分裂为柏拉图派和"非柏拉图派哲人"两派。④ 从亚里士多德开始，知性优先，即论证（Beweises）优先，变得越来越重要。⑤ 是康德首先通过将理性置于知性之上，从而倒转了［知性与理性的］原初关系，尽管他指出：理性作为依赖于感性（Sinnlichkeit）的工具，无法将我们引向超感性的认识。通过深究感性的被给予之物，也通过对感性的被给予之物如此充分的概念化

---

① 譬如，这表明，恰恰与上述段落——在此段落中，上帝－认识的认知－特质被否定——中的术语不同，雅可比在其他段落（卷四，页 XXX 以下）中，主张与科学认识——科学认识并非"认知"（Wissen）——相对立的、"更高的"认识－方式所特有的认知－特质。

② 《雅可比文集》，卷二，页 226。

③ 《人类理解研究》，卷二。

④ 《雅可比文集》，卷二，页 28。

⑤ 《雅可比文集》，卷二，页 11 以下。

（Verbegrifflichung），我们永远也无法抵达超感性之物。所谓"纯逻辑的幻象"（bloss logischen Phantasmen），［272］绝不会独立于感性之物。对这一事实的认识，"的确是康德的伟大贡献，是他的不朽功绩"。① 如果真有一种关于超感性之物的认知，那么，"理性"就需要另外一种更为确定、更为自主的理解力（Sinnes）——就此命题，雅可比与康德完全一致。② 然而，康德关于理性－观念的真实性－特质的否定，尤其是对上帝观念的否定，随即引发了雅可比的敌对态度。上帝观念的伦理意义，不可取代真实性——严格意义上，可通过信仰行动来把握的物自体（Ansichseins）。尽管有对上帝证明（Gottesbeweise）的所有反驳，从而也是对关于上帝的纯粹知性认知的反驳，仍然有一种关于上帝的真实性的直接经验。这种经验是真正的理性认识。康德和雅可比在理性认识上的对立的真实原因，就在于康德始终坚持经验－一元论（Erfahrungs－Monismus）——就在于，对理性观念的经验－超越性的洞见，没有扩展到对于由理性所揭示的真实性的肯定。③ "所有真实性，作为实在者（existierend），根据其表达（即康德式批判的表达），都维系于一种可能的经验，而关于上帝、自由和永生的理性观念，则不维系于任何可能的经验。"④ 所以，代替理性－客体的直接确定性的，乃是证明（Beweis），即还原到其他更为明确的事物，而本来的意义和内容却丢失了。对观念的这种推导——通过观念与自然经验和伦理的关系，间接为观念奠基——"本身是荒谬的"，无非是"对观念的根除"。⑤ 通过

---

① 《雅可比文集》，卷二，页 31 以下，14 以下；卷三，页 222 以下。

② 《雅可比文集》，卷二，页 33 以下。

③ 《雅可比文集》，卷三，页 377 以下；卷二，页 17 以下，29 以下，34 以下。

④ 《雅可比文集》，卷三，页 180。

⑤ 《雅可比文集》，卷三，页 367。

与自然信念建立对立关系，理性信念（Vernunftglaube）被终结，从而实现了其自我扬弃（Selbstaufhebung）。因为，所有信念都是"自然的"而非"人为的"，也就是说，并非是科学的或思辨的。① 下面，不妨用一个图表来表明康德与雅可比的理性 – 理论之不同：
[273]

这表明：理性是"一种并不需要感性直观的、更高的感知能力"。② 但理性与感性原则上的异质性，绝没有排除某种结构上的共通性，这种共通性就在于两者作为给予能力所具有的特质。理性 – 认识是对某种与理性相对立的对象的认知，是关于理性 – 对象的认知，尤其是关于上帝的认知：譬如理性 – 认识并非使理性自身变成了客体，并非客体的某种自发活动，也并非对理性自身的某种觉知（Vernehmen）。"理性的根源就是觉知（Von Vernunft ist die Wurzel Vernehmen）。"③ 然而，"觉知以某种可觉知之物……为前提；……"④ 原则上，感知中具有同样的关系。正如在感知中，感知对象不依赖于感知活动，它只是与感知活动相关的某种事物，理性 – 认识中的上帝亦复如此。正如眼是观看感性事物的器官（Organ），理性是觉知超感性事物的工具（Organ）。"眼"和理性都是人类精神的器官，是全部认知的中心，这个中

① 《雅可比文集》，卷三，页7。
② 《雅可比文集》，卷二，页19。
③ 《雅可比文集》，卷三，页19。
④ 《雅可比文集》，卷三，页32。

心就是知性。① 理性"与外部感官（Sinnen）相似，不过它是揭示性的，是正面宣告性的"。② 正如就自然认识而言，知性起规定作用，并指向作为最终的原初给予能力的感性，而"与感性直观相反，……证明是行不通的"，同样，对于超感性的真实性的认知，知性始终不具有独立自主性。③ 相应的，关于宗教对象的"观点"（Meinung）也是如此，关于宗教对象的"观点"通过宗教象征物等等表明自身，不过这种"观点"是否具有真理内涵，则要通过对比"理性和真理"来检验。关于"理性和真理"，"我们拥有多少，在实际运用中掌握多少，任何时候都[274]要看每个人的精神之中能有多少活的创造"。但这种活的认识只提供一种关于对象本身的非反思性的理解。④ 事实上正是如此：知性－真理不可能违背理性－真理——（不过，知性的旨趣[Interesse]对于理性－认识是一种危险）。

由此可见，对不合理性的超越（Transzendenz der Irrationalität）也适用于此。对客观性的超越（Transzendenz der Objektivität）（即相关性[Bezieltheit]），可以由理性作为"觉知"的接受性特质得到理解。

对真实性的超越，可以在活动（Akt）中，更确切地说，可以在活动要素（Aktmoment）中，得到把握，这种活动要素曾被作为"信仰"来看待。"上帝必须成为人本身"并不涉及对上帝的超越。"上帝必须成为人本身"无非意指，我们若想能以某种方式有意义地谈论上帝，上帝就必须为我们感觉得到。上帝并不仅仅"在我们中间"，他至少同样非同寻常地（ebensosehr）"超越了我

---

① 《雅可比文集》，卷二，页9以下。
② 《雅可比文集》，卷二，页58。
③ 《雅可比文集》，卷二，页59。
④ 《雅可比文集》，卷三，页307以下。

们"。① "也因此，需要理式（Idee）正是为了认识到，在此，人甚于（mehr als）理式，人充分地（überschwänglich）拥有现实性和真理。"因此，任何怀疑论都是"愚蠢的亵渎"。谁拥有上帝 - 认识 conditio sine qua non［不可或缺之条件］——"道德"（Tugend），"谁的心就放对了位置，就不会胡言乱语（fabeln），就不会踌躇怀疑；虽身处卑微，他却欢欣鼓舞，祈祷不止"。②

从根本上，对超越感性的真实性（transzendenten Realität）的把握，由认识主体与可认识的特殊 - 真实之物之间的特殊 - 真实联系得到规定。在超感性 - 真实之物中，只可能涉及一种超感性的意识关系。这种意识关系就是同情（Sympathie）。因此，"对不可见的现实、生命和事实的同情……就是信仰"。③ 另一方面，由神性存在的角度来看，上帝信仰是神性对人类精神的一种作用。对于神性存在而言，人仅仅参与了"其本质部分"，此部分"不属于自然"。④ 正如感知的认识方式以身体的实体性为中介，上帝 - 认识以我们人的"本质"中不从属于自然 - 机制（Natur - Mechanismus）的、自由［275］且不死的部分为中介，即以我们之中的神性（das Göttliche）为中介。⑤ 因此，真实性之二重性符合原初把握方式的二重性，从而符合"信仰"的二重性，也符合——正如真实性之二重性可以由信仰的本质来理解——我们人的"本质"的二重性。我们人的本质所具有的两个部分，根据其特殊结构，乃是特殊的真实性（自然和上帝）之间真正的中介。尽管人的本质部分具有二重性，但这种二重性存在平行关系，此平行关系表现在下述原理之中：上帝信仰是一种"本能"，对于

---

① 《雅可比文集》，卷三，页 271 以下。
② 《雅可比文集》，卷三，页 284。
③ 《雅可比文集》，卷一，页 245。
④ 《雅可比文集》，卷二，页 315。
⑤ 《雅可比文集》，卷四，章一，页 32 以下。

人而言，它就像"人既定的地位"（aufgerichtete Stellung）那样"自然"。① "本能"的含义之拓展，堪比"信仰"的含义之拓展（*Die Bedeutung von Instinkt ist erweitert analog der Eerweiterung der Bedeutung von Glaube*）。在休谟那里，本能完全是一种自然（或自然 – 物理）现象。在雅可比这里，本能不再局限于自然事物，它与全部人性的"自然"有关。本能的上帝信仰符合心之"欲望"（Triebe des Herzens），就此，奥古斯丁（Augustinus）说过：Cor nostrum inquietum est，donec requiescat in te [我们的心不得安宁，直到安息在你之中]。因此，"人性自然"，"生命"（Wesen）和生命的基本欲望——即"自然"本能和宗教本能——与本来意义上的自然一样广博，是真正形而上的（*meta*physisch）。

就此关系，还必须再次指向"道德"——上帝信仰之特质（参上文页[270]以下）。这种把握意识（erfassende Bewusstsein），必定在两个方向上与把握到的真实性同质——首先，在本体同质的（seinsmässiger Gleichartigkeit）意义上——在此意义上，活的上帝只可能"在有生命的事物中显现自身"；其次，在主体之于客体的认识具有"倾向性"（erkenntnismässig Eingestelltheit）意义上。作为"道德"的上帝 – 认识从属于这种划分。上帝能够让有生命的事物"认识自己，不过——要通过热烈的爱"。② 正是出于同样的原因，柏拉图在《斐多》（*Phaidon*）中有如下表述：让不纯洁的人把握到纯洁之物是不恰当的。苏格拉底所谓道德就是认知（Wissen），基于同样的理由做了相反的表述：道德 – 认知，即对伦理上具有重大意义的事物的认知，已然以道德为前提。

理性的客体，除了上帝，还有世界。人或许无法将世界整体传达给"心"的领域。这一点昭然若揭，如果我们将真理归于价

---

① 《雅可比文集》，卷三，页206。
② 《雅可比文集》，卷四，章一，页213。

值。与其说价值属于心的领域，还真[276]不如说它属于理性的领域。通过考察认识的接受性（参上文页[261]以下），我们触及到超越任何认识、作为任何认识之"前提条件"的真理价值（Wahrheitswert）。价值完全是"理论性的"，正因为如此，我们曾认为必须根据理性的基本结构与心的基本结构的区别，来说明理性的基本结构（参上文页[270]以下）。的确，理性原本只是真理和确定性的能力（Vermögen der Wahrheit und der Gewissheit）。"无理性，则无确定性。"在任何认识－活动中，都有对真理的肯定在先，更确切地说，对非真理的否定在先。理性就是"我们凭最高的权能所作出的肯定和否定"。① 然而，这种肯定和否定要素，却将任何认识中起作用的、指向真理的理性，与特殊的、价值认识的理性结合在了一起，前者是理性的个性化（Besonderung）。为后者赋予"绝对者的理智直观"之名，在雅可比看来是完全容许的。因为，价值认识是一种"客观表象"，故此需要感性直观的类似物，此类似物给予感性直观以对象。这样一种类似物，绝不啻是一种纯粹的假设，而是可明示之物。有"一种意识活动，……在其中，它可以想起自身，想起本身真、好、美的事物，并将其表现为一种热情洋溢的事物，却未显现出能描述的首要和至高之物；……"。唯有以此意识形式，"人的全部情感，才以一种不可言说的方式，享有了真实之物的最充分的确定性"。②

同样，这种把握以一种"欲望"为根据，"这种欲望本身强烈地表现为人性自然的基本冲动"。在认识或意志上对"神性事物"和真、好、美的肯定，就以此"欲望"为基础。③ 对此欲望与宗教本能的同一性，我们不应怀疑。然而，根据对象间的区分——尽管雅可比的确对上帝与神性事物作了区分，却没有特别

---

① 《雅可比文集》，卷三，页 314 以下。
② 《雅可比文集》，卷三，页 434 以下。
③ 《雅可比文集》，卷三，页 316 以下。

重视这种区分，更没有进一步扩大这种区分——必须按照雅可比的认识论原则，确定认识方式及其"真正的"中介与对象之间的区分。自由问题就归属于此问题领域。[277]按照原则上与康德的方法并不背离的方式，就美德（更确切地说，价值－认识）之事实来推断，可以认清此事实的可能性条件。① 然而，在雅可比这里，自由直接获得了人的本质的一种"真实"结构之含义，自由不仅自然而然地扬弃了（aufhebt）自然必然性（Naturnotwen-digkeit）的同向（gleich*sinnig*）效应，而且扬弃了其同时（gleich*zeitig*）效应。自由和必然性的领域，仿佛相互并存，而非相互重叠，故而任何道德现象能够相互听取。这是我们人的本质的两个部分，而非我们人的意识的两个维度。因此，"自然必然性与自由结合于同一个本质之中，……这是一个完全不可理喻的事实"；这种结合并非意识本质中存在的两种意识形式有系统的统一。自由——若容许我们做出如此似是而非的表述——是意识与价值真实性之间"真正的"中介。

3. 心的逻辑

雅可比在很多地方论及心的认识（Herzens－Erkenntnis）。但他并未费力去确定心的认识与其他认识形式之间的界限。心的认识每每消失于普通"感受"（Gefühl）之中。就雅可比——原则上并非没有遵循莱布尼兹的体系②——的形而上学旨趣而言，很难区分统觉（Apperzeption）在认识论上的统一与"本质"（Wesen）即单子（Monade）在形而上学上的统一。③ 最终，雅可比甚至将认识论化为一种关于个体性的形而上学本质的学说。同样，有实际的理由对认识的意义（Der *Sinn* der Erkenntnis）作出如此化

---

① 《雅可比文集》，卷二，页 311 – 323；卷四，章一，页 60 以下。
② 《雅可比文集》，卷二，页 261 以下。
③ 《雅可比文集》，卷三，页 234。

约——灵魂问题的意义（Der *Sinn* des Seelenproblems）亦复如此。如果我们想描述雅可比的认识论，无论如何必须抛开其与灵魂 – 学说的牵扯，以便随后通过将后者包括进来，从而在思想中适当重构理论形式。所以，我们忽略了"心"这个词的种种次要含义，将其局限于[278]帕斯卡尔所谓 L'intelligence du bien est dans le cur[心中有很好的智慧]这个说法中仅仅适合于认识论的内涵。

在雅可比看来，理性主义伦理学的基本缺陷在于，它以知性或也以"从知性角度"来理解的理性为出发点，无论如何要寻求一种伦理真理的合理性基础。但这种做法必定所获甚少。因为，与所有真正的被给予性一样，伦理真理是知性无法企及的。这里还存在伦理真理与道德认识的平行关系——正如道德认识规定了从知性角度研究伦理真理的内容和方向，这种平行关系，在知性的"知觉"中，通过道德认识而得以显明。①

费希特伦理学的原则是"纯粹的自我性"（reine Ichheit），后者与知性的同一，是追随康德，从雅可比那里学来的（参上文页[253]）。这种纯粹的自我性是自主的，但也因此空洞而无本质可言。这种自我性导致一种"意愿虚无的"（der Nichts will）意志。但如果这种意志想成为道德意愿，它就必须为其获得统一性（Einheit，譬如，一致性[Einstimmgkeit]）、合法性（Gesetzlichkeit）和规范性（Normgemässheit）要素。然而，这些要素仍不充分，它们只提供空洞的图式。坚持要求自主（Autonomie）的"自大"（Hochmut），无法保证一种有内容的伦理原则。相反，雅可比提出的"爱"，尽管无法保证伦理规范的自我合法性（*Selbstge-setzlichkeit*）——伦理规范直接导致"依赖性"，但在此，"爱"与我们人的至深的存在联系在一起。因此，注定要放弃为一种

---

① 《雅可比文集》，卷二，页 61 以下；卷四，章一，页 248。

"普遍适用的、严格的科学道德体系"① 意义上的伦理学奠定科学基础的努力。

雅可比认为，所有自由意志行动都"与某种快乐相联系"，这种观点直指他的伦理学说之核心。人们可以称其立场是"有机论的"（organologisch）。如此一来，这种立场就处于超越伦理学（Ethik der Transzendenz）和幸福伦理学（eudämonistischen Ethik）之间——这种立场并非某种无力的中介，而是一种完全自主的状态。道德领域不会脱离与快乐和不快的关联，故而如一道恩宠之光，由此在（Dasein）彼岸的美德［领域］，透进了完全非道德和外在于道德的此在。另一方面，道德事物之为道德事物，就在于它被认为伴随着快乐，［279］却可以完全与快乐区别开来。因为，所谓道德行动全部伴随着快乐，并非指，道德行动的发生是为了快乐之故。②

在此，历史上的经典传人是亚里士多德。这位哲人明了美德、道德本能和我们人共有的本性之间的基本关系。③ 此关系由意愿 – 能力（Begehrungs – Vermögens）这一主导概念来表达。因为，道德意识的最终升华，也依然与道德意识的前提即意愿能力联系在一起。所谓值得追求之物，不可认为它无法独立于意愿本身。但快乐和道德一样，都是值得追求之物。故此，值得追求之物的概念，为伦理现象之总体提出了一个适用的上位概念，此上位概念并未先行确定道德与非道德之分野。④

这种伦理学方法，与从属的（较狭窄意义上的）认识论方法根本一致。在此，雅可比像在别处一样，致力于将看上去异质的现象，锚定于一种更高的统一性即人性的基本欲望之中。在别处，

---

① 《雅可比文集》，卷三，页 39 以下。
② 《雅可比文集》，卷四，页 135。
③ 《雅可比文集》，卷五，页 76。
④ 《雅可比文集》，卷三，页 321 以下；卷二，页 343 以下，注释。

雅可比重点研究了道德和宗教直观、信仰、本能的同构性。然而，在此他却未将"更高的"意识形式追溯到真正的自然之物，即最为内在地追溯到相关的自然之在（naturale Sein），而是——尽管并未发生完全的颠倒——追溯了两种方法的形而上学本质。而且，与自然相关的意识，以此方式获得了一种形而上学的奠基。在伦理学中亦复如此。由于"自然渴望"像道德渴望一样，应当符合意愿能力原则，此原则必定是形而上学的，因为，美德外在于严格意义上的自然。只有在形而上学的意义上，美德之"自然性"才有可能。美德被包括进了雅可比意义上的"人性自然"。因而，雅可比伦理学与自然主义伦理学截然不同，与此同时，在另外一方面，雅可比伦理学却通过对一种存在（ein Sein）的反思，根本偏离了先验论的应当 - 伦理学（Sollens - Ethik）。

如此，人性自然的和谐得到证明，而没有[280]遗忘美德的固有价值。为了确定此价值，雅可比的做法相当严格，以至于否认道德具有"最好"之特质，因为，若承认道德具有"最好"之特质，道德与其他种种好之间不可逾越的鸿沟就可以被相对化。① 这种观点并不违背其他的好的统一性追求。在个体生命的富足中，作为心的道德意识的有机适应（Eingliederung），并未废除两种"分有了有价值的愿望的……完美"——幸福和道德——之间绝对的价值异质性。② 可是，光有纯粹的异质性是不够的。相反，按照与论证相对的直接确定性方式——在所有领域，真正具实质性的认识，都被归功于这种确定性——很清楚的是，"道德必定被置于幸福之前（Tugend der Glückseligkeit vorgezogen werden müsse）"。③ 这是将我们人的意志"自然"，"从而将我们人的存在法则"——道德——置于幸福之前，将天命置于泰然处之（Ange-

---

① 《雅可比文集》，卷三，页 320 以下。
② 《雅可比文集》，卷三，页 321。
③ 《雅可比文集》，卷五，页 121 以下。

nehmen）之前。① 在此，要求一种论证（*Beweis*）是不理智的，同样也是多余的。心的根据外在于知性的奠基力量。

根据知性和给予能力之间的一般关系，后者"给予"真正具实质性的内容，而知性看上去局限于对象的纯关系结构，在此，主要涉及手段的知性特征（*Verstandesgemässheit*）与目的的"不合理性"之间的关系。好，即道德法则的内容，是由心（理性）给予的——而"有助于实现好的内容"则是由知性给予的。任何目的，任何心所肯定的目的，在道德上都是好的。在一种自由飘荡于真实性之上的意义上，知性与所有绝对者和存在相分离的特点，在此同样表现出来：规定目的之价值，对于知性而言，完全无关紧要。道德目的，即心的对象，就在不合理性的超越（*Transzendenz der Irrationalität*）之中。②

[281]雅可比的实在论和客观论，似乎因为他以意愿能力为伦理学奠基而受到一种根本局限。但这不可能是他的伦理学的本义。因为，雅可比明确强调说：在伦理知觉中，而且凭借伦理知觉，可以感知到"有一种与此伦理知觉不可分离的事物存在"。③ 与此进一步相关，主体活动和特点所具有的价值（即主体的目的规定和主体的道德），必须"根据目的品级来确定"。有一个目的的体系，智慧的等级——认识伦理真理的人是"有智慧的"——要根据此体系来评价；④ 与此相似，通常真理就在于表象与对象的符合一致。由此，不同超越形式之间的一般平行关系，在此可以得

---

① 就此学说，我们指的是帕斯卡尔（Pascal），相较于雅可比，他以其"心的逻辑"概念，指涉一种本质上更为宽泛的思想领域，帕斯卡尔在此几乎未超出上文论及的优先法则（*Vorzugsgesetz*）。帕斯卡尔说：Le cœur a ses raisons que la raison ne connaît pas[心自有其理，理性并不认识此理]。我们还可以想到奥古斯丁所谓：Virtus est ordo amoris[德性就是爱的秩序]。

② 《雅可比文集》，卷五，页115；卷六，页50以下，140以下。

③ 《雅可比文集》，卷二，页76。

④ 《雅可比文集》，卷六，页139以下。

到证明：道德目的也同样处在真实性之超越（*Transzendenz der Realität*）中。（客观性之超越出自真实性之超越。）

因此，雅可比原则上的实在论，在其伦理学中占有统治地位，表面上向意愿能力的主观论倒退，是为实在论服务的。意愿能力（或者更确切地说，心）是客观的心的逻辑即目的体系的主观相关物，此相关物——与理性主义伦理原则相对——具有个体性，并与真实性相互关联。通过研究超越合理性的（transrationalen）能力，就有可能洞察归属于此能力的真实性领域的实际存在（Vorhandensein）。对于雅可比而言，在原则上的实在论中，就有他反对自主论（Autonomismus）原则的理由。自主论是普遍怀疑，即现代文化原则的伦理形式，它以宗教良知、科学理性和道德规范的自主性为根据（*sola* fides, *sola* ratio［唯有信仰，唯有理性］，"唯有一个好意志"）。与此针锋相对，雅可比指出：在伦理事物中，绝无必然性，行动主体把握规范，并由其自身的洞见出发来肯定规范。并非洞见前行而顺从遵行，恰恰相反：由顺从，由遵行规范，[282]由因顺从而侵入我们生命中心的规范，产生了道德洞见。这是在与整体立场的内在关系中表现出来的传统主义原则（Prinzip des Traditionalismus）。柏林的启蒙派（die Berliner Aufklärer）以其敌对者的眼睛，的确已经注意到，雅可比的超越有几分"天主教色彩"（papistisch）。①

美德不可能缺乏的规范－特质，如今由普遍的律法（Gesetz），转入了具体的道德习俗（Sitte）。在道德习俗本身中，理性是起作用的。"何处有道德习俗，理性就在何处支配着感性。"②

---

① 《雅可比文集》，卷四，章一，页 243 以下。就自欺和一种其实并非理性的理性，雅可比还有几点思考（《雅可比文集》，卷二，页 455－512）。传统主义原则，并不意味着对某一确定的传统的承认。我们可以换一种更好的措辞：保守主义原则（Prinzip des Konservatismus）。

② 《雅可比文集》，卷六，页 145。

在此，绝没有放弃道德的严格要求。雅可比毫不留情地将有纪律、有尊严的生活，与无纪律和反复无常对立起来。① 但他在此方向上并未走远，以至于将道德现象只锚定在规范性（Normiertheit）的基本法则之中。作为"心"的道德意识与个体的整体生命的内在关联，使全面关注真正的道德行动和道德感性成为可能，并远远超越了"出于义务——并非出于义务"的对立。如此，雅可比承认了"特殊冲动"（*besonderen* Affekte）及其特殊的道德价值，但他并未将这些冲动当作"有偏见的"（parteyische）参与，置于对普遍的道德原则的遵循之下，而恰恰有鉴于其生动性，给予其以优先地位（参比关于婚姻之爱的例证，见卷一，页 69）。依此，对于雅可比而言，最高道德规范的特殊化（Besonderung der obersten sittlichen Norm）这一难题，作为理论问题并不存在。在"生活"和永远各自有别的人格的形而上学统一性中建立美德，在现实事物的整体性中构建深度（Eingesenktheit），② 反而使道德事物的 *νοῦς κόσμων*[共同逻辑] 成了问题。但也只是乍看上去如此。因为，我们旋即意识到：心，证明我们行动正确的心，与[283]"目的体系"的客观秩序联系在一起——在实际上可变的道德习俗中，有（waltet）永恒的理性。

二　存在论

（一）认识与生命

《阿尔维尔》（*Allwill*）和《沃尔德玛》（*Woldemar*）的作者，少有闲情关注体系的形式。但这对文本表达的完美清晰度的妨碍，

---

① 《雅可比文集》，卷一，页 165 以下。
② 《雅可比文集》，卷一，页 236 以下；卷四，页 243 以下。

往往并非不重要。然而，处在雅可比洋溢的情感之后，未以体系方式加以描述的体系的实际存在，仍然几乎看不见。在此，我们看到，在精神史上如此富有影响的"雅可比"这个形象（Eidos），不仅要通过其"生命经历"的内在统一性来建构——按此统一性，与其相适应的形象由问题之整体性表现出来——而且在非时间性的问题层面，一个可以严格区分的、根据固有的合法性相互关联的问题 - 结，也与其相符合。因此，一种对哲学"观念"的、纯粹问题史方式的研究是可能的。

雅可比的问题是真实性问题。全部超越在真实性之超越中达到顶点。同样，雅可比从根本上将认识问题仅仅作为真实性 - 认识问题来思考。这种情形很容易使我们确信：雅可比的其他认识论学说，就其肯定部分而言，是拙劣地从其他哲人（首先是休谟和康德）那里借来的。然而，在反对他人的认识论的过程中，雅可比的确提出了新的、富有成果的母题（Motive）——尽管这些母题从来都出自他的问题，即真实性问题。雅可比与理性主义、与主观论意义深远的论争，就根源于此。然而，首先，这些母题尽管是抒情风格的、关于"信仰"的严格措辞，却是他不依赖于他人做出的、根本全新的一种发现或发明。

几乎没有新的历史性观点（Geschichtpunkte），在此可放在存在论（Seins - Lehre）的名义下来讨论。因为，雅可比对于（譬如某种自然 - 哲学意义上的）特殊的存在 - 结构少有兴趣。[284]他主要涉及对在认识论中起作用的存在论母题的个别研究。

首先，为了反对贝克莱，雅可比强调指出，认识完全无法澄清纯粹的表象 - 事实（Vorstellungs - Angelegenheit）。作为表象之物的存在，并非原初的事实情况，而是已然被怀疑啃过的（angenagte）事实情况。① 与此相对照，面对康德的批判，而且作为

---

① 《雅可比文集》，卷二，页76；卷一，页115以下。

康德批判的内在矛盾之源泉，对物自体的承认，似乎是显而易见的。① 然而，这种被康德过分削弱了的关联，从现在起，将被置于问题的核心。首先，需要认清的是：认识的对象具有超感性的真实性。但另一方面，意识－原则，在笛卡尔－康德式的"我思"的意义上，超越自身，指向"本质性"，只有雅可比承认最终目标的这种"本质性"。纯粹的自我，对于雅可比而言，恰恰可以由其"无本质性"来刻画。雅可比为其具两面性的实在论找到了一种出色的表达方式：这种实在论，与笛卡尔主义相对立，"以第三人称而非第一人称"为出发点，即以客体而非以主体为出发点——但就后者而言，我们认为，"人们绝对不可以将 Sum [我在]放在 Cogito[我思]之后"。② 其次，"个体的生命之富足"，用雅可比的话说，即"本质性"，从而被置于认识主体之先。这一点，如今并非纯粹是在原则上承认或等量齐观的意义上，非得将不合理性的意识－能力置于上位——而是指意识－维度的整体超越。至少，对于"先验"意义上的意识而言，意识的存在方式（不仅仅是其如此在[Sosein]），被认为与真实性的存在方式极为不同。灵魂，在传统形而上学的意义上，是一个真实的原则。混淆意识与灵魂，是理性心理学不合逻辑的推论之根源。雅可比又扬弃了先验意识与真实的灵魂领域之分野。尽管雅可比的观点是：认识问题本身要求这种扬弃。这种分野只是暂时的。"生命和意识是一回事。"③

[285]我们一定记得：最高的确定性，即所有认知的最终原则，不啻是对统觉的原初－综合统一性的"我思"，而且，认识从一开始就以个体的"本质性"所具有的非常广泛的基础为根据（参比上文页[256]以下的引文）。相较于雅可比退回到此在感受

---

① 《雅可比文集》，卷二，页 39；卷三，页 75。

② 《泛神论争论》，页 52，注释。

③ 《雅可比文集》，卷二，页 263。

（*Daseinsgefühl*），康德的教诲则完全是另一回事："我在表象：……在其自身中直接包含着某个主体的实在"（《纯粹理性批判》，页 277）。雅可比的全部认识学说，一开始就有形而上学的负担，这是由于最终目标的全部根据都在于此在感受。做出客观表达，意味着：真理的最高规范，在至深处，与本质的此在（*Dasein des Wesens*）（而非譬如与纯粹的意识）和谐一致。此在感受以同样的力量担保着上帝和世界的超越意识的真实性（bewusstseins-ranszendenten Realität Gottes und der Welt）之此在，靠这种力量，此在感受也担保着我们自身的超越意识的真实性之此在。①此在感受是最高的确定性。所有基本的确定性，都从根本上与自我确定性的方式具有同源关系。②"……真理和生命，这两者是同一回事。"最高有效性的力量所能给予我们的东西，只与我们存在的中心即我们的"本质"根本联系在一起。我们认知的真实根据必定是"活的"。因此，它是超理性的，从而表明，知性作为第二位的认知形式，不可能是我们的本质中心。③

精神的原则是对我们活的本质的表达。原理（Grundsätze）只是"偏见"（Vorurteile）。这些偏见将"突然产生的想法"（Einfälle）作为其对立面——认为后者是偶然的、有条件的、个别的，而这些"偏见"却是本质且普遍的。然而，这些想法与批判论意义上的文化之先验性（Apriori der Kultur）绝不可能是一回事。这些想法根源于本能，即人性所具有的种的本能（Gattungs-Instinkt），此本能与任何本能一样，与"种的保持，即与使得种具有并保持活力的事物"有关。所以，人性的本能与理性具有至为深刻的内在关联。因此，宗教是真正的人性之本能。④ 本能朝

---

① 《雅可比文集》，卷三，页 235。
② 《雅可比文集》，卷一，页 274。
③ 《雅可比文集》，卷一，页 281 以下。
④ 《雅可比文集》，卷六，页 134，137 以下，153。

向实质性的事物，即"好的、积极的事物"——知性[286]则朝向关系（Relationen）。① 真实的事物与真实的事物相关，派生的事物（Abgeleitetes）与派生的事物相关。

如果我们为本能确定了"人性的形而上学基础"，那么，在这一点上，康德与雅可比的不同，似乎纯粹是术语上的。然而，事实绝非如此。我们将无法准确评价雅可比的立场，如果把握不住他的立场完全摇摆于精神（"理性"）哲学和生命哲学之间的特点。"生命"更为广博，它是纯粹存在与意识的有机统一体。就精神问题而言，与纯粹存在的关系，在雅可比看来，和与纯粹理性的关系一样，也是片面的。这一点，我们可以在伦理学中看到，也普遍适用于全部精神领域。理性哲学专注于意识的内在关系。理性哲学并不以超越意识的方式来确定此关系。就采取这样一种奠基方向而言，雅可比与自然哲学是一致的。然而，雅可比对因果关系的解释（譬如与休谟将信仰追溯到习俗和本能）殊为不同：雅可比采用了一种形而上的次属结构（*metaphysische Substruktion*）。本能在雅可比那里是一种形而上的原则——所以，他也能为超自然的意识形式作辩护。"生命"注定指向形而上，这样的"生命"比生物学意义上的生命更丰富（*mehr*），也比意识更丰富。这样的"生命"是后两者更为深刻的统一。

本能是信仰的最终根据，而信仰是"全部人类认识和作用的要素"。② 因此，全部认识都以某种真实之物为根据，也就是以意识的真实条件为根据，以个别的"本质"为根据，而此"本质"表明它就是本能。信仰，在认知－领域不可化约，在认知（Wissen）——而非在认知－对象——之外是可化约的。所以，可以将认识主体及其经历，追溯到实质的灵魂主体及其活动。因此，认识关系，从根本上讲，就是自我实体（*Ich－Substanz*）与存在实

---

① 《雅可比文集》，卷二，页105；卷六，页137以下。
② 《雅可比文集》，卷四，章一，页223；卷三，页567。

体（Seins - Substanz）之间的关系，这两者本身又必定是同质的。因为，主体"共同包含"在真实之物中。①

由此出发，对类型学上的[287]二元性（参本文第一部分）的一种特殊奠基是可能的。划分的原则，就在关于信仰的立场之中——信仰之人和怀疑之人，是两种类型的人。如果信仰将信仰的力量建立在某种存在原则之上，（建立在本能之上），那么，价值分野就可以追溯到存在之分野。从而，倾向于信仰，抑或倾向于怀疑，或多或少都是出于本能的力量：因此，信仰者不仅是与真实性更为强有力地联系在一起的人，而且是——sit venia verbo[请宽恕我这样措辞]——"更为真实的"（realere）、更为实在的（wesenshaftere）人。

（二）实体，时间，因果性

理性主义批判有三个方面。它们是：对理性主义方法原则（普遍怀疑）的批判，对理性主义认识原则（知性原则）的批判，对存在本身的不合理性的明示。批判的三条道路都很长，但它们的取向不同。

最高的理性原则就是实质的真实性原则。实质的存在与判断的知性功能中主谓关系的存在无关。② 依据康德，我们可以不断添加对事物的理解，但我们"无法"创造实体（Substanzen）。不过，"活动和活动的组合"，更确切地说，与超越活动本身的直观"相关的概念及其组合"，我们有能力创造。③ 实体是知性的绝对界限。

相似的情形是时间的绵延（Sukzession）特征。这种绵延并非不言而喻，"……当它以感性方式自动浮现在眼前时"。对"时间

---

① 《雅可比文集》，卷二，页262。
② 《雅可比文集》，卷二，页105。
③ 《雅可比文集》，卷三，页351。

的内涵"（Das *innere der Zeit*）必须作出解释。即便我们尝试"用某种在无限中直观复多的（das Mannichfaltige in dem Unendlichen anzuschauen）方式或方法"，推导出［时间的］真实绵延，也会将这种真实的绵延，将真正的生成（Werden），解释为假象（Schein），却无法对此假象本身作出解释。［288］因为："究竟是什么使得思想中的绵延，比其他现象中的绵延，庶几更容易理解？"①

　　但原因和结果之间的关系，就基于时间。的确，时间其实正是因果性的要素（Konstituens der Kausalität），更准确地说：时间是图式，它将条件－后果－关系（Grund－Folge－Beziehung）变成了原因和结果的关系（Beziehung von Ursache und Wirkung）。因此，关于依赖性的真实洞见，只是期待何处有可能将因果关联还原为逻辑关联。否则，我们就必须满足于"对相似情形的期待"。因果性概念（Begriff der Kausalität）与条件（Begriff des Grund）概念不一样，后者是"知性的最高概念"，由知性发展而来。② 因果性概念要求关注现实客体（参上文页［250］以下），更确切地说，因果性概念是在行动之经历中，从而也是在与真实性的直接关系中获得的。因此，对因果性关系的某种"合乎理性的"奠基是不可能的。③

---

① 《雅可比文集》，卷二，页195以下。
② 《雅可比文集》，卷三，页452以下。
③ 《雅可比文集》，卷四，章2，页144－150。

第三部分：关于宗教哲学

雅可比以其信仰学说极大地影响了宗教哲学。雅可比的信仰学说至少从一个方面触及现象（Phänomen），并仍将是宗教哲学史上一个永远起作用的要素。然而，若考察仍然流行的、狭义的宗教哲学的行事方式，即将宗教作为历史现象来处理问题，我们一定会惊奇：这种行事方式所承认的真理是多么少，雅可比尤其明确地按照与宗教－历史问题的关系来理解真理，尽管雅可比并非这样做的第一人。

历史相对主义已然看到，在宗教的多样性和每一种宗教的绝对性－要求之间存在矛盾。历史理性主义在上帝概念中发现了绝对（das Absolute），此概念在历史上的所有宗教中都起作用，并将绝对宗教（absolute Religion）理解为普遍宗教（allgemeine Religion）。所以，[289] 在一种情况下，诸宗教失去了绝对性，在另一种情况下，诸宗教失去了多样性。要同时摆脱这两种情况，除非两者之间存在本质关联。

雅可比绝没有骑墙于相对主义和理性主义，而是站在写实主义（Literalismus）和唯心论的（idealistischem）理性主义之间。相对于写实主义，雅可比支持直接的上帝行动（Gotterfahren）的可能性，也支持根据其本身的意义和真理性来检验所有历史上的宗教都以直接的上帝行动为根据的可能性①。相对于唯心论的理性主义，雅可比支持上帝的不合理性和超越性。② 写实

---

① 《雅可比文集》，卷三，页 307 以下；卷四，页 273 以下。
② 《雅可比文集》，卷三，页 332 以下。

主义的结论是：上帝是不合理性的；因此，我们只能够通过上帝确定而又唯一的启示来经验上帝，这个启示的教诲——我们的思想和情感对其如此陌生——绝对真实。雅可比对写实主义的反驳是：由不合理性只会产生某种合理性认识的（einer rationalen Erkenntnis）不可能性，而不会产生一种认识整体上的（überhaupt）不可能性。针对理性主义，雅可比为不合理性的认识之权利作辩护，也为实证宗教（positive Religion）的意义作辩护。因为，宗教偏离上帝的普遍概念之处，绝不存在迷信（Aberglauben）。的确，相较于在最明确的概念中，在迷信本身中，正如在宗教的某一更深层次上，存在更为真实的宗教性（mehr echte Religiosität），即更为实在的上帝认知。跪倒在"令人厌恶的"偶像前，在宗教上无论如何是有意义的——这是一种，尽管是不充分的，对上帝的追求。在崇拜活动中，如果它是实实在在的崇拜，崇拜者一定知道，当然也会歪曲，来自上帝的事物——若不实施这种崇拜活动，从根本上就不可能有对上帝的认知。①

实证宗教的必要性就在于，没有什么真理能"以无形的方式为我们所认识"。表达、"言辞"、图像，都是[揭示]隐藏的但可以表达的含义的必要手段。② 因此，实证宗教就是宗教精神之整体的表达，从而也是对上帝存在本身的直接表达。③ 外在启示只能与内在启示相比，正如语言只能与理性相比，也正如符号[290]只能与含义相比。然而在此，我们不应为"内在"的双重含义所欺骗。有时候其含义完全同一，即指象征的内涵（das Innere der Symbole），这是所有宗教的基础。另一方面，它又指个体性的宗教经历，后者是一个具有无限的多样性的领域。此领域在层次上

---

① 《雅可比文集》，卷三，页 303 以下。
② 《雅可比文集》，卷三，页 208 以下，215。
③ 《雅可比文集》，卷一，页 285。

的多样性，为象征的多样性提供了可能性。因为：什么样的人有什么样的上帝（Wie der Mensch，so *sein* Gott）。①

除了判断象征或多或少有其适当性的相对性标准，还存在一个绝对的标准，此标准在雅可比看来，完全从原则上将某一确定的宗教直观领域归入了迷信的范围。宗教更低级的层次，可以用感性感知与超感性的觉知的混合来解释。科学从感性事物方面排除了这种混合——迷信和偶像崇拜。但科学通常习惯于将超感性之物本身连同这种混合一道排除——在迷信的产物中，作为其在宗教上的真理要素发挥作用的，就是超感性之物。②

不存在绝对的实证宗教。对某一实证宗教的绝对定位（Absolutsetzung），是"宗教上的唯物主义"（religöser Materialismus），是对图像与意义的混淆。我们不可因为"形态"（Gestalten）的多样性而忽略了意义的同一性。但这种多样性并非多余。因为，只有形态导致"生"（lebendig），而概念导致死。只有形态是对至高生命（das Höchst Lebendige）的一种恰当表达。③

这种"意义"的共通性，从两个方面受到限制，更准确地说是获得阐明。意义就是上帝，而非神性之物。上帝具有人格，他是一个自我（Ich），尽管对于他而言，不存在同样的你（Du），而且，必须绝对避免由上帝的人格性出发来解释人性的自我。上帝作为确定世界秩序的理性，必定具有人格。因为，"除了在人格之中，不存在理性"。④ 这正是雅可比强烈反对斯宾诺莎和谢林的理由。

关于基督教绝对性的学说，与实证宗教的必然[291]相对性论题表面上存在矛盾。然而，这种学说由此可以获得理解：基督教

---

① 《雅可比文集》，卷三，页 277 以下。
② 《雅可比文集》，卷二，页 56 以下。
③ 《雅可比文集》，卷三，页 286 以下，293，296，332 以下。
④ 《雅可比文集》，卷四，页 XXIV 以下；卷三，页 236 以下。

的特殊原则，若正确理解，就是宗教的绝对原则。"凡否认子的，就没有父"（Wer den Sohn leugnet, hat auch den Vater nicht）。基督教的本质就在于：并非因为自然的缘故才相信上帝——自然隐藏上帝——，"而是因为人的超自然性，只有这种超自然性才显明并证实上帝"。自然作为上帝的见证，只有在自然是上帝的表达（*Ausdruck*）的情况下才有可能。正如人的灵魂见诸容颜（Antlitz），上帝的本质也见诸自然。然而，这种表达也只是一个"沉默的辅音"（stummer Buchstabe），如果人在其自身中（in sich selber）听不到"神圣的元音"（heiligen Vocale）。[①]

文献

1. 《雅可比文集》（*Friedrich Heinrich Jacobis Werke. Leipzig* 1812 – 1825）。

2. 康德，《纯粹理性批判》（*Kritik der reinen Vernuft*, 2. Auflage）。

3. Heinrich Scholz 编，《雅可比与门德尔松之间的主要泛神论争论著述》（*Die Hauptschriften zum Pantheismusstreit zwischen Jacobi und Mendelsohn.* hrsg. und mit einer historisch – kritischen Einleitung versehen von Heinrich Scholz. Neudrucke seltener philosophischer Werke, hrsg. von der Kant – Gesellschaft, Band VI, Berlin 1916）。

4. Ernst Cassier，《近来哲学与科学中的认识论问题。卷三：后康德体系》（*Erkenntnisproblem in der Philosophie und Wissenschaft der neueren Zeit. III. Band: Die nachkantischen Systeme*, Berlin 1920）。

5. Friedrich Alfred Schmid，《雅可比：对其个性与哲学的描述，兼论现代价值问题史》（*Friedrich Heinrich Jacobi. Eine Darstellung seiner Persönlichkeit und seiner Philosophie als Beitrag zu einer Geschichte des mondernen Wertproblems.* Heidelberg 1908）

6. Norman Wilde，《雅可比：一项关于德国实在论起源的研究》（*Friedrich Heinrich Jacobi. A Study in the Origin of German Realism.* Diss. New York 1894）

---

① 《雅可比文集》，卷三，页 424，327，204 以下。

7. Frank,《雅可比的信仰学说》（*Friedrich Heinrich Jacobis Lehre vom Glauben.* Diss. Halle 1910）。

8. Ernst Frank,《早期后康德哲学的实践理性优先》（*Der Primat der praktischen Vernunft in der frühnachkantischen Philosophie.* Diss. Erlangen 1904）。

9. Richard Kuhlmann,《雅可比的认识论，一种双重真理论：描述与批判性研究》（*Die Erkenntnislehre Friedrich Heinrich Jacobi, eine Zweiwahrheitentheorie, dargestellt und kritisch untersucht.* Diss. Münchster 1906）。

10. W . Busch,《雅可比的认识论》（*Die Erkenntnistheorie F. H. Jacobis.* Diss. Erlangen 1892）。

11. Karl Isenberg,《伯恩内特的哲学对雅可比的影响》（*Der Einfluss der Philosophie Charles Bonnets auf Friedrich Heinrich Jacobi.* Diss. Tübingen 1906）。

附　录

启蒙问题

——施特劳斯、雅可比和泛神论之争

简森斯（David Janssens）　著

孟华银　译

> 哲人甚至对狂热者和空想家持有少许迁就和偏袒，只因
> 为，如果根本不复有狂热者和空想家，多半就不会有哲人。
>
> ——莱辛，"一个适时的论题"①

施特劳斯在他的首部论著中，就其对[斯宾诺斯]《神学政治论》（*Theological - Political Treatise*）具开创性的批评性研究的来源之一，为读者提示了一条有意思的线索。在确定自己的研究任务的问题定向时，施特劳斯还同时指出了这些问题的谱系：

> 尽管斯宾诺莎的所有推理都令人信服，但也不能证明什么。唯一能证明的或许只是：以"无信仰的科学"（unbelieving science）为根据，也只能得出斯宾诺莎的结论。但如此就能证明这一根据本身合理吗？提出这一问题的人，正是雅可比（Friedrich Heinrich Jacobi），他以此将对斯宾诺莎——或同类问题——的解释，提升到了斯宾诺莎批评所应有的水平。②

---

① ［中译按］"一个适时的论题"中译见刘小枫选编，《论人类的教育：莱辛政治哲学文选》，朱雁冰译，北京：华夏出版社，2008，页94。译文据原文有改动。

② 施特劳斯，《斯宾诺莎对宗教的批判》（*Spinoza's Critique of Religion*，trans. Elsa M. Sinclair，New York：Schocken Books，1965），页240。

这段陈述无论就字面还是作为比喻，都很突兀：整部论著中只有这一处提到雅可比，而且未辅以材料支持，这使得我们想知道，雅可比对于施特劳斯的努力究竟有何重要性。一位启蒙时期的著名批评家雅可比，选择斯宾诺莎作为其抨击的主要对象之一①。同样，在《斯宾诺莎对宗教的批判》（*Spinoza's Critique of Religion*）中，施特劳斯质疑斯宾诺莎攻击启示宗教的合法性，由此质疑启蒙的基础。在一篇富有洞察力的书评中，施特劳斯的同时代人克吕格（Gerhard Krüger）指出，《斯宾诺莎对宗教的批判》"隐含着十分重要的对启蒙问题的哲学探究"。②如果这种理解有道理，那么，仅仅从形式的观点看，施特劳斯和雅可比所遵循的方式非常接近：通过评估斯宾诺莎来进入启蒙问题。③ 然而，尽管可以说施特劳斯的斯宾诺莎批判从雅可比获得

---

① 雅可比，《关于斯宾诺莎的学说致门德尔松的信札》（*Über die lehre des Spinoza Briefen an den Herrn Moses Mendelssohn*，Breslau：Löwe，1785）。英译本参见：雅可比，《主要哲学著作与小说〈阿尔维尔〉》（*The Main Philosophical Writings and The Novel Allwil*，trans. George Di Giovanni，Montreal McGill – Queen's University Press，1994）。

② 克吕格，"评施特劳斯《斯宾诺莎对宗教的批判作为其圣经学的基础》"（Review of Leo Strauss' *Die Religionskritik Spinozas als Grundlage seiner Bibelwissenschaft*），见《中立哲学杂志》（*Independent Journal of Philosophy*），1988 年5/6 期，页173。很可能，克吕格使用"隐含"这个词是出于深思熟虑。从他和施特劳斯的通信可以清楚看到，后者遭到古特曼（Julius Guttmann）的反对，他是施特劳斯在犹太科学研究院的上司。古特曼要求施特劳斯改写甚至删除书中的某些段落。尽管施特劳斯服从了古特曼的要求，但他请求克吕格对他的书语焉不详提出批评，以便引导读者明白他的真实意图。参"施特劳斯和克吕格的通信"，见迈尔编，《施特劳斯文集卷三：霍布斯的政治科学及相关著述和通信》（*Leo Strauss，Gesammelte Schriften，Band 3：Hobbes' politische Wissenschaft，und zugehörige Schriften，Briefe*，ed. Heinrich Meier，Stuttgart：J. B. Metzler Verlag，2001），页379，393。

③ 见贝瑟（Frederick C. Beiser），《理性的命运：德国哲学从康德到费希特》（*The Fate of Reason：German Philosophy from Kant to Fichte*，Cambridge，Mass. ：Harvard University Press，1987），页44 – 48。

了提示，却仍然不清楚雅可比的影响是否大于施特劳斯批判的原
动力，也不清楚雅可比的影响之程度。但最近有人暗示，不仅施
特劳斯的《斯宾诺莎对宗教的批判》"本身具有'雅可比式的'倾
向"，而且"雅可比式的两难抉择和理性主义批判，对施特劳斯
的观点[向来]具有的根本意义"可谓终其一生。① 此外，这些假
设还隐含着一种批评，甚至将施特劳斯说成是属于反启蒙的非理
性主义、保守主义和权威主义的后裔，而雅可比通常就与反启蒙
联系在一起。② 本文试图表明，这些评价需要作出限制。或许有
争议的是，尽管施特劳斯与雅可比之间确有密切关联，但这种密
切关联远比看上去要复杂。

　　为了揭示这种复杂性，需要更为严密地考察施特劳斯谈论雅
可比的那些著述。首先，是他的博士论文，尽管他后来将其贬为
"丢人现眼"，但值得作出更为详尽的探究。③ 此外，一项全面分
析，必须拓展探究的范围。完成《斯宾诺莎对宗教的批判》之
后，施特劳斯做起了"周年纪念版"门德尔松文集的编者。作为

---

　　① 分别参见舍尔（Susan Shell），"严正论恶：施米特的'政治概念'
与施特劳斯的'真正的政治'"（Taking Evil Seriously：Schmitt's'Concept of
the Political'and Strauss's'True Politics'）；恭内尔（John G. Gunnell），"施特
劳斯主义之前的施特劳斯：理性、启示和自然"（Strauss Before Straussianism：
Reason，Revelation and Nature），见《施特劳斯：政治哲人和犹太思想家》
（*Leo Strauss，Political Philosopher and Jewish Thinker*，ed. Kenneth L. Deutsch
and Walter Nicgorski，Lanham，Md.：Rowman & Littlefield，1994），页 183 和
171。

　　② 比较霍尔莫斯（Stephen Holmes），《解剖反自由主义》（*The Anatomy
of Antiliberalism*，Cambridge，Mass.：Harvard University Press，1996）。

　　③ 施特劳斯（与克莱因[Jacob Klein]）的"剖白"，见施特劳斯，《犹
太哲学与现代性危机》（*Jewish Philosophy and the Crisis of Modernity*，hereafter，
JPCM），ed. Kenneth H. Green，Albany：State University of New York Press，
1997），页 460。[中译按]"剖白"中译见刘小枫编，《施特劳斯与古典政治
哲学》，张新樟等译，上海三联书店，2002，页 721 – 734。

这项工作的一个部分，他的研究涉入了所谓"泛神论之争"。这场争论由雅可比发动，以门德尔松（Moses Mendelssohn）为主要论辩对象，起初关注的是思想家和作家莱辛（Gotthold Ephraim Lessing）的哲学遗产。然而，这场争论很快发展为一场关于启蒙的基础与合法性的全面论争，牵涉到诸如哈曼（Johann Georg Hamann）、康德（Immanuel Kant）、莱因霍尔德（Karl Reinhold）、赫尔德（Johann Gottfried Herder）这些当时的知名人士。[1] 施特劳斯的研究成果，发表在他对门德尔松的某些著述的"导论"中。除了彻底考察门德尔松这些著述在这场论争中的位置，施特劳斯这些"导论"对这场论争的总体背景，尤其对雅可比和莱辛的立场，有敏锐而又资料详实的探究。[2] 就此而言，这些"导论"可以使我们更为准确地查明施特劳斯本人的观点。这将表明，尽管雅可比对施特劳斯的观点有重要影响，但这种影响与流俗之见相去甚远。

二

单从题名和结构上看，施特劳斯的博士论文是这一文类的典

---

① 如施特劳斯所指出的那样，"泛神论之争"标志着"对斯宾诺莎的正式接受"。这种接受紧接着一波"对斯宾诺莎的狂热"，并持续到二十世纪，直至柯亨（Hermann Cohen）重提革除教籍，才破了其魅惑力。柯亨的攻击成为施特劳斯重估斯宾诺莎批判的诱因。施特劳斯，《斯宾诺莎对宗教的批判》"前言"，见 *JPCM*，页 154 – 158。亦参施特劳斯，"斯宾诺莎的遗嘱"（Das Testament Spinozas），见《施特劳斯文集卷一：斯宾诺莎对宗教的批判及相关文稿》（*Leo Strauss*, *Gesammelte Schriften*, *Band* 1：*Die Religionskritik Spinozas und*, *zugehörige Schriften*（Zweite Auflage），ed. Heinrich Meier, Stuttgart：J. B. Metzler Verlag, 2001），页 415 – 422。

② 《博士论文》和关于门德尔松著作的导论，发表在《施特劳斯文集卷二：哲学与律法：早期著作》（*Leo Strauss*, *Gesammelte Schriften*, *Band* 2：*Philosophie und*, *Gesetz*：*Frühe Schriften*, ed. Heinrich Meier, Stuttgart：J. B. Metzler Verlag, 1997）。下文论及施特劳斯文集，以 *GS* 附卷目页码标出。

型：它所展示出的学究式的娴熟并无引人瞩目之处。然而，《雅可比哲学中的认识论问题》的研究却表现出了与众不同的特点。①因此，从一开始，施特劳斯就明确指出，他的意图是将雅可比作为一位本身有资格的思想家来对待，而非如通常所认为的那样，视其为浪漫的狂热者和"狂飙突进运动"的支持者。此外，他敬告读者，他打算"少关注雅可比本人，多关注一定程度上由'雅可比'之名所标示的问题，或者更确切地说，问题角度"。②接近论文末尾，这一进路再次得到确认，并被置于一个更大框架之中，论文宣称：

> 在精神史上如此富有影响的"雅可比"这个形象（Eidos），……在非时间性的问题层面，一个可以严格区分的、根据固有的合法性相互关联的问题 – 结，也与其相符合。（*EPLJ*，*GS*，卷二，页 283）

鉴于种种原因，这些陈述值得作更严密的考查。首先，这些陈述的语言表达方式，明确无误是柏拉图式的表述之回响，非同寻常地预示了施特劳斯在他后来的著作中，对作为永恒问

---

① 施特劳斯，《雅可比哲学中的认识论问题》（*Das Erkenntnisproblem in der philosophischen Lehre Fr. H. Jacobis*），见 *GS*，卷二，页 237 – 292。以下简称 *EPLJ*。论文答辩于 1920 年 8 月 17 日举行，指导教授是卡西尔（Ernst Cassirer），后者当时在进行一项大规模的关于现代哲学中的认识论问题的研究。见卡西尔，《近代哲学和科学中的认识问题》（*Das Erkennt nisproblem in der Philosophie und Wissenschaft der neueren Zeit*，Berlin：Verlag Bruno Cassirer，1906）。这篇博士论文的法译文见《形而上学与道德评论》（*Revue de Métaphysique et de Morale*），1994 年第三期（页 291 –311 ）和 1994 年第四期（页 505 – 532）。

② 见 *EPLJ*，*GS*，卷二，页 243。在一则手写的附属于博士论文总结的笔记中，施特劳斯称他的论文"对雅可比的问题采取了非雅可比式的进路"，并补充评论说"我所呈现的并非雅可比本人，而是我所需要的雅可比"（*GS*，卷二，页 297）。

题的柏拉图的理式（Ideas）的解释。① 尤为重要的是，这些陈述暗示，施特劳斯更关注由雅可比提出的哲学问题，而非由雅可比所传达的特殊的解决办法。施特劳斯这种做法并未抹杀下述事实：他所关注的哲学问题，正是由雅可比在反对启蒙的论辩中，通过他所主张的解决办法而为人所知的。正如施特劳斯的分析所表明的那样，雅可比的论辩是在认识论和伦理－政治两个水平上展开的，尽管这两个维度最终根植于标示雅可比思想特质的信念之中。

在认识论水平上，雅可比批判的主要对象是处在现代理性主义之核心的、笛卡尔式的彻底的普遍怀疑方法。如所周知，这种方法试图通过将存在的真实性化约为一种无可置疑的可能性条件，来保证存在的真实性，进而由此出发，根据理性的要求来重建存在。在雅可比看来，这种做法等于是将存在系统地化约为非存在或者虚无——他为此做法所生造的术语就是"虚无主义"（nihilism）。如此一来，剩下的就只有纯粹思辨的主体，它因而成了真实性的唯一来源和真知的唯一根据。施特劳斯将笛卡尔方案的观点重述为："我们只能够领会我们能创造的事物。意欲理解世界的

①　按照类似的理路，施特劳斯在他的博士论文"前言"中指出："毫无疑问，一种有自知之明的哲学，一种不愿对导致自毁的相对主义听之任之的哲学，会将其所追求的真理作为一种不依赖于哲学、却又与其密切关联的持存来思考，哲学不创造这种持存，而是探究、发现并肯定这种持存。"（*EPLJ*, *GS*，卷二，页 244）比较施特劳斯，《什么是政治哲学?》（*What is Political Philosophy? And Other Studies*, Glencoe, Ill.：The Free Press, 1959），页 39；《自然权利与历史》（*Natural Right and History*, Chicago：The University of Chicago Press, 1953），页 123 – 124，页 150 注释 4；《城邦与人》（*The City and Man*, Chicago：The University of Chicago Press, 1964），页 119 – 121；《古典政治理性主义的重生》（*The Rebirth of Classical Political Rationalism*, ed. Thomas L. Pangle, Chicago：The University of Chicago Press, 1989），页 174 – 176，[中译按]郭振华等译，北京：华夏出版社，2011。

哲人，因此必定成为世界的创造者。"①

　　此外，雅可比认为，笛卡尔的做法是出于深思熟虑的选择：它滤除了它的客体中反对化约和反对理性控制的方面。按此方式，它忽略甚或摧毁了客体至为关键的要素，而这些要素是不可能被人为取代或重构的。这些要素指向雅可比所谓"自然的确定性"（natürliche Gewissheiten）。知晓这些确定性，先于任何理性认识的企图，它们构成了这些认识的可能性条件。在雅可比看来，知识（人的理解）的来源及其对象（真实性），都是"非理性的"，或者更准确地说，是"超理性的"（überrational）。它们为人所知，是通过这些由直觉直接领悟到的命题，因此，它们不可能成为随后的理性证明的客体：譬如"我存在"和"有一个外在于我的世界"，还有上帝的真实性（*EPLJ*，*GS*，卷二，页249；比较贝瑟，《理性的命运》，前揭，页46）。因是之故，雅可比将康德的上帝观斥为调节性的理性观念（regulative idea of reason）。雅可比认为，这种调节性的理性观念，由于关注理性而颠倒了上帝原初的首要地位，因此无任何内容可言，从而在理论和伦理上毫无价值（*EPLJ*，*GS*，卷二，页285；比较贝瑟，《理性的命运》，前揭，页81，89-91）。

　　雅可比断言，由于故意无视这些作为知识的界限的自然的确定性，笛卡尔式的理性主义和以其为根据的现代科学，无非是无知的组织机构。② 因为，如果让理性证明的方法，在由非理性的、先验的确定性所限定的领域发挥力量，那么，一种严格的决定论

────────────

　　① 　*EPLJ*，*GS*，卷二，页249。比较施特劳斯，《自然权利与历史》，页173-174，页174注释9，页201；亦参施特劳斯，《古典政治理性主义的重生》，页243-244；施特劳斯，《古今自由主义》（*Liberalism Ancient and Modern*，New York：Basic Books，1968），页212。

　　② 　*EPLJ*，*GS*，卷二，页258。照此看来，必须对贝瑟主张"自然科学乃是虚无主义之渊薮"（《理性的命运》，页85）加以补充：出于同样的理由，可以说，对于雅可比而言，虚无主义乃是自然科学之渊薮。

就只可能在那些限度内起支配作用。由于无法完全证明彻底怀疑对于自然确定性的优先地位，理性主义永远无法达到真理，因为，理性主义的根据是它从一开始就放弃了真理（*EPLJ*，*GS*，卷二，页252，258 – 259）。理性主义牺牲了理论和静观，以便以极端方式排除非理性。用施特劳斯的话说："怀疑就是因理论的弊端（不合理性）而放弃理论生活（真理），而这种弊端必然与理论生活联系在一起。"（*EPLJ*，*GS*，卷二，页252）

在伦理学和政治学的水平上，雅可比的论证的展开与他的认识论批判是平行的。雅可比在此水平上的论辩针对自主观念（idea of autonomy），此观念处于启蒙的道德和政治方案的核心。施特劳斯在他的博士论文中，概括了此观念之大要：

> 自主论是普遍怀疑，即现代文化原则的伦理形式，它以宗教良知、科学理性和道德规范的自主性为根据（*sola* fides，*sola* ratio［唯有信仰，唯有理性］，"唯有一个好意志"）。与此针锋相对，雅可比指出：在伦理事物中，绝无必然性，行动主体把握规范，并由其自身的洞见出发来肯定规范。并非洞见前行而顺从遵行，恰恰相反：由顺从，由遵行规范，由因顺从而侵入我们生命中心的规范，产生了道德洞见。（*EPLJ*，*GS*，卷二，页281）

正如彻底怀疑的原则和对证据和证明的信念，表明拒绝服从真实性之超越性，自主概念则暴露了对这种真实性所固有的伦理规范的拒斥，由人的妄自尊大所激起的这一自主概念，渴望成为唯一的道德来源。雅可比断言，正如理性主义导致了有组织的无知和认识论水平上的决定论，相应地，在伦理和道德水平上，理性主义则导致了无神论和宿命论。理性主义无法取代的相反主张被摧毁了；它无法将道德建立在纯粹内在的根基之上。

由雅可比所设定的认识论、伦理学和政治学的内在关系，解释了他的启蒙批判何以要采取斯宾诺莎批判的方式。雅可比认为，这种方式是面对超越性，对笛卡尔式的理性主义发出挑战的范例。在为门德尔松的"泛神论之争"文稿写下的"前言"中，施特劳斯忆述了雅可比如何将理性主义的根基定位在

> 证明一切并且不接受任何被给予之物的倾向；如果有人真诚地、也就是说无怨无悔地顺从这种倾向，就会走向斯宾诺莎主义，也就是走向无神论和宿命论……倾向于证明一切的根源，就是人不依赖于超越他的真理的意志，是"不服从于真理，而是命令真理"的意志，也就是傲慢，就是自负。①

雅可比以无与伦比的清晰性指出：斯宾诺莎的思想表明，启蒙哲学和启蒙政治的共同根基，就是让人摆脱超越性权威的反叛和革命性努力。正如施特劳斯进而所评论的那样，雅可比

> 仍然过于紧密地与有神论传统联系在一起，以至于无法迫使他在无神论（'斯宾诺莎主义就是无神论'）中看出一种反－有神论的后果，一种反叛上帝的后果。（*EMFL*，*GS*，卷二，页 549）

然而，依据雅可比，可以证明这种反叛背后的动机，至少与其公认的对手一样专横（tyrannical）：笛卡尔和斯宾诺莎预告了自主证明的理性的一种新的形而上学专制，这种专制在霍布斯《利维坦》（*Leviathan*）的新的政治专制中，找到了其政治上的完美补充。虽然雅可比对此持反对意见，但他尊重斯宾诺莎和霍布斯思想的一而贯之和严格性。事实上，他偏爱这些"专制典范"而非

---

① 施特劳斯，"《黎明时分》和《致莱辛之友》前言"（*Einleitung zu Morgenstunden und An die Freunde Lessings*），见 *GS*，卷二，页 537－538。以下简称 EMFL。比较 *EPLJ*，*GS*，卷二，页 278。

他那个时代的德国启蒙派。他认识到德国启蒙派半心半意的理性主义和容易与专制政体妥协，这使得他的厌恶到了拥护自由国家理想的地步（ideal of a liberal state）。① 但他仍然对理性主义持激烈的批判态度，因为，笛卡尔式的怀疑缺乏正当理由，却具有"虚无主义"特质。

至少声称同样公正的做法是，雅可比自己的哲学学说恰恰以此缺陷为出发点。他的批判进程首先追踪了理性主义的终极后果：在此，理性主义的宿命论、无神论和虚无主义变得十分明显，它根深蒂固于无知之中。对这种无知的认识（Wissen des Nicht - Wissens），因而成为一次 *salto mortale*[性命攸关的跳跃]的基础：从理性主义和虚无主义一跃而进入信仰（Glaube），促动此跳跃的是乐意和有勇气冒相信而非怀疑真实性之风险。正如施特劳斯所强调的那样，位于雅可比的学说核心的信仰（Glaube）概念，根本不是宗教性的，它既包括"信仰"（faith），也包括休谟意义上的"信念"（belief），在休谟看来，人类的认识最终以不可证明的信念为根据。就此而言，这一信仰概念是雅可比反启蒙论辩的最有力武器，因为，它使雅可比有理由指出，甚至连选择理性主义和证明，也以在先的信念、以信仰的初始行动为根据（比较贝瑟，《理性的命运》，页89）。

在雅可比看来，信仰（Glaube）不仅是一个认识论范畴，甚至首先是一个伦理范畴：确认真实性之超越性，是真道德（Tugend）的先决条件，反过来它又成为真知识的必要条件。若不承认他主原则（heteronomy）和需要对上帝诚命的爱的顺从，人就永远没有希望获得真知。事实上，雅可比甚至达到了将德性与知识

---

① *EMFL*, *GS*，卷二，页533，535。比较贝瑟，《启蒙、革命和浪漫主义：现代政治思想的起源》（*Enlightenment*, *Revolution*, *and Romanticism*：*The Genesis of Modern Political Thought*, 1790 – 1800, Cambridge, Mass.：Harvard University Press, 1992）。

划等号的程度：施特劳斯强调说，这种将道德与知识视为同一的做法的柏拉图特质绝非偶然，而是指明了雅可比的思想基础。根据雅可比，哲学史是由两种典型的理论态度之一所决定的，而每一种理论态度都根植于更为普遍的理智和道德态度类型之中。第一种理论态度，雅可比称其为"柏拉图式的"，它的特质是高贵、无畏、信心、信仰和爱，因此，有能力获得真理和道德（*EPLJ*，*GS*，卷二，页 242 - 243，270，274 - 275，277，279 - 280，282）。

　　另一种类型的理论态度，被称为是"非柏拉图式的"，它表现了相反的品质：卑贱、恐惧、缺乏信心、不信任、不信、怀疑和傲慢，从而没有能力获得真理和道德。根据雅可比，非柏拉图式的理论态度在现代哲学中占据统治地位，这种衰落在启蒙时代达到了最低点。启蒙固然获得了世俗成就，但为笛卡尔式的恐惧所驱动，这是对超越的真实性之直接性的恐惧，而启蒙的标志是随后企图以智谋达成其主张。面对他所认识到的这种拒绝真实性的可怕后果，雅可比的信仰（Glaube）学说试图断然重建柏拉图式的态度。通过道德转变，这种学说谋求重新确认真实性之超越性，目的是为了恢复已失去的态度，并完成哲学的复兴（*EPLJ*，*GS*，卷二，页 245 - 247，252）。

　　由于施特劳斯的说明很大程度上是分析和描述性的，所以，要评价雅可比的形象对他的思想的可能影响是困难的。而前瞻他后来的著作，却有可能表明这种影响的某些方面。这些方面首要关注对笛卡尔方法论式的怀疑的批判。很可能，雅可比挑战笛卡尔式的极端怀疑的合法性，激发了施特劳斯《斯宾诺莎宗教批判》一开始提出的问题：处在斯宾诺莎哲学之下的"无信仰的科学的基础"，是否有正当根据。因为，正如施特劳斯在同一本书中所指出的那样，恰恰通过诉诸笛卡尔式的怀疑，斯宾诺莎不仅从总体上排除了神迹之可能性，也特别排除了预言（作为理性与想象的神奇协作）之可能性（《斯宾诺莎对宗教的批判》，*GS*，卷一，页 235 - 247）。在同一文本处境中，雅可比对怀疑在方法论上的选择性特质的评论，或许为施特劳斯后来提出一个基本问题，提供非常好的背景，这个问题关注的是《伦理学》：

> 然而，斯宾诺莎的解释真的清楚明白吗？……他的解释清楚明白，难道不正是由于下述事实：斯宾诺莎从整体的那些要素中断章取义，但这个整体并非清楚明白，而且永远也无法对其作出清楚明白的描述？①

在《自然权利与历史》中，施特劳斯似乎对此问题作了肯定回答，同时批评了现代哲学"独断地漠视任何不可能成为客体的事物，这个客体就是认识主体的客体，或者说，独断地漠视任何不可能为主体所把握的事物"。②

其次，在理性证明的庇护下，超越的真实性的种种要素，没有也不可能清楚明白地加以描述，在这些要素中，雅可比将上帝的实在置于最高位置。正如施特劳斯在他的博士论文中所指出的那样，为了反对康德，雅可比主张"［哲学］体系必须使自身与上帝的实在和意义（Sinn）相适应，基本的宗教现象不可为了体系的缘故而遭到歪曲（umgebogen）"（GS，卷二，页251－252）。相

---

① 施特劳斯，"进步还是倒退？西方文明的当代危机"（Progress or Return? The Contemporary Crisis of Western Civilization），见 JPCM，页117；施特劳斯，《斯宾诺莎对宗教的批判》"前言"，见 JPCM，页253－254："这样，《伦理学》避开了决定性的问题——如此清楚明白的解释，是真正的而非只是一个似是而非的前提……还是说对所描述的每一样事物的清楚明白解释，从根本上仍然是假设性质的。"

② 施特劳斯，《自然权利与历史》，页30。比较拉赫特曼（David R. Lachterman），"放弃律法：斯宾诺莎物理学的神学－政治根源"（Laying Down the Law: The Theologico-Political Matrix of Spinoza's Physics），见《施特劳斯的思想：走向一种批判性论争》（Leo Strauss's Thought: Toward a Critical Engagement, ed. Alan Udoff Boulder, Co.: Lynne Rienner Publishers, 1991），页123－153。

当有意思的是，我们发现，在 1920 年代和 1930 年代，施特劳斯在关于当时犹太教的主流思想的讨论中，频繁运用了相似的论证，这些主流思想包括政治的犹太复国主义、文化的犹太复国主义、犹太教正统派和所谓的复归运动或新正统派。详尽讨论这些论证，会使我们离题太远，所以，举几个例子就足够了。①

在他很早发表的作品中，有一篇写于 1923 年的关于犹太复国主义的论文，施特劳斯在其中反对那些鼓吹为了纯粹政治的理由而有限接受宗教内容的犹太复国主义者，他这样做主要是有鉴于人的灵魂的需要："与宗教的本质完全无法分离的是学说内容中的最小部分，这个最小的部分就是上帝的实在，上帝的实在完全不依赖于人的实在和人的需要。"② 两年后，同样的批评指向犹太教正统派，他指责正统派的拥护者"顺从律法是为了人，或者为了所有人，却不是——主要不是——为了上帝"。③ 最终，施特劳斯以同样的方式向文化的犹太复国主义和"复归运动"发言，它们的代表人物是柯亨（Hermann cohen）、罗森茨威格（Franz Rosenzweig）、布伯（Martin Buber）和古特曼（Julius Guttmann）（《斯宾诺莎对宗教的批判》"前言"，见 *GS*，卷一，页 144 – 155）。在他看来，这些思想家回顾犹太教传统的企图，都仍然是不彻底的，并因为有所保留而受到局限，因为，他们未能考虑"传统的基本

---

① 更为广泛的说明，见简森斯，"魏玛重访：施特劳斯早期思想中的犹太教、犹太复国主义和启蒙（希伯来文）"（Weimar Revisited：Judaism，Zionism，and Enlightenment in Leo Strauss's Early Thought（in Hebrew）），见《研究》（*Iyyun*），2001 年第 50 期，页 407 – 418。

② 施特劳斯，"回答法兰克福派的'基本言辞'"（Antwort auf das 'Prinzipielle Wort'der Frankfurter），见 *GS*，卷二，页 305。

③ 施特劳斯，"军事化的教会"（Ecclesia Militans），见 *GS*，卷二，页 353。亦参施特劳斯，"圣经历史与科学"（Biblische Geschichte und Wissenschaft），见 *GS*，卷二，页 357 – 359。

原则的原初的、未内在化的含义"。① 总之，施特劳斯批判当时的犹太教思想，是因为他们要么将犹太教的一个基本原则，即人格化的上帝的绝对超越性，缩减为一项理性或意识的假设，一种宗教经验的产物，一种心理学上的需要，要么将其化约为一种文化甚或自然现象。他认为，要从哲学上恰当理解现代犹太教的基础，就需要按照其原初的绝对性，以某种方式对上帝的超越性——与犹太民族的关系，与人的意识的关系，与理性的关系——作出解释。

使得这些批判尤为让人迷惑难解的是，有人对这些批判严加斥责，而此人坦承自己不仅是"天真直率的政治的犹太复国主义"的支持者，而且是确切无疑的非信者（《剖白》，见 *JPCM*，页460）。由最近出版的文献明显可见，年轻的施特劳斯是一个严格意义上的政治的犹太复国主义者，鼓吹将犹太人的政治的自我组织，建立在纯粹世俗的、无信仰的基础之上。在这些早期著述中，施特劳斯系统地指出，现代科学和政治学摧毁了传统的封闭世界，现代政治学的要求与传统的要求相互排斥，"渴望激进地确立自己的政治的犹太复国主义，必须将自己确立为无信仰的犹太复国主义"。②

但与此同时，施特劳斯从未停止过强调：传统的基本主张仍在以某种方式持续发挥效力，因此不可能立即予以抛弃。考虑到

---

① 《哲学与律法》（*Philosophy and Law*：*Contributions to the Understanding of Maimonides*，trans. Eve Adler，Albany：State University of New York Press，1995），页136，注释3。比较施特劳斯，"温伯格批判评注"（Bemerkungen zu der Weinbergschen Kritik），见 *GS*，卷一，页429；"幻想之未来"（Die Zukunft einer Illusion），见 *GS*，卷一，页433；"政治的犹太复国主义的意识形态"（Zur Ideologie des politischen Zionismus），见 *GS*，卷一，页447。

② 施特劳斯，"幻象之未来"，见 *GS*，卷一，页433。比较"政治的犹太复国主义的意识形态"，见 *GS*，卷一，页445："政治的犹太复国主义是犹太教中无信仰的组织；它试图以无信仰为基础了组织犹太人民。"

这种两难抉择，施特劳斯承认，显而易见的出路是没有的。正因为如此，无信仰的政治的犹太复国主义被迫要努力，以彻底澄清自己的立场。然而，要做到这一点，就必须拒绝保持中立的企图，也必须至少与对待"政治问题"一样严肃对待"上帝问题"。① 正如施特劳斯在此起始阶段已认识到的那样，要公正对待这两方面，就需要重新理解信仰与不信的古老争执，从而重新理解这种争执的最近阶段，即斯宾诺莎对宗教的批判。尽管在这些早期著述中，施特劳斯从未提到过雅可比的名字，但很难忽略的印象是，施特劳斯对此基本问题和所采取的路径的认识，应部分归功于雅可比。② 对此最清楚的证明，可以说正是雅可比论辩的"神学－政治"方面。如我们所看到的那样，雅可比让认识论问题从属于伦理－政治问题，并聚焦于现代理性主义背后的特殊动机。同样的进路，可以说正是施特劳斯斯宾诺莎研究的与众不同的特点之一。在一篇为此项研究作准备的论文中，施特劳斯指出：斯宾诺莎的理论批判，就其将宗教视为以顺从和信仰为根据而言，必定以不顺从和不信为前提。因此，对斯宾诺莎的批评性阅读，必须集中于"作为不顺从和不信之'缘由'（Why）的理论'缘由'（Why）。这个'缘由'先于任何理论；它并非理论的洞见和确

---

① 根据他最亲密的朋友克莱因（Jacob Klein），这两个问题处在青年施特劳斯的关注之核心。比较《剖白》，见 *JPCM*，页 458。

② 另一个标志是下属事实：在其早期著述中，施特劳斯常常承认他受惠于奥托（Rudolf Otto）的《论神圣》（*The Holy*）。这部开创性的著作，通过将上帝的超越性重新恢复为神学的首要主题，并通过将非理性与神性的要义等而同之，引发了神学的复兴。在他的博士论文中，施特劳斯已然诉诸《论神圣》，指出奥托的思想，经由德国哲学家弗里斯（Jacob F. Fries），与雅可比的思想具有实质性关联。分别参见施特劳斯，"神圣"（Das Heilige）、"圣经历史与科学"（Biblische Geschichte und Wissenschaft）和"关于欧洲科学的解释"（Zur Auseinandersetzung mit der europäischen Wissenschaft），见 *GS*，卷二，页 307 – 310；357 – 362；341 – 350。

认，而是一个动机"。① 接着，施特劳斯在这本书中将此动机追溯到伊壁鸠鲁主义传统，这个传统企图通过使人摆脱对诸神的恐惧——这个最重大的不安和最严重的罪恶之根源，来减轻人的重负。以此关联为基础，施特劳斯辩称，"关注保障生命并使生命变得轻省，被指认为启蒙的特殊关切"（《斯宾诺莎对宗教的批判》，见 *GS*，卷一，页 265）。这激发了斯宾诺莎的世界建构，在此世界中没有不可思议的上帝的位置，或者说没有能告诉人什么是好什么是恶的启示律法的位置。

　　这种关切也同时反映出斯宾诺莎批判的局限和缺陷。正如施特劳斯在这本书的很多地方所指出的那样，斯宾诺莎的新伊壁鸠鲁主义动机，致使他无视迷信和世俗的恐惧与真正的上帝恐惧之间的区别，而真正的上帝恐惧，传统上乃是真正的上帝之爱和真正顺从启示律法的先决条件。这表明，斯宾诺莎甚至没有尝试去理解或者严肃对待他的对手。受笛卡尔式的"直接性意志"（will to immediacy）驱使，斯宾诺莎无法理解"间接性意志"（will to mediacy），作为对原初启示的回应，这种"间接性意志"是顺从和忠于启示传统的基础。相反，他渴求自己立场的合法性，以至于通过假定从事哲学的自由，犯下了致命的 *petitio principii*［窃取论点的错误］，并进而反对启示宗教。这种做法排除了任何进攻战术而只容许持一种防御性立场，因此本质上却毫发未损及他的对手。然而，这种防御性立场只能通过持续不断地奚落启示宗教，来支持自己和自己的自由，从而掩饰自己的问题性（《斯宾诺莎对宗教的批判》，见 *GS*，卷一，页 166，193－194，225，247；比较《哲学与律法》，页 28－30）。在最后的分析中，施特劳斯的结论是："在无信仰的科学的根基上"有一种道德动机，此道德动机恰恰比启示宗教更成问题。进而言之，此动机在关键一点上与其

---

　　① 施特劳斯，"论斯宾诺莎的圣经科学及其先驱"（Zur Bibelwissenschaft Spinozas und seiner Vorläufer），见 *GS*，卷一，页 404。

伊壁鸠鲁主义先驱不同：这就是它的正直和诚实，这表明此动机乃是圣经道德的衍生物。①

　　施特劳斯的研究，无论进路还是各项结论，都似乎非常接近雅可比。两人对启蒙动机的审查，点明了一种由傲慢的人类理性所激发的革命无神论，这样的人类理性是一种自我假定，因而是成问题的。在他的博士论文中，施特劳斯甚至赞同雅可比将现代性的类型特征刻画为一个恐惧、怀疑和傲慢的时代：然而我们发现，在此，现代文化的一个完全确定的要素，或许是第一次以如此广泛的方式受到关注。我们没有理由将这种表达视为雅可比纯粹的情感抒发而予以忽视，这种情感最多证明了这种表达与后来的社会学家（如特洛尔奇［Troeltsch］、桑巴特［Sombart］、韦伯［Max Weber］、舍勒［Scheler］）的研究成果原则上一致。② 不过，施特劳斯紧接着通过补充来支撑其赞同，这并不意味着他也分享了雅可比所附加的强烈的价值判断（Bewertung）。在此阶段，施特劳斯很少轻视考察现代理性主义的种种主张，尽管他在很多方面分享了雅可比对现代理性主义缺陷的洞见。为此，他写下了批评性的评论：虽然雅可比从根本上觉察到了笛卡尔主义的见识是"一关于方法的总的哲学原则"，但

────────────

　　① 《斯宾诺莎对宗教的批判》，见 GS，卷一，页 266，注释 276。关于鼓舞现代理论的"自由精神"，施特劳斯评论说："自由精神的自我假设，正如信仰的自我假设"，见《斯宾诺莎对宗教的批判》，见 GS，卷一，页 214；亦参《哲学与律法》，页 37；《斯宾诺莎对宗教的批判》"前言"，见 JPCM，GS，卷一，页 151，172。

　　② EPLJ，GS，卷二，页 247。请同时考虑后来施特劳斯对柏拉图洞喻的著名阐述，就此他认为现代思想已然陷于第一洞穴之下的第二洞穴之中。如施特劳斯所暗示，这一事件的起源或许正是恐惧："对于上升到阳光下，人们可以说变得如此害怕，并且如此渴望使得他们的任何后代完全不可能有那种上升，以至于他们在其出生的洞穴底下挖了一个深洞，并撤进那个洞中。"见施特劳斯，《迫害与写作艺术》（*Persecution and the Art of Writing*，The Free Press，1952)，页 155（强调为笔者所加）。

他没有公正地对待"笛卡尔主义深刻的、实践上的合法性（tiefes sachliches Recht）"（*EPLJ*，*GS*，卷二，页 247－248）。作为对笛卡尔式的怀疑的批评性回应，雅可比的信仰（Glaube）学说的基础，似乎至少如它的对手一般可疑。相应地，在《斯宾诺莎对宗教的批判》中，即使以一种更具批判性的眼光来看，施特劳斯对待理性主义仍要比雅可比公正（《斯宾诺莎对宗教的批判》，见 *GS*，卷一，页 229－246）。

这种保留态度以一种不同的形式，在伦理政治层面也显而易见。评论雅可比捍卫他主原则时，施特劳斯指出，这基本上是传统主义原则的表达，或者更确切地说是保守主义："传统主义原则，并不意味着对某一确定的传统的承认。我们可以换一种更好的措辞：保守主义原则。"（*EPLJ*，*GS*，卷二，页 282 注释 135）在一定程度上，"信仰之飞跃"暗示了对传统主义原则的支持，它留下了确定传统所信奉的不确定的内容。不过，雅可比强调，"信仰之飞跃"必定要求支持基督教传统。就此而言，即使雅可比通过把基督教的原则和宗教的绝对原则等量齐观来证明这种观点，一个无法掩盖的事实是，如施特劳斯所言，"对于雅可比而言，最高道德规范的特殊化（Besonderung）这一难题，作为理论问题并不存在"（*EPLJ*，*GS*，卷二，页 282）。结果，在证实——按照雅可比自己的学说——什么无需肯定的尝试中，信仰之飞跃带上了决定论的印记。就以理性主义为基础来揭露信仰行动而言，雅克比的选择是反对笛卡尔式的怀疑，此选择成功地恢复了平衡，但并不比对手更高明。

这些和其他的思考表明，雅可比在施特劳斯早期思想中的影响，虽然肯定不是微不足道，但也不像表面上看起来那样明确。这些思考同时表明，作为他研究斯宾诺莎对宗教的批判的一个结果，施特劳斯大概碰到了一个困惑。一方面，他年轻时的主张已变得颇成问题：现代理性主义过去被认为基于一种可疑的道德动机，此动机根源于圣经。另一方面，雅克比的取舍，结果同样有缺陷而令人难以接受。为了究明施特劳斯如何在这种两难抉择下找到他的方向，我们必须进一步查看他在 1931 年至 1937 年间为门德尔松文集所写的导论。这些著作具有特别的重要性，不仅因为它们展现了他关于门德尔松思想的渊博知识，而且也因为它们聚焦于门德尔松和雅可比的论争，这场论争后来被称为"泛神论之争"。尤其是，这些导论表明施特劳斯找到了一条走出两难抉择的道路，在此两难抉择中他找到了自我。因为，泛神论之争及其影响，已有不同作者从各种视角充分并很好地评述过，我的讨论仅限于施特劳斯的分析中突出的方面和特点。①

三

泛神论之争的开端众所周知：1783 年，雅可比透过他们彼此的熟人告诉门德尔松："在最后的日子里，莱辛已成为一个忠实的斯宾诺莎主义者了。"② 对于门德尔松，这种揭露近乎完全是从最高到最低的中伤性降格。当时，德国的知识阶层将莱辛奉为启蒙

---

① 参贝瑟，《理性的命运》，章 2，3，4。在他的解释中，贝瑟称施特劳斯的导论是对泛神论论争最好的研究之一。比较贝瑟，《理性的命运》，页 335 注释 12。亦参阿尔特曼（Alexander Altmann），《门德尔松：书目研究》（*Moses Mendelssohn：A Bibliographical Study*，London，Routledge and Kegan Paul，1974）和蒂姆（Hermann Timm），《神与自由：对歌德时代的宗教哲学的研究》（*Gott und die Freiheit：Studien zur Religionsphilosophie der Goethezeit*，Frankfurt：Klostermann，1974）。论争的主要文献编辑出版在《雅可比和门德尔松之间的主要泛神论论争著述》（*Die Hauptschriften zum Pantheismusstreit，zwischen Jacobi und Mendelssohn*，ed. Heinrich Scholz，Berlin：Reuther and Reichard，1916）。对门德尔松在争论中的立场，以及对施特劳斯的解释的批评的一个简要讨论，可以在阿库什（Allan Arkush）的《门德尔松与启蒙运动》（*Moses Mendelssohn and the Enlightenment*，Albany：State University of New York Press，1994）中找到。

② *EMFL*，*GS*，卷二，页 531。比较贝瑟，《理性的命运》，页 61。

的捍卫者，同时又将斯宾诺莎主义谴责为一种异端式的、无神论的和无政府主义的学说。这也同样象征着，雅可比在门德尔松和莱辛长久的友谊上投下了一块阴影。

雅可比此论是想支持自己的下述论点：启蒙运动及其理性主义最终导致了无神论和宿命论。雅可比声称，莱辛已得出同样的结论，并始终如一地拥护该结论的极端推论。通过公开此结果，雅可比打算强加给启蒙派（Aufklärer）一个两难抉择：要么跟随莱辛的脚步，接受理性主义的毁灭性后果；要么拒绝理性主义，支持雅可比自己的信仰（Glaube）学说。结果，门德尔松被迫不仅要捍卫他对友人的记忆，也要捍卫自己作为一个温和的启蒙支持者的立场。

如施特劳斯所言，雅可比的攻击切中了要害，因为，雅可比和门德尔松发现他们的基础是共同的。两者都面临同样的问题："笛卡尔－莱布尼兹式的现代形而上学的最终危机。"（EMFL，GS，卷二，页572）尤其是，他们都曾与下述认识斗争过："现代形而上学通过非信仰的沉思来建立信仰所特有的上帝概念的企图失败了。"（EMFL，GS，卷二，页587）当"非信仰的沉思"的极端前提显露出来，并需要加以审查时，这种企图的结果，即通常所谓自然神学或自然宗教，就越来越成问题。如我们已看到的那样，雅可比通过全盘否定现代形而上学并试图回到传统信仰来回应这一危机。对门德尔松而言，这种解决方案超出了问题［本身］。作为拒绝放弃启蒙的温和派，门德尔松抓住自然宗教的观念和协调宗教与理性的可能性，不只是因为此观念为他提供了基石以捍卫作为理性宗教的犹太教。①

在他的诸篇导论的行文中，施特劳斯批评性地讨论了门德尔

---

① 比较门德尔松，《耶路撒冷，或论宗教权力与犹太教》（*Jerusalem, or On Religious Power and Judaism*，trans. Allan Arkush，with a commentary by Alexander Altmann，Hanover：University Press of New England，1984）。

松自然神学的几个关键要素，从而表明：门德尔松的自然神学日益陷入困境，一方面是因为激进启蒙的无神论，另一方面是因为雅可比回归了信仰。对于我目前的研究而言，这些关键要素之所以切题，只因为这些要素使得施特劳斯选择了一般性的特征和一般性的问题。由此角度来看，施特劳斯论述中最重要的一点是，他注意到门德尔松有计划地将好（goodness）擢升为上帝的首要属性。施特劳斯认为，这是启蒙的核心特征：

> 整个启蒙，就其明里暗里保持着与植根于圣经的传统的关系而言，它是以这样的事实为特征的：启蒙通过诉诸上帝之好来与传统教义和信仰作斗争。更确切地说，启蒙的独特之处在于，它使得上帝之好明确优先于上帝的权力、荣耀和惩罚性的愤怒；对于启蒙而言，上帝主要不是命令、呼召的上帝，而是慈爱的上帝。①

施特劳斯认为，好超过其他神圣属性的优先性，决定了门德尔松自然神学的几乎所有独特原则。这为门德尔松证明灵魂不死、人的可完善性和人的自由，也为他同时拒斥永罚和否定启示，提供了根据。门德尔松坚持认为，一位善良慈爱的上帝不必通过启示使自身为人所知，而是让人们通过学习受造物的完美秩序来获得其受造的知识。而且，一位慈爱的上帝为了幸福而创造了人，那么，人必定可以无限地完善。因此，门德尔松拒斥无止境地承受永罚，因为，这既违背人类的可完善性也违背被造物的完善。另外，人的可完善性也隐含着：每一个体都拥有不可化约的存在和某些不可剥夺的权利，这些权利甚至连上帝也不能侵犯。门德尔松确保这决不会导致困难，因为，人神之间的任何权利冲突已

---

① 施特劳斯，"《斐多》引言"，*GS*，卷二，页491。比较施特劳斯，《哲学与律法》，页44。

被排除（*EMFL*，*GS*，卷二，页 583 – 586）。

可是，在施特劳斯看来，赋予神之好以优先性，并不表示"任何一种神学的关切，而是表示对自我（das Ich）的实在、独立、自主和正当权利的关切：之所以赋予上帝的绝对好以优先性，是因为它符合自主自我的要求"（*EMFL*，*GS*，卷二，页 585）。换言之，门德尔松的自然神学证明最终是受现代哲学所特有的旨趣所支配和调节。① 这一点已由若干评论所表明。如此一来，对门德尔松而言，现代形而上学的一个首要任务，在于通过让人摆脱对死亡和神的愤怒的恐惧来保卫人类的幸福和个人的进步。毫不奇怪，门德尔松曾提及其自然神学是一种"相当伊壁鸠鲁化的"有神论（*EMFL*，*GS*，卷二，页 573 – 574）。

这种现代品质在门德尔松的如下尝试中也变得明显，他试图"校正"他崇敬的两位前辈——柏拉图和莱布尼兹——关于灵魂不朽的学说。如施特劳斯所示，《斐多》（*Phädon*），即门德尔松对柏拉图《斐多》的翻译，包含了许多改变和校订，结果弱化并缓和了柏拉图原有的教诲及其严苛性。例如，门德尔松的苏格拉底以一种典型的方式强调了灵魂不朽观念的慰藉作用，可柏拉图的苏格拉底并不认为这是正确的论点，而视其为哲学探究的障碍。一种类似的方式也在门德尔松的《上帝的事务抑或救赎之天命》（*Sache Gottes, oder die gerettete Vorsehung*）中留下了印记，表面上，这篇作品是莱布尼兹《论神因》（*Causa Dei*）的详细阐述，但莱布尼兹论证神意靠坚持上帝之正义，即由其智慧引导和限定的上帝之好，门德尔松则颠倒了智慧和好的秩序。结果，门德尔松必须拒斥永罚和受难，这两者，莱布尼兹仍可以证明其为所有可能的世界中最好的世界的必要部分。

---

① 参《哲学与律法》页 78 注释 28，施特劳斯使这种批评变得更为明确，他指出了门德尔松下述做法的霍布斯主义谱系："放弃古代关于义务才是自然权利的观念，支持现代关于主张才是自然权利的观念。"

可是，尽管莱布尼兹的神圣正义概念被用来为正统的宗教天命观作辩护，但他的神圣正义概念隐含着与传统的根本决裂，因为，此神圣正义概念不再允许将神之正义与神之好和神之智慧区别开来。施特劳斯认为，莱布尼兹以此方式筹划了从古代律法观念到现代权利观念的重大转变：

> 古典的正义观念中保藏着正义就是顺从律法这一原初意义，通过消解古典的正义观念，他极大地推进了下述进程：此进程旨在根除将权利理解为义务，以支持将权利理解为主张（claim）。①

自认为是莱布尼兹追随者的门德尔松，不得不接受这一结果并使其自然神学与此协调一致。不过，门德尔松在与攻击其自然神学的批评者们的激烈争论中，当他对论证的力量和权威的信仰决定性地动摇时，他的理论大厦开始倒塌：

> 他被迫同时捍卫他的犹太教信仰和他的理性主义，所以，他不得不提出犹太教是纯然理性的宗教。但无论如何，圣经的教诲无法证明……对他来说，这是有可能挽救犹太教的唯一方式，于是他严格限定了证明的权利和重要性。②

---

① 见施特劳斯，《神职或救赎之天命》"前言"（Einleitung zu *Sache Gottes*, *oder die gerettete Vorsehung*），*GS*，卷二，页 527。

② *EMFL*, *GS*，卷二，页 578。阿库什质疑施特劳斯的论题，他认为门德尔松"可以为犹太教辩护，而不贬低宗教真理中的哲学知识的重要性，或者不否认宗教真理中有哲学知识的可能性"，因为，他从未首先"将这样一种绝对价值凌驾于哲学知识之上"。更确切地说，门德尔松考虑到了理性和常识间的平衡，他试图找到一个现代的解决办法，以期为上帝的存在提供终极论据。参阿库什，《门德尔松与启蒙》（*Moses Mendelssohn and the Enlightenment*），页 88–93。

在门德尔松对"常识"或"朴素的人类理智"（gesundes Menschenverstand）观念的倡导中，可以找到对这一限定的表达，"常识"是一种特定的人类能力，凭此能力可以通过直觉全面清晰地把握思辨理性不能独立证明的某些基本真理。在门德尔松看来，由于常识可以单独为人们的一致同意提供基础，所以，必须由常识来指引和补充理性，他已然想到理性是不充足的。

毫不奇怪，施特劳斯这一举措至关重要。首先，他指出，理性和常识的这种新结合，仅仅是对传统宗教的启示观念的一种重申，而传统宗教的启示观念是对不充足的理性的一个必要指引。面对作为传统信仰的替代品的笛卡尔－莱布尼兹形而上学的失败，自然神学所能做的无非只是在"常识的中性小岛"上寻求避难，与此同时，斯宾诺莎主义的激进无神论形而上学则侵入了思辨王国（EMFL，GS，卷二，页581）。如门德尔松本人所承认的那样，这一举措与雅可比超出思辨和论证的信仰飞跃并无本质不同。在这两种情况下，诉诸一种超越思辨的能力，被证明是挽救目的论的唯一途径。

此外，施特劳斯质疑门德尔松的判断——这预示了当前的观点——即雅可比的信仰（Glaube）学说会威胁哲学思辨，并导致非理性的"狂热"（Schwärmerey）。相反，施特劳斯认为，恰恰是常识危及思辨："因为，常识让活生生的确信显得不证自明，尽管[雅可比]承认，这种确信只是相信，它意指或者也许意指无知之知，从而意指思辨冲动。"（EMFL，GS，卷二，页587）施特劳斯以不同方式表明，雅可比的教诲为哲学思辨保留了一个未经勘查的回旋余地，但这被门德尔松的常识概念完全排除在外。

第三，施特劳斯认为，常识概念无非是加重了它所寻求摆脱的困难。他解释说，笛卡尔的哲学受如下看法激发：传统哲学太过依赖日常语言。因此，哲学需要一种明晰且纯科学的语言。可是，这种需要无法与同样重要的要求达成一致：新哲学通过取代旧的民众信仰来启蒙人类之整体，因为：

> 特别在其'语言'中,这种哲学比更早的哲学进一步远离了常识语言；它往往极不受欢迎。然而，它因此完全无力取代"流行的体系"，从而实现其最重要的功能之一，即'启蒙'。难怪那种"狂热"此后会重新抬头。不过，同样不奇怪：那种常识曾允许现代形而上学启蒙自身，以实现它的最佳能力，可当它意识到它有望从这一形而上学的'微妙之处'找到一种新的'蒙昧主义'（obscurantism）后，便干脆解雇保姆，宣布自己成熟。（*EMFL*, *GS* 卷二，页 575 – 576）

然而，新哲学这么干是基于这样一种错觉：它现在可以自由地摆弄清晰而明确的形而上学真理，因为，在它看来日常语言已同化了后者。因此，尽管它被推荐去纠正笛卡尔哲学的缺点，常识概念仍保留在因现代哲学疏离日常语言而确立的范围之中。因此，它不会引发对与前现代相关的"早期哲学"即"未经启蒙的"常识的严肃重审。正如施特劳斯指出的那样，门德尔松确信，现代形而上学一定超越了前现代形而上学。因此，他坚持把形而上学等同于现代形而上学，从而证明，如其理解自身一样来理解前现代思想是不可能的。这种失败的一个例证是对柏拉图的不朽学说的歪曲。①

但在施特劳斯看来，这种一般性的批评同样适用于雅可比。不管后者对现代形而上学作出了怎样意义深远的否定，也仍旧决定性地局限于现代形而上学的预设，并表现出对前现代思想同样盲目，

---

① *EMFL*, *GS*，卷二，页 573。在页 577，施特劳斯评论说，门德尔松"为这种[形而上学]的进步感到自豪，但与此同时，他却无法理解亚里士多德伦理学的特质，迈蒙尼德吸收了这一特质"。

这在其斯宾诺莎批判的一个根本性的含混中变得很明显。雅可比反对斯宾诺莎主义的主要根据之一是，它给予行动的优先性甚于思考，据此，后者被视为纯粹是行动 的纯粹延续（die Handlung im Fortgang）。不过，在他反对启蒙的论战中，他自己正是采纳了这一主张，当时他富有修辞并雄辩地问道："哲学可曾在某个方面能胜过了历史？"并且当他断言"每个时代都有自己的真理，正如每个时代都有自己活的哲学，这种活的哲学描述了所讨论的在其持续中的（in ihrem Fortgange）时代的主要行动方式"① 时，这些断言表明，雅可比的非理性主义和传统主义实际上植根于历史主义，因为，他认为真正的知识只能源于由顺从超越的真实性所激发的道德行动。这解释了雅可比"信仰之飞跃"的决定主义特征，也说明他试图通过一种道德变化来实现一种哲学革新。

不论其努力如何，雅可比仍然囿于现代 – 历史 – 思想的视域，施特劳斯的结论是："他的斯宾诺莎批判即使坚持到最后，也不会诉诸历史来反对启蒙，也不会诉诸以历史概念的视域来理解的信仰（Glaube）。"（EMFL，GS，卷二，页 588）这则短评的含义值得我们留心：对斯宾诺莎的持续批判，似乎会导致对"历史观念"的质疑，也许它已经开启了某种同时接近启蒙和信仰的非历史途径的可能性。难以忽视的印象是，在这则评论中，施特劳斯考虑的是他自己的事业。因为，如 20 世纪 30 年代他的主要著作所表明的那样，这种非历史的途径正是他的研究所辟之蹊径。在《斯宾诺莎对宗教的批判》（1930 年）和《哲学与律法》（1935 年）之间，他通过追溯（由笛卡尔引入并为斯宾诺莎所吸收的）"偏见"观念的起源，根本质疑历史意识背后的普遍要求。同样，他开始重启古今之争，并恢复了前现

---

① EMFL，GS，卷二，页 588。我复制了贝瑟在《理性的命运》页88 – 89引文中的翻译，稍有改动。在 88 页，贝瑟恰当地称雅可比的学说是"行动的认识论"（epistemology of action）。

代思想的非历史视域，即"古老的法的观念"的视域，"早先的哲学"和启示宗教共享此视域并对其提出质疑。在伊斯兰和犹太哲人阿尔法拉比、阿维森纳、阿威罗伊（Averroes）和迈蒙尼德的中世纪启蒙指引下，他回到了柏拉图，并最终回到了苏格拉底的谜一般的形象。①

四

即使雅可比的思想在施特劳斯的早期思想发展中确有影响，这种影响也绝不具有决定性。总的来说，雅可比以两种不同的方式让施特劳斯意识到了启蒙问题，既通过雅可比对认识论、神学、伦理和政治现代理性主义特征的犀利批判，也通过雅可比所提出的解决方案的不足之处。就第一种方式而言，施特劳斯在他自己的斯宾诺莎研究以及在与同时代思想家的论辩中，吸收了雅可比的某些批判和洞见。关于第二种方式，他表达了若干对雅可比学说的重要保留。其中最重要的保留涉及雅可比未能支撑其斯宾诺莎批判，从而也未能从根本上质疑现代思想的视域。

虽然这构成了施特劳斯和雅可比之间至关重要的、并在某一方面具有决定性的一个分歧点，但绝不是一个必需告别的时刻，也没有充分表达施特劳斯的最终评价。纵观他的分析，施特劳斯一再表明，雅可比立场中的很多含混和矛盾可能是故意的。在反对启蒙（Aufklärung）的活动中，雅可比不断改变策略，不断地转移战线，根据对手的表现，他会交替支持诸如斯宾诺莎和霍布斯

---

① 关于施特劳斯这一阶段的思想发展，参简森斯，"问题与洞穴：施特劳斯早期著作中的哲学、政治和历史"（Questions and Caves：Philosophy，Politics，and History in Leo Strauss's Early Work），见《犹太思想和哲学杂志》（*The Journal of Jewish Thought and*，*Philosophy*），2000 年第 10 期，页 111 – 144。

的激进无神论，以反对启蒙派（Aufklärer）的深思熟虑的教条主义，或发起对基督教和传统的英勇防御，以反对激进启蒙的无神论教条主义。施特劳斯的这种灵活性意味着：雅可比或许既不是一个教条的无神论者，也不是一个宗教狂热者。在评论门德尔松面对其对手的立场时的手足无措时，施特劳斯写道：

> 人们已经注意到，他缺乏雅可比的精神自由，因此，他仍然无法理解雅可比何以在无神论与基督教之间摇摆不定：有时候，他真的不知道他碰到的雅可比是个无神论者还是个基督徒；只在短暂的瞬间，他能上升到这样的洞见：雅可比是一位哲人。（*EMFL*, *GS*, 卷二，页570）

根据施特劳斯的看法，雅可比这种独特行事方式（modus operandi）的伟大榜样正是莱辛本人。在其作为著作家和思想家的声誉得以确立的种种争论中，莱辛曾交替为极端的正统学说和激进启蒙作辩护，却没有效忠于任一阵营。他无法依附任何学说，他的忠诚只中意处于两者之间或超越于两者之外的难以捉摸的真理。对此真理的探索，使他可以用相互冲突的观点作试验，最终却不接受其中任何一种。这种哲学的自持，在他著名的悖论之爱和他对超越教条的对话的偏爱中得到表达。反对他的朋友的"戏剧逻辑"（Theaterlogik）的门德尔松，难以企及莱辛思想的这一极其重要的方面：他无法接受一个悖谬的真理，而将每一种哲学论争斥为"纯粹的口头分歧"，这种口头分歧反对由常识理解所意识到的确定性的固定背景。由于他把哲学等同于本体论，所以，他无法领会莱辛思想的辩证风格，雅可比就部分仿效了此辩证风格。

如果一个人关注如何（the How）而非什么（the What）——而对于雅可比与莱辛而言，他们同样更看重伟大的思想方式而非赏识这个或那个意见——他会倾向于思考这种可能性：雅可比是莱辛在他的同时代人中所发现的最聪明的追随者……雅可比并非完全没有理由地认为自己是莱辛的合法继承人，也是后者的非教条式的例外思考方式的合法继承人。① 诚然，这一评价中的含蓄赞美是有所保留的。首先，它没有削弱施特劳斯反对雅可比的针对性：施特劳斯反对雅可比的历史主义，也反对雅可比未能将他的现代理性主义批判进行到底。此外，施特劳斯在别处暗示，雅可比甚至不曾完全看穿莱辛的反讽之广度，也许成了此反讽的盲从者。② 但无论如何，它意味着雅可比施于施特劳斯思想的任何影响，相对莱辛对施特劳斯的影响而言都是次要的，甚至是以后者为条件和中介的。尽管对这一影响的恰当评价会超出施特劳斯论文的范围，但给出两例以支持这一论点并无不当。

首先，有证据表明，在施特劳斯重新发现古代和现代早期思想家的写作技艺的过程中，莱辛扮演了重要角色。这一点从施特

---

① *EMFL*, *GS*, 卷二，页542。比较施特劳斯对门德尔松的立场的刻画，见"《致莱比锡莱辛硕士先生的公开信》前言"（Einleitung zu *Sendschreiben an den Herrn Magister Lessing in Leipzig*），*GS*，卷二，页474，556。比较施特劳斯，*EPLJ*，*GS*，卷二，页282。再比较施特劳斯，《霍布斯的政治哲学：其基础与开端》（*The Political Philosophy of Hobbes: Its Basis and Its Genesis*, trans. Elsa M. Sinclair, Oxford: Clarendon Press, 1936），页145。

② 正如施特劳斯指出的那样，在向雅可比坦承对他而言"除斯宾诺莎之外别无哲学"之前，莱辛已通过下面这句话描述了其承诺，"如果我要将自己归于何人门下，我知道没有比[归于斯宾诺莎门下]更好的了（If I were to name myself after anyone, then I know no one better）"。他以类似的口吻对雅可比宣称"我的信条不在斯宾诺莎身上"，可他复又以反讽的口吻回答："我希望我的信条不在任何一本书中。"这等于说，甚至也不在斯宾诺莎的书中。参施特劳斯，*EMFL*, *GS*，卷二，页546。在"剖白"中谈及雅可比与莱辛的对话时，施特劳斯称赞后者说："就我所知，他是只就某一哲学主题即兴创作现场对话的作者。"在一文本中回顾《斯宾诺莎对宗教的批判》时，他说："在此项研究中，对我帮助巨大的人是莱辛。"也就是说，不是雅可比。参施特劳斯，"剖白"，*JPCM*，页462。

劳斯为门德尔松的《上帝的事务抑或救赎之天命》所写的"导言"中可以推断出来。在探讨门德尔松和莱布尼兹为永罚作辩护时的不同做法时，施特劳斯写下了如下值得注意的评论：

> 可是，莱布尼兹并不相信基督教传统所理解的永罚……他依然能捍卫教会教义的事实，最终植根于决定其所捍卫的内容的确信：整体的美和秩序无条件地超越了诸部分的幸福，因此也超越了人类的幸福；与此确信分不开的是，对至福的确信就在于对宇宙秩序的静观的确信。因为，静观理想同时将人类划分为"哲人"（the wise）和"大众"（the many），并重视传达真理的双重方式：一为隐微方式，一为显白方式。（*GS*，卷二，页 522）

虽然施特劳斯在其评论中并未提及，但他清楚地知道这一观点的来源除了莱辛没有别人。这一点，已为"显白的教诲"一文所证实，该文写于三年之后的 1939 年，不过当时施特劳斯并未选择发表。在这篇文章中，他提到《莱布尼兹论永罚》，莱辛就莱布尼兹对永罚的正统观点的辩护有如下评论：

> 相比古代哲人在其显白言论中的惯常做法，他做得不多不少，恰如其分。他持守对于公开言论的审慎态度，的确，我们最近的大多数哲学家已经变得太聪明了……我承认莱布尼兹谈论永罚教义的方式相当显白，而在就此主题表达自己的看法时，他采取的则是完全不同的隐微方式。①

在同一文本的末尾，莱辛指出了一位重视这种审慎态度的古代哲人，他就是苏格拉底，他"以完全的严肃态度相信永罚，或

---

① 莱辛，《莱布尼兹论永罚》（*Leibniz von den ewigen Strafen*, in Werke in acht Bänden, München: Carl Hanser Verlag, 1979），卷七，页 180-183。比较施特劳斯"显白的教诲"，见《古典政治理性主义的重生》，页 65。在其引文中，施特劳斯并未引用末句。

者至少在下述意义上相信永罚：他认为用言辞传讲永罚是权宜之计（zuträglich），这样最不会引起怀疑并且最直白"（莱辛，《莱布尼兹论永罚》，著作集卷七，页196）。施特劳斯在《迫害与写作艺术》中全文引用了这段话，就表明他未曾忽视这一评论（施特劳斯，《迫害与写作艺术》，页182）。如施特劳斯在"显白的教诲"中所指出的那样，"莱辛是最后一位揭示又隐藏迫使哲人隐藏真理的原因的著作家：他将在字里行间写作写在了字里行间"。① 同样，施特劳斯开始由其学习如何在字里行间阅读的第一位著作家，很可能正是莱辛。

其次，作为莱辛的非教条思考方式及其写作技艺的勤奋学生，施特劳斯知道莱辛通晓中世纪犹太和伊斯兰神学与哲学。② 并非没有可能的是，这与施特劳斯自己的研究有某种关联。因此，施特劳斯在1946年草拟了一个暂名为"哲学与律法"的著作计划，最后一章致力于研究莱辛的《智者纳坦》（*Nathan der Weise*）。虽然这部著名的剧作通常被认为是给门德尔松的献礼，是开明宽容的标志，施特劳斯在一处显著的不同解释中提示说："对迈蒙尼德

---

① 施特劳斯，"显白的教诲"，见《古典政治理性主义的重生》，页64。比较考夫曼（Clemens Kauffmann），"施特劳斯与罗尔斯"（Strauss und Rawls），见《政治哲学的困境》（*Das philosophische Dilemma der Politik*, Berlin: Duncker & Humblot, 2000），页129-141。

② 1747年，莱辛完成了一部题为《青年学者》（*Der junge Gelehrte*）的喜剧。在这部戏剧开头，作为一个青年学者的主人公，正在读迈蒙尼德的《密西拿·托拉》（*Mishneh Torah*）。见莱辛，《著作集卷一》，页282。在莱辛特意发表的著名的《残片》（*Fragments*）中，莱马鲁斯（Hermann Reimarus）赞美迈蒙尼德是"所有犹太人中最有智慧的（verständigste）"。见莱辛，《论自然神论者的宽容》（*Von Duldung der Deisten*）。《未署名残片》（*Fragment eines Ungenannten*），《著作集卷七》，页322。比较尼沃纳（Friedrich Niewöhner），"理性作为对神的诚挚顺从——莱辛与伊斯兰教"（Vernunft als innigste Ergebenheit in Gott. Lessing und der Islam），载《新苏黎世报》（*Neue Zürcher Zeitung*），2001年262期，页83。

这个人的记忆，很可能是莱辛《智者纳坦》的潜在母题之一，树立这样一座卓越的诗化丰碑，是为了向中世纪犹太哲学表示敬意。"① 但我们仍然非常不清楚，莱辛是否并在何种程度上将施特劳斯引向了迈蒙尼德的写作技艺，或许还将其引向了柏拉图对话的戏剧逻辑，柏拉图树立这些丰碑是为了向苏格拉底式的古典哲学表示崇敬。② 尽管如此，如果说"施特劳斯曾经是一个雅可比分子"这样的观点有某种根据，那么，就有更多的理由去探究这样的可能性：施特劳斯后来成了一个忠实的莱辛分子。③

---

① 施特劳斯，"一份暂名为《哲学与律法》的著作计划"，载 *JPCM*，页470。在同一文本中，施特劳斯宣称："当为'周年纪念版'门德尔松文集准备其形而上学著作的修订版时，我发现了一些不为人知的材料，这些材料为理解那场论争投下了新光。"可是，这份材料有何内容，从正文中看不清楚，导论中也没有交代清楚。尽管这本论著从未出版，在芝加哥大学图书馆的施特劳斯遗著中，仍有零星的证据表明他曾致力于解释《智者纳坦》。比较列奥·施特劳斯《论文集》（*Papers*），盒11，文件夹编号7。

② 施特劳斯，*EMFL*，*GS*，卷二，页535。也请思考施特劳斯对门德尔松将《黎明时分》（*Morgenstunden*）打造为一出对话的写作技艺的评论："对话是一种戏剧；一出戏，作为一种诗艺的产物，是对自然的理想化描述，在特定情况下，才是对真实事件的理想化描述；艺术是戏仿，而生活是严肃的。"施特劳斯，*EMFL*，*GS*，卷二，页590。

③ 在1971年致阿尔特曼的信中，施特劳斯承认他受惠于莱辛良多。比较迈尔的"编者序言"（Vorwort des Herausgebers），见 *GS*，卷二，页33。1937年，施特劳斯写一则笔记"忆莱辛"（Eine Erinnerung an Lessing），他在该文中写道：在莱辛的同时代人中间，找不到"一个人有莱辛那样的精神自由"；*GS*，卷二，页607–608。这篇论文早前的版本曾发表在鲁汶天主教大学2001年5月的"形而上学研讨课"上。感谢热拉尔（Gilbert Gérard）、托赫派（Emmanuel Tourpe）和沃斯（Ludovicus De Vos）的评论。

宗教哲学还是政治哲学?

——施特劳斯与古特曼的争执

阿多里西奥（Chiara Adorisio）

何祥迪 译　张缨 校

[摘要]此文重构和考察了施特劳斯与古特曼（Julius Gutt-mann，1880－1950）之间就如何解释中世纪犹太哲学的本质所发生的争执。中世纪犹太哲学的本质特点是一种宗教哲学么？抑或如施特劳斯在批评古特曼时提出的反驳所言：若是我们考虑到，中世纪犹太理性主义者们把哲学与犹太教之间的关系问题，根本构想为哲学与律法之间的关系问题，将对中世纪犹太哲学的本质特征有更好的理解？

尽管在古特曼与施特劳斯的著作中，他们似乎都以一种历史的方式来讨论对中世纪犹太哲学问题的解释，但事实上，他们的论证都植根于某种理论和哲学旨趣。对犹太教和信仰，施特劳斯与古特曼遵循不同的哲学方法，拥有不同的个人态度，但是，他们都试图求教于中世纪和古代哲学，以图理解现代和当代理性主义的种种问题。

20世纪20年代和30年代早期，是德国知识分子极度动荡不安的岁月。在这个所谓的"魏玛共和国"时代，发生了许多重要的哲学讨论。哲人施特劳斯与犹太哲学史家古特曼之间的争执，正是始于这种激烈地质疑哲学、宗教和政治的背景之下。

那时，施特劳斯还是一位年轻的研究员，他一方面专注于重新思考现代哲学的起源和基础问题，另一方面专注于研究中世纪犹太和伊斯兰哲学传统。

1924 至 1930 年期间，施特劳斯着手分析现代犹太教在当时的困境，这一分析是通过"神学－政治难题"（theological－political conundrum）来把握的，其研究目标聚焦于理解现代文化的基础。1924 年，他发表了一篇题为"柯亨对斯宾诺莎圣经学的分析"（Cohens Analyse der Bibelwissenschaft Spinozas）的哲学论文，着重研究柯亨（Hermann Cohen）对斯宾诺莎（Spinoza）的解释。① 在这篇文章中，他将柯亨对待斯宾诺莎的立场描述为极具原创性和独立性。柯亨既指出《神学政治论》（*Theological-political Treatise*）的重要性，又批判了斯宾诺莎，然而，当时的自由派和复国派犹太人却倾向于赞扬斯宾诺莎。在"柯亨对斯宾诺莎圣经学的分析"一文中，施特劳斯考察了柯亨批判斯宾诺莎《神学政治论》② 的论文，他批评柯亨对斯宾诺莎的批判缺乏客观性，此外，施特劳斯还思考了柯亨本人的哲学预设。在关于柯亨反对斯宾诺莎的文章中，施特劳斯首次阐发了对哲学中的历史方法的批判，这也是他批评古特曼的基础。在施特劳斯看来，柯亨没有充分注意到，

---

① 施特劳斯，"柯亨对斯宾诺莎圣经学的分析"（Cohens Analyse der Bibelwissenschaft Spinozas），见《犹太人》（*Der Jude*），1924 年，5/6 月第 8 期，页 295－314。亦收录于德文版《施特劳斯文集》（*Gesammelte Schriften*），迈尔（Heinrich Meier）编，卷一，《斯宾诺莎对宗教的批判及相关文稿》（*Die Religionskritik Spinozas und zugehörige Schriften*，Stuttgart and Weimar：Metzler，1996，2001），页 323－332。此文英译收入赞克（Michael Zank）编译《施特劳斯早期文稿》（*The Early Writings*，1921－1932，Albany，N. Y.，SUNY Press，2002），页 140－172（［中译编者按］中译见施特劳斯，《斯宾诺莎对宗教的批判》，李永晶译，北京：华夏出版社版，2011）。施特劳斯研究斯宾诺莎的著述，同样见于法译本：*Le Testament de Spinoza：Écrits de Leo Strauss sur Spinoza et le judaïsme*；texts réunis，trad. et annotés par Gérard Almaleh，Albert Baraquin，Mireille Depadt－Ejchenbaum，Paris：du Cerf，1991。

② 柯亨，"斯宾诺莎论国家与宗教、犹太教与基督教"（Spinoza über Staat und Religion，Judentum und Christentum），收录于《柯亨犹太著作集》（*Hermann Cohens Jüdische Schriften*，Franz Rosenzweig 作序，Bruno Strauss 编，Berlin：Schwetschke，1924），卷二，页 290－372。

事实上他本人是现代思想的一位信徒。

　　施特劳斯的第一本书研究斯宾诺莎的《神学政治论》和他的宗教批判，该书写于 1925 至 1928 年间，出版于 1930 年。施特劳斯考察了斯宾诺莎对宗教的批判，从所谓激进启蒙的批判传统来思考它。施特劳斯表明，启蒙主义者的宗教批判，最终并没有决定性地驳倒启示宗教的假设，因而，残存着宗教正统派进行反击的危险空间，因此，施特劳斯宣称，宗教批判——激进启蒙的典型行为——不过是一种辩护式的批判。它基于这样的假设：伪称自己建立在科学之上，其实却建立在激进地反宗教的动机之上。斯宾诺莎宗教批判的基础并非圣经学，但宗教批判却是其圣经学的先决条件。① 进而，在面对斯宾诺莎和迈蒙尼德（Maimonides）的各自立场时——前者在《神学政治论》中批判了迈蒙尼德，施特劳斯最终意识到迈蒙尼德的哲学立场在哲学与犹太教关系问题

---

　　① 施特劳斯，《斯宾诺莎对宗教的批判作为其圣经学的基础：斯宾诺莎〈神学政治论〉探究》（*Die religionskritik Spinozas als Grundlage seiner Bibelwissenschaft：Untersuchungen zu Spinozas theologisch – politischem Traktat*，Berlin：Akademie Verlag，1930），再版于《施特劳斯文集》（*Gesammelte Schriften*）卷一，页 63–355。英译本见施特劳斯，《斯宾诺莎对宗教的批判》（*Spinoza's Critique of Religion*，Elsa M. Sinclair 英译，New York，1965）。此书代表了对斯宾诺莎《神学政治论》（*Tractatus Theologico – Politicus*）的一种极为精当的研究，与此同时，它还分析了现代启蒙运动与宗教正统派之间的冲突。施特劳斯在分析中强调，现代宗教批判的起源，既源自于伊壁鸠鲁派的宗教批判，也源自伊壁鸠鲁式宗教批判的中世纪和现代修正形式。关于施特劳斯就阿威罗伊（Averroes）对斯宾诺莎《神学政治论》的影响的解释，见塔默（Georges Tamer），《伊斯兰哲学与现代危机：从施特劳斯到阿尔法拉比、阿维森纳和阿威罗伊》（*Islamische Philosophie und die Krise der Moderne：Das Verhältnis von Leo Strauss zu Alfarabi, Avicenna und Averroes*，Leiden：Brill，2001），页 39–57。另见克吕格（Gerhard Krüger）对施特劳斯的斯宾诺莎著作的书评，刊《德意志文学报》（*Deutsche Literaturzeitung*），1931 年 12 月 20 日第 51 期，页 152–157。

上的复杂性。由此，他开始①怀疑"理性的自我解构"（如他对当时思想中现代理性主义危机的界定）"是不是不同于前现代理性主义——尤其是不同于中世纪犹太理性主义及其古典（亚里士多德和柏拉图式的）根据——的现代理性主义的必然结果"。② 施特劳斯认为，对中世纪犹太哲学和伊斯兰哲学的理解，内蕴着克服现代理性主义缺陷的钥匙，正是带着这样的想法，他着手研读前现代哲学的传统文本，尤其是犹太哲学和伊斯兰哲学。③ 1965 年，施特劳斯在其著作《斯宾诺莎对宗教的批判》（*Spinoza's Critique of religion*）的英译本"序言"中说，他 1930 年研究斯宾诺莎的著作基于这样的前提——此前提受"某种强有力的偏见"主导④——即返回前现代哲学是不可能的。⑤

---

① 施特劳斯，"《斯宾诺莎对宗教的批判》导言"（Preface to *Spinoza's Critique of Religion*），收入施特劳斯，《古今自由主义》（*Liberalism Ancient and Modern*，New York：Basic Books，1968），页 256 – 257。

② 施特劳斯把现代理性的危机（the crisis of modern reason）描述为理性的一种自我解构，这一自我解构在哲学上开启了反理性主义运动之门，在政治上，它开启了极权主义运动（totalitarian movements）之门，该运动敌视任何种类的批判和任何理性的运用。见施特劳斯，"《斯宾诺莎对宗教的批判》导言"，页 224 – 257。

③ 施特劳斯研究斯宾诺莎的著作写于 1925 到 1928 年间，于 1930 年出版，在此期间，他已经在研究中世纪伊斯兰和犹太哲学。进而，他在书中用一章篇幅，致力于对斯宾诺莎《神学政治论》中反对迈蒙尼德的论证的展开作出精当的分析，见施特劳斯，《斯宾诺莎对宗教的批判》（*Die Religionskritik Spinozas*）及其英译本。

④ 见"《斯宾诺莎对宗教的批判》导言"，页 257。

⑤ 在以下这篇文章中，施特劳斯首次表达了自己取向的改变：施特劳斯，"施米特'政治的概念'评注"（Anmerkungen zu Carl Schmitt 'Der Begriff des Politischen'），刊《社会学与社会政治学文库》（*Archiv für Sozialwisssenschaft und Sozialpolitik*），1932 年，第 67 期，页 732 – 749；亦见迈尔编《施特劳斯文集》卷三，《霍布斯的政治学及相关文稿 – 书信》（*Hobbes' politische Wissenschaft und zugehörige Schriften – Briefe*，Stuttgart and Weimar：Metzler，2001），页 217 – 238，（转下页）

　　当施特劳斯相信返回古代是可能的时候，他还是柏林犹太科学研究院（Akademie for die Wissenschaft des Judentums）的一位研究员，自 1925 年起，他就在这里工作，从事斯宾诺莎研究及门德尔松（Moses Mendelssohn）全集"周年纪念特刊"（Jubiläumsausgabe）的编订。古特曼将施特劳斯吸纳为研究中心的成员，他本人则在 1922 年就继承了首任学院主任陶伯勒（Eugen Täubler）的席位。

　　1930 年，施特劳斯出版了第一部研究斯宾诺莎的著作，题为《斯宾若莎的宗教批判作为其圣经学的基础》（*Die Religionskritik Spinozas als Grundlage Seiner Bibelwissenschaft*），这时他与古特曼的分歧就出现了。[①] 1935 年，两人之间的分歧加大，当年，施特劳斯

（接上页）此文由辛克莱尔（Elsa M. Sinclair）英译，作为附录收录于《斯宾诺莎对宗教的批判》英译本，页 331 - 351；同时收入施米特（Carl Schmitt），《政治的概念》（*The Concept of the Political*，New Brunswick，NJ：Rutgers University Press，1976），页 81 - 105。这些出版的细节，见迈尔，《施米特、施特劳斯与'政治的概念'：隐匿的对话》（*Carl Schmitt, Leo Strauss und "Der Begriff des Politischen"*，*Zu einem Dialog unter Abwesenden*，erweiterte Neuausgabe ［增订新版］，Stuttgart and Weimar：Metzler，1998）。英文版见 *Carl Schmitt and Leo Strauss*，*The Hidden Dialogue. Including Strauss's Notes on Schmitt's The Concept of the Political and Three Letters from Strauss to Schmitt*，J. Harvey Lomax 英译，Josepb Cropsey 作序，University of Chicago Press，1995。［中译编者按］中译见迈尔，《隐匿的对话》，朱雁冰等译，北京：华夏出版社，2002。

　　① 古特曼的"门德尔松、耶路撒冷与斯宾诺莎的《神学政治论》"（Mendelssohn, Jerusalem und Spinozas theologisch - politischer Traktat）一文，发表在《犹太教学术研究院学院评论》（*Bericht der Hochschule für die Wissenschaf des Judentums*），1931 年，第 48 期，页 37 - 67。在这篇文章中，古特曼解释了为什么他不同意施特劳斯对斯宾诺莎的解释。施特劳斯和古特曼之间的分歧，推迟了施特劳斯在 1925 至 1928 年期间研究斯宾诺莎著作的出版，在 1931 年 10 月 3 日写给克吕格（Gerhard Krüger）的信中，施特劳斯提到了他和古特曼的争论。在这封信中，施特劳斯说，他研究斯宾诺莎的书在审查制条件下（under the conditions of censorship）写成。进而，他要求克吕格在(转下页)

出版《哲学与律法》（*Philosophie und Gesetz*），① 该书由论述犹太教各种主题的文章组成，其中包括"犹太哲学中的古今之争：评古特曼的《犹太哲学》"（Der Streit der Alten und der Neueren in der Philosophie des Judentums，Bemerkungen zu Julius Guttmann，*Philosophie des Judentlims*），此文批判性地概览了古特曼对中世纪犹太哲学的立场。

　　几年后，古特曼在一篇文章中回应了施特劳斯的批评，此文写于 1940 至 1945 年期间，但一直没有发表，直到古特曼逝世后的 1950 年才为他的妻子发现。幸而索勒姆（Gershom Scholem）将其作为古特曼遗著发表在《以色列科学和人文学学刊》（*Proceedings of the Israel academy of Sciences and Humanities*）上。② 此外，在希伯来语增订版的《犹太哲学》（Die Philosophie des Judentums，1951）中，古特曼评论了施特劳斯的批评，在这里，古特曼对施特劳斯的迈蒙尼德解释添加了一个注释。③ 尽管古特曼批评施特劳

　　（接上页）书评中尽可能清楚地表达此书的真正意图，要比他自己能够做到的表达得更好；见《施特劳斯文集》（*Gesammelte Schriften*），卷三，页 393。许多年之后的 1964 年，施特劳斯在《霍布斯的政治科学及其起源》（*Hobbes' politische Wissenschft in ihrer Genesis*）一书的"序言"中写道，克吕格确实比他自己所能做的更好地表达了 1930 年所出版的那本书的意图和结果；见《施特劳斯文集》卷三，页 8。

　　① 施特劳斯，《哲学与律法：论迈蒙尼德及其先驱》（*Philosophie und Gesetz：Beiträge zum verständnis Maimunis und seiner Vorläufer*，1935），收入迈尔编《施特劳斯文集》卷二，《哲学与律法及早期文稿》（*Philosophie und Gesetz－frühe Schrfteni*，Stuttgart and Weimar：Metzler，1997）。英译本见 *Philosophy and Law*，trans. Eve Adle，Albany，NY：SUNY Press，1995。

　　② 古特曼，"宗教哲学抑或律法哲学？"（Philosophie der Religion oder Philosophie des Gesetzes?）刊《以色列科学与人文学学刊》（*Proceedings of the Israel Aacademy of Sciences and Humanities*），1974 年，5/6 月号，页 147－173。

　　③ 1972 年 11 月 7 日，索勒姆（Gerschom Scholem）致信施特劳斯，说他发现了古特曼对《哲学与律法》的回应。这是一篇长达三十页的未竟手稿。1972 年 12 月 17 日，施特劳斯回信给索勒姆，他写道：我很乐于看到古（转下页）

斯的著作，他仍然十分敬重施特劳斯，并推荐他接替自己在希伯来大学的教席。

施特劳斯对古特曼《犹太哲学》的批评

在"犹太哲学中的古今之争"一文中，施特劳斯批评了古特曼具有权威性的犹太哲学史，要理解这篇文章，必须考虑到施特劳斯重返前现代思想的观点，因为，施特劳斯在其研究斯宾诺莎的重要著作出版后，才发展出这种观点，这一观点尤其表现在他于 1935 年结集出版的《哲学与律法》中。

尽管《哲学与律法》一书中的文章写于不同时期，却可以把它看作是施特劳斯提出对迈蒙尼德的新解释的一种尝试，迈蒙尼德的理性主义与现代的理性主义相比，似乎能够为当代哲学的困境提供解决方案。施特劳斯对迈蒙尼德的新解释，① 同样是他对

（接上页）特曼对《哲学与律法》的批评。如果不是太麻烦和/或太破费的话，请费神给我一份复印件。您想必知道，一定程度上，古特曼的批评立足于他的《犹太哲学史》的希伯来文（或英文）译本；他似乎意识到，我比他原本所想的更变通或捉摸不定（more flexible or slippery）一些。见《施特劳斯－索勒姆通信集》（*Leo Strauss － Gerschom Scholem：Korrespendenz*），收录于《施特劳斯文集》卷三，页 764 – 765。[中译按]两信中译见《回归古典政治哲学——施特劳斯通信集》，迈尔（Heinrich Meier）编，朱雁冰、何鸿藻译，北京：华夏出版社，2006，页 472 – 473。

① 关于施特劳斯对迈蒙尼德的解释，见赞克（Michael Zank），"唤起怀疑、反对一种偏见：施特劳斯和迈蒙《迷途指津》的研究"（Arousing Suspicion Against a Prejudice：Leo Strauss and the Study of Maimonides' *Guide of the Perplexed*），收录于《迈蒙尼德：其宗教、科学和哲学在不同文化处境中的影响史》（*Moses Maimonides* (1138 – 1204)：*His Religious，Scientific，and Philosophical Wirkungsgeschichte in Different Cultural Contexts*，ed. Görge K. Hasselhoff and Otfried Fraisse，Würzburg，2004），页 549 – 571。对这个主题提供不同解释的其他重要研究是：布哈格（Remì Brague）的"施特劳斯与迈蒙尼德"（Leo Strauss et Maïmonide），见 Shlomo Pines 和 Yirmiyahu Yovel （转下页）

犹太教和伊斯兰教资源的解释，恰如施特劳斯所指出的那样，这
个新解释首先受到柯亨①的启发，柯亨认为，迈蒙尼德是"中世
纪犹太教中理性主义的经典传人"（the classic of rationalism in me-
dieval Judaism），而且，较之与亚里士多德的关系，这种理性主义
与柏拉图更为协调。② 据施特劳斯说，虽然他受到柯亨解释迈蒙尼

（接上页）编，《迈蒙尼德和哲学》（*Maimonides and Philosophy：Papers Presen-
ted at the Sixth，Jerusalem Philos. Encounter*，May 1985，The Hebrew University of
Jerusalem，Dordrecht et al：Nijhoff，1986），页 246 - 268。格林（Kenneth Hart
Green），《犹太人与哲人：在犹太思想中施特劳斯对迈蒙尼德的回归》（*Jew
and Philosopher：The Return to Maimonides in the Jewish Thought of Leo Strauss*，
Albany，SUNY Press，1993）。弗拉德金（Hillel Fradkin），"得体的言辞：迈
蒙尼德解释和施特劳斯的遗产"（A Word Fitly Spoken：The Interpretation of
Maimonides and the Legacy of Leo Strauss），收入《施特劳斯与犹太教》（Leo
Strauss and Judaism：Jerusalem and Athens Critically Revisited，David Novak 编，
Lanham，1996），页 79 - 80。

① 施特劳斯认为，柯亨曾正确地直觉到迈蒙尼德受到柏拉图影响，但
是，他同样认为，柯亨支撑这一说法的论证是有缺陷的。尽管施特劳斯完全
不采用柯亨的哲学方法，尽管他批评柯亨试图通过综合现代哲学与犹太教的
方法返回犹太教传统的尝试，但是，对于柯亨在批判斯宾诺莎和解释迈蒙尼
德中所提出的各种问题，施特劳斯却极为重视，从其哲学生涯伊始直到最后
的文章，施特劳斯都深受柯亨的思考方式的激发。见施特劳斯为柯亨著作
《源于犹太教的理性宗教》所作的"导论"（Hermann Cohen，Religion of Rea-
son out of the Sources of Judaism，New York：Frederick Ungar，1972），页 XX
III - XXXVIII；再版于施特劳斯，《柏拉图式政治哲学研究》（Studies in Pla-
tonic Political Philosophy，Chicago and London：The University of Chicago Press，
1983），页 233 - 247。1931 年在柏林的一次讲座上，施特劳斯分析了柯亨对
迈蒙尼德的立场，该演讲题为"柯亨与迈蒙尼德"（Cohen und Maimuni），发
表于迈尔编《施特劳斯文集》，卷二，页 393 - 436。亦见 1931 年 5 月 7 日施
特劳斯致克吕格的信，收入《施特劳斯文集》，卷三，页 384 - 385。

② 见柯亨，《源于犹太教的理性宗教》（*Religion der Vernunft aus den Quellen
des Judentums*，Frankfurt am Main：J. Kauffmann，1929），页 73，386，410；亦见
柯亨，"迈蒙尼德伦理学的特征"（Charakteristik der Ethik Maimunis（转下页）

德的引导，① 但是他认为，柯亨的这种解释仍然过于受自己现代
启蒙视角的影响，施特劳斯试图重新解释中世纪犹太理性主义及
其伊斯兰资源：以柏拉图哲学为基础的中世纪犹太和伊斯兰理性
主义似乎是"一种真正的理性主义"（an authentic rationalism），
而现代理性主义则显出自己不过是"一种虚幻的理性主义
（Schein – Rationalismus）（《哲学与律法》，见《施特劳斯文集》，
卷二，页9）。施特劳斯重新解释了柏拉图《王制》中的洞穴神话
（同上，《施特劳斯文集》，卷二，页 13 – 14），目的就是要为这一
论题提供例证，尤其是要表明，转向中世纪的理性主义以便学会
如何认识现代理性主义的缺陷何以可能。施特劳斯想象了第二个
并且是更深的洞穴，它是现代人所挖掘的，居于柏拉图的第一个
自然洞穴之下，而且他认为，作为下降到这第二个人造洞穴的结
果，我们现代人必须成为历史学家，也就是说，我们需要历史，
以便再次抵达第一个洞穴，"从那里出发，或许苏格拉底能将我们
带向光明"。历史分析必须具备的唯一首要的功能就是，让我们再
次从第二个人造的洞穴中，上升到第一个自然洞穴的层面，后者
代表了哲学的自然困境（the natural difficulties of philosophy）。据
施特劳斯看来，对于具有感觉和精神的人类而言，这些困境是自
然的，也就是说，"在柏拉图看来，感觉（senses）带来了这些困
境。我们称这些困境是'自然的'（natural），因为存在着'非自

（接上页）[1908]），收入《柯亨犹太著作集》（*Hermann Cohens Jüdische Schr-
ften*），卷三，页 221 – 289；英译文收入柯亨，《迈蒙尼德的伦理学》（*Ethics
of Maimonides*, trans. and coment. , Almut Sh. Bruckstein, Madison, WI：The U-
niversity of Wisconsin Press, 2004）。

① 施特劳斯在此书开头和结尾都提及柯亨对迈蒙尼德的解释。此外，
在 1931 年犹太教学术研究院礼堂所召开的会议"柯亨与迈蒙尼德"上，施
特劳斯就孕育了《哲学与律法》最后一篇文章的主题。见前注 14。

然的'困境，但后者在某种前提下才起作用"。① 施特劳斯发现，
迈蒙尼德的《迷途指津》（*Guide of the Perplexed*）首次表达了这种
思想，在这里，迈蒙尼德反思了哲学中的不一致的原因，他声称，
一旦"一种基于传统的启示步入哲学的世界"（同上，页386），
第四因——他称为"习惯和教养"，就被增加到"关于各种事物
的不一致的三个原因上"，前三个原因曾由希腊人阿弗洛狄西亚的
亚历山大（Alexander of Aphrodisias）作了分辨。在施特劳斯看来，
现代人基本上仍处于相同的境况中，但他们"更多地为反驳传统
的传统（the tradition of the polemics against tradition）而非为了传
统本身"而下降到了第二个洞穴，现代哲学家要想夺回某种自然
的、"系统的"哲学的可能性，就得采用新的方式来阅读古代和
中世纪的文本，施特劳斯将这种阅读方法定义为："在阅读中学
习"（lesendes Lernen），② 其特点就是，真正渴望向古代文本
学习。

在"犹太哲学中的古今之争"一文中，施特劳斯清楚地表
明，古特曼的《犹太哲学》不仅是研究犹太哲学史的一部作品，
它本身就是一篇哲学论文。在施特劳斯看来，正是一种哲学旨趣
诱使古特曼撰写了《犹太哲学》。在这种旨趣的引导下，古特曼
宣称，中世纪犹太哲学的主要特点可被视为一种宗教哲学（a phi-
losophy of religion）。施特劳斯对此表示反对，他指出，古特曼在
研究中世纪哲学时引入了一种现代区分（a modern distinction），
这种区分外在于中世纪思想，与后者迥然相异。古特曼的哲学方
法受到现代文化哲学的影响，在此基础上，古特曼辩称，有必要
反思"宗教的方法论价值问题"（das Problem des methodischen

---

① 见施特劳斯，"当今的宗教状况"（Religiöse Lage der Gegenwart），见
《施特劳斯文集》，卷二，页386。
② 见施特劳斯，"艾宾豪斯书评"（Besprechung von Julius Ebbinghaus
[1931]），见《施特劳斯文集》卷二，页438–439。

Eigenwerts der Relgion）（《哲学与律法》，见《施特劳斯文集》卷二，页 30）。此外，施特劳斯强调，在 1922 年古特曼发表的题为"中世纪和现代思想中的宗教与科学"（Religion und Wissenschaft im mittelalterlichen und im modernen Denken）的文章中（同上，卷二，页 30－31），可以很清楚地看到，何以古特曼不仅受到康德思想而且受到施莱尔马赫（Schleiermacher）思想的影响。[①] 古特曼求助于康德和施莱尔马赫，以便将宗教哲学的根本任务描述为对宗教意识的分析（the analysis of religious consciousness），并将一般而言的哲学的根本任务描述为在不同领域得以表述的对文化的分析（the analysis of culture）。在施特劳斯看来，古特曼描述宗教问题的方法忽略了宗教自身的本质特征，因为通过文化的概念无法真正地理解宗教，文化的概念被构想为人类精神的一种自发产物。对施特劳斯而言，恰当意义上所理解的宗教并不具有这种特征。也就是说，不能认为宗教只是一个独特的"有效域"（domain of validity），或者只是一个"独特的真理域"（particular domain of truth），因为宗教立志于普遍性。施特劳斯相信，宗教就像政治，它是一种"原初的事实"（original fact），因而是一种超越文化的事实。

尽管施特劳斯承认，古特曼与文化哲学（Kulturphilosophe）保持某种距离，他仍反对古特曼把"宗教的方法论价值"的概念看作是真正科学地理解圣经的唯一保证。在此基础上，古特曼声称，现代哲学优越于中世纪哲学，因为它把宗教和哲学区分为

---

① 关于古特曼著作中所受哲学影响的问题，亦见班伯格（Fritz Bamberger），"犹太哲人古特曼"（Julius Guttmann – Philosoph des Judentums）收入《古特曼的〈犹太教哲学〉》（Die Philosophie des Judentums von Julius Guttmann, mit einer Standortbestimmung von Esther Seidel und einer biographischen Einführung von Fritz Bamberger, Berlin：. Jüdische Verlaganstalt, 2000），页 7－40。

"不同有效性的领域"（spheres of different validity）。现代思想的优点是，把哲学真理和宗教真理分离为两个领域，由此带来了另一个优点，使人认识到宗教思想家与哲学家之间的差异。与之相反，中世纪哲学并没有在这两个领域之间作出方法论上的区分，而是把两者的内容等同起来。于是，古特曼的分析强调，尽管现代犹太教由于启示信仰本身遭到质疑而发现自身处于危机中，但是，较之更有活力的中世纪犹太教，现代犹太教对犹太教传统的内容具有更强烈的意识和更好的哲学理解。对施特劳斯而言，这种主张建立了"思想与生活不协调的一个悖论"（《哲学与律法》，卷二，页34），这让人怀疑，现代哲学是否能比中世纪哲学更好地理解犹太教传统的内容。

施特劳斯认识到，古特曼意识到现代哲学较之前现代思想的优越性具有某种局限，这种意识在古特曼对柯亨著作的解释中明显可见。事实上，尽管古特曼深受柯亨的宗教哲学的影响，但他注意到，柯亨的新康德主义体系的方法论基础无法让自己将上帝设想为一个实在（a reality），甚至直到晚年也是如此。这种困境同样表现在施莱尔马赫那里，他的上帝和自然的概念同样无法让他把上帝理解为独立于人类意识之外的实在，因此，无法让他理解上帝与自然的关系。最后，这种困境同样出现在现代的存在哲学（existential philosophy）中，它没有能力解决哲学与犹太教传统的根本内容的外在（即非内在化）意义之间的关系问题。按施特劳斯的观点，古特曼对柯亨的唯心主义（idealism）的批判表明，他并不认为现代哲学绝对优越于中世纪哲学。毋宁说，现代哲学优越的地方是，它能够比中世纪哲学更好地理解和维护信仰的内在世界。尽管古特曼仍居于主观主义的现代宗教概念之中，他的长处在于认识到研究古代和中世纪哲学的重要性。据施特劳斯的说法，古特曼非常清楚，"我们所有人都有理由向中世纪哲学学习"。这就是古特曼何以在《犹太哲学》中不讨论存在哲学（Existenzphilosophie）的原因：他坚信，为了克服当代宗教思想的困境，我们不仅需要从唯心主义哲学到某种"新思维"（new think-ing）的"自然进步"（the natural progress），更需要返回到古代思想中。

施特劳斯强调，对古特曼而言，哲学需要理解宗教传统，与此同时，作为一个前现代的范例，宗教传统即犹太教传统的出现，能够表明现代思想的根本不足（同上）。在施特劳斯看来，古特曼通过把中世纪哲学当作一种宗教哲学来解释，成功地指出了中世纪形而上学的深层的先决条件，但是，古特曼著作的"真实意图"（authentic intention），即向古代和中世纪思想学习的意图，仍含糊不清。尽管如此，这种意图在古特曼研究中世纪哲学时特有的巨大强度中显示了自身。在施特劳斯看来，有必要在两种基础上辨识古特曼的意图：其一，批判现代"宗教意识"的概念，其二，重新理解古代的柏拉图式的神法概念（the ancient Platonic concept of Divine Law）。施特劳斯的《哲学与律法》就是在这个方向上的一种尝试。

古特曼对施特劳斯批评的回应

古特曼写于 1940 至 1945 年期间的手稿回应了施特劳斯对其著作的批评，此文同时也批评了施特劳斯在《哲学与律法》中对中世纪犹太哲学的解释（《宗教哲学抑或律法哲学?》，前揭，页 147 - 173）。古特曼将他的分析限于《哲学与律法》，尽管他相信，施特劳斯在后来研究中世纪哲学的某些作品中修改了他的立场。在古特曼看来，为了判断施特劳斯在研究中世纪哲学的某些后续作品中如何改变立场，有必要重构施特劳斯在《哲学与律法》中解释迈蒙尼德和中世纪犹太哲学和伊斯兰哲学的起源，那些后续作品包括："简评迈蒙尼德和法拉比的政治学"（Quelques Remarque sur la science politique de Maimonide et de Farabi，1936）及"《迷途指津》的文学特征"（The Literary Character of *The Guide of the Perplexed*，1941）。

因此，古特曼分析了《哲学与律法》中的每一篇论文，并在其文章的最后部分考察了施特劳斯该书的"导言"（Introduction）。

古特曼首先分析施特劳斯明显批评自己观点的那篇论文。施特劳斯抨击古特曼运用现代范畴和区分来理解前现代思想的文本解释方法，对此，古特曼为自己作了辩护。施特劳斯自命，不使用现代概念也有可能解释中世纪和古代思想，古特曼对此表示反对。他声称，各种现代范畴已然暗含于中世纪哲学中，只有通过哲学分析的方法——该方法使用被构想为一种持续不断的问题史的概念史（the history of concepts），才能将这些现代范畴揭示出来。古特曼意识到这一事实：现代范畴与中世纪思想迥然相异，但他还是认为，在揭示古代作者的哲学与宗教趋向上，现代范畴是必要的。在古特曼看来，施特劳斯自己为了描述他所相信的中世纪犹太哲学的特征，在解释中世纪哲学时也使用了现代范畴，不过，在解释中世纪哲学上，施特劳斯的方法是"客观的、哲学的"（objective-philosophical）的解读，而非对当代范畴的"问题史的"（problem-historical）运用。古特曼从新康德主义和柯亨那里采纳了"问题史的"方法。然而，古特曼对这种方法的合理性作了辩护，他指出：

> "问题史的"方法有权使用现代范畴，目的在于通过这些手段去描述那些更古代的思想家以这些范畴为目标的趋向，同时也为了指出参与到一个问题史中的那些现代动机的限度。①

————

① 古特曼写道："然而，利用现代范畴（moderne Kategorien zu benutzen）是问题史考察方式的权利（das Recht problem-geschichtlicher Betrachtungsweise），以便借此方式来突显古老的思想家被引向现代范畴的趋向，与此同时，也标识出这种趋向的限度，一个问题史的现代母题（die modernen Motive）恰是在此限度内预先形成的。"见古特曼，《宗教哲学抑或律法哲学?》，页150。

施特劳斯指出，要理解中世纪犹太哲学，关键在于把启示观念构想为律法的启示（the revelation of Law），犹太教和伊斯兰教都将律法构想为统辖一切人类行为的东西，即作为"人类生活的整全秩序"。古特曼据此相信，施特劳斯同样对现代范畴青睐有加。在古特曼看来，施特劳斯的解释基于"律法"这个范畴而非"宗教意识"观念。对古特曼来说，施特劳斯的这种选择归因于他对存在哲学而非文化哲学的偏好。①

以古特曼之见，施特劳斯的启示和律法概念导致的不过是对中世纪哲学的一种政治构想。也就是说，首先，它导致的是一种与传统的启示观念相抵触的构想，在中世纪思想中，传统的启示观念首要关注的是真理的交流。如果施特劳斯是对的，那么，形而上学将不再是中世纪犹太哲学的核心。因此，古特曼宣称，尽管施特劳斯知道形而上学问题在中世纪思想中的重要性，但是，他却把政治的意义归诸启示，并在此基础上理解中世纪的形而上学（《宗教哲学抑或律法哲学？》，前揭，页150 – 151）。

古特曼认识到，施特劳斯意图"指出一条走出当代宗教状况困境的道路"（同上，页151），正是这个意图引导他重新解释中世纪犹太教的理性主义，但古特曼反对的是，这种重释最终取决于个人的生存动机，即施特劳斯的信仰和世界观以及他个人的信仰概念（his personal concept of faith）。尽管古特曼同意施特劳斯的出发点，即有必要寻找一条走出当代宗教状况困境的道路，但他认为，只要施特劳斯坚持以他本人的信仰概念为基础来分析中世纪传统，他就无法在中世纪思想中找到出路。

在思考了施特劳斯对自己观点的批评之后，古特曼转而分析施特劳斯的"哲学的律法奠基"（Die gesetzliche Begründung der Philosophie）一文，在此文中，施特劳斯宣称，中世纪哲人们把他

---

① 古特曼观察到，以下事实确证了这一论题：施特劳斯对中世纪资源的分析似乎没有留意诸多中世纪理性主义潮流之间的重大差异。

们进行哲学研究（philosophizing）的合法性建立在这样的观念上：律法指派（commands）所有那些有能力从事哲学研究的人。在古特曼看来，施特劳斯此文回避在中世纪理性主义——尤其是犹太和伊斯兰亚里士多德派理性主义——与现代理性主义之间进行传统的比较。古特曼注意到，施特劳斯解释说，新研究（new studies）已然重新考虑阿威罗伊（Averroes）对信仰和理性间关系的态度，也已然显示出，他其实并非中古时代的"自由精神（free spirit）"。相反，阿威罗伊是一位相信启示的神圣起源的理性主义者，尽管他的启示概念并不直白（ingenuous）。对施特劳斯而言，阿威罗伊就像其他伊斯兰和犹太理性主义者一样，将一种首要地位归于启示，使之效力于把哲学活动（activity of philosophizing）合法化为一种由律法指派（commanded by the law）的活动。在施特劳斯看来，中世纪哲人就是通过这种方法"为哲学"取得了"律法的基础"（realized a "legal foundation for philosophy"）。

古特曼有几条理由不同意施特劳斯的思想。他辩称，在施特劳斯所采用的新解释中，阿威罗伊仍然是一位理性主义者，对阿威罗伊而言，脱离启示的理性的自主（the autonomy of reason）乃是根本性的，他想证明，由自主理性引导的形而上学思辨的结果与启示的内容是一致的。此外，似乎在古特曼看来，施特劳斯本人在后来的论文中放弃了对阿威罗伊的这种解释，而且，早在"哲学的律法奠基"一文中，施特劳斯已经承认，某些相信启示的中世纪理性主义者可能并不真的相信"哲学的律法奠基"，而仅仅把它当作是"避免怀疑"（avoid suspicion）的手段（同上，页153）。自主理性仍是辨别孰为真孰为假的唯一仲裁，因此，对古特曼而言，施特劳斯所谓的"律法的首要性"（the primacy of the law）的确切含义仍未得到清楚的解释（同上，页154）。古特曼反驳道，对施特劳斯而言，启示的首要性似乎并无意义，因为施特劳斯并不真的相信它，而且也不认为中世纪的理性主义者们真的相信它。这种首要性只是一种预备教育（propaedeutic）观念；它必然先于律法的哲学奠基（the philosophical foundation of the law），施特劳斯把律法的哲学奠基描述为中世纪哲学的第二个根本时刻（the second foundational moment）。"律法的哲学奠基"是《哲学与律法》最后一篇论文的主题，只有当中世纪犹太和伊斯兰哲人们在哲学的律法奠基中确保了哲学的合法性之后，律法的哲学奠基才会出现。只有在承认律法——它允许并指派他们研究哲学——的首要性之后，哲人们才能检验律法，将之交付深刻质疑和证明，以便通过他们的哲学研究来理解律法。

古特曼辩称，如果对施特劳斯来说，所有的哲学思辨在律法中都有其对象，那么，律法的哲学奠基必须同样代表中世纪哲学本身的各种先决条件的基础。古特曼反驳道，位于哲学的律法奠基中的律法的首要性只具有一种预备教育的意义，只不过带有一种形式感，以至于哲学的基础成为政治的对象（the objects of politics）。古特曼试图说明的是，施特劳斯所描述的哲学的基础不能被认为是一个真实的基础。在古特曼看来，施特劳斯的哲学构想，只是一种政治的和形式主义的规划（a political and formalistic enterprise），在施特劳斯对迈蒙尼德的伊斯兰先驱的分析中——尤其在他对阿尔法拉比（Alfarabi）和阿维森纳（Avicenna）处理预言问题的著作的分析中，这一点甚至变得更加清楚。为了强调预言和启示对于这些哲人来说就是旨在建立完美国家——在理智完善的基础上追求真正幸福的国家——的基础，施特劳斯使启示的理论目标屈从于启示的政治目标。在施特劳斯看来，迈蒙尼德及其伊斯兰先驱在自己的预言学说中，重新解释了柏拉图的哲人-王（philosopher-king）学说。在这个意义上，他们追随的是柏拉图，尽管他们在形而上学方面仍是亚里士多德主义者。正如亚里士多德那样，柏拉图教导人们，人的真正幸福和人类的完善在于"纯粹的理论和理解力"（pure theory and understanding）；但柏拉图比亚里士多德更进一步，他迫使沉思善的理念的哲人返回社会，为的是照料其他人。结果，生活在国家中并为国家承担责任的哲人，就不再完全地君临（not completely sovereign）。与施特劳斯相反，古特曼不认为哲人对国家的责任问题是内在于哲学本性的一个问题。他批评施特劳斯的解释，因为他相信，施特劳斯没有认识到，根据中世纪的启示概念，启示的根本目的在于通过形而上学真理的交流（communication）达到人的完善，哲学上解释启示的根本任务就在于此。对古特曼而言，施特劳斯的观点是：真理的交流只是律法的一部分，这是施特劳斯的纯粹形式主义方法的一个证据，这种方法忽略了"律法各部分间的真正关联"（real connection between the parts of the law）（同上，页166），或者换句话说，这种方法没有考察中世纪各种宗教范畴间的相互关系。据此，古特曼认为，施特劳斯纯粹从政治上解释柏拉图的哲学，因而是一种有局限的解释，仿佛对柏拉图而言，政治学（politics）是最根本的哲学学科（philosophical science）。与之相反，古特曼认为，柏拉图那里对应于"形而上学和心理学"的东西，才是柏拉图哲学的基础。柏拉图的理想城邦基于理念的学说，而且在理论上被设想为更高人类的完美和幸福。古特曼的解释强调，施特劳斯把政治当作哲学和启示的现实基础。

最后，古特曼在文章的末尾分析了施特劳斯《哲学与律法》的"引言"。古特曼试图辨识，使施特劳斯重新解释中世纪犹太哲学并"通过政治的秘径"（through the backdoor of politics）寻找接近中世纪哲学体系的各种理由何在。对古特曼而言，这些理由植根于施特劳斯对所谓"激进启蒙"的批判，激进的启蒙使用自足的理性，彻底地反驳以信仰为名的宗教。施特劳斯坚持认为，通过调和启蒙与犹太教这样的途径，不可能解决理性与启示的冲突，门德尔松（Moses Mendelssohn）及其后继者就曾试图通过温和的启蒙来解决这一冲突。对施特劳斯而言，他们试图通过将宗教内在化，从而在"对启示的信仰与对理性的自足的信仰"之间加以调停的努力失败了。在古特曼看来，施特劳斯的看法归咎于这样的事实：施特劳斯把启蒙与宗教之间的冲突设想为无神论与正统派之间的彻底对立。古特曼声称，施特劳斯"知道的仅仅是这种激进的抉择（radical alternative）"，致使在信仰和理性之间不可能取得任何的一致或调和，这样，古特曼就将施特劳斯划入所谓"智性正直的无神论"（atheism of intellectual probity）（同上，页170）。对古特曼而言，施特劳斯丧失了对文明力量的原初信仰，即，丧失了对理性的自足的原初信仰，这导致了某种后启蒙的悲观主义。也就是说，"意识到任何文明的进步都无法根除生活的恐怖和无望"，甚至在"宗教的慰藉"（comfort of religion）中也无法找到避难所，因为，它基于某种新型的勇敢，即勇于"眼睁睁地忍受被抛弃的状态"。

在这一点上，古特曼误解了施特劳斯，尽管在他之后，其他人也曾以"智性正直的无神论"对施特劳斯的文章提出过类似的解释。事实上，施特劳斯相信，他所说的"智性正直的无神论"，是在现代性已经到来、理性和宗教之间的冲突极端化之后的结果。① 然而，古特曼坚持认为，施特劳斯那根本的悲观主义是他解释中世纪哲学的理由。在古特曼心目中，从一种历史和科学的观点看，那[种悲观主义]是彻底错误的。对古特曼来说，施特劳斯的悲观主义，正是他何以无法为中世纪思想中哲学与宗教间的当代冲突（contemporary conflict）找到解决方案的主要理由。

1951年，就施特劳斯对中世纪理性主义及迈蒙尼德的解释，古特曼再次表达了对施特劳斯的异议，这篇文章收录在希伯来语

---

① 在"唤起怀疑、反对一种偏见"一文中，赞克（Michael Zank）描述道，不同解释者对施特劳斯立场的判断如何存在天壤之别。有些解释者宣称，施特劳斯想返回正统派，其他人则说，他是一位无神论者，另外一些跟随施特劳斯主张的人强调，施特劳斯在著作中试图抵达第三种立场——不同于要么无神论要么正统派的现代非此即彼的立场，尽管这是一项非常困难之举。见赞克，《唤起怀疑、反对一种偏见：施特劳斯和迈蒙尼德〈迷途指津〉的研究》，页549－571。

增订版《犹太哲学》中。这个增订版的英译本后来采用了一个新的书名《犹太教诸哲学》（*Philosophies of Judaism*）。这个英译本的书名用复数的哲学代替了原先单数的哲学，这可能暗示，古特曼试图放弃用一个系统的框架去定义犹太哲学的问题。不管怎样，新的书名反映出古特曼立场的发展，他决定增添两章来总结该书的新版本：论述克罗赫默（Nachman Krochmal）的一章，以及论述罗森茨威格（Franz Rosenzweig）的最后一章，这一章没有收入最初的德文版，在原版中，最后一章论述的是柯亨。① 在论迈蒙尼德那章最后部分的一个注释中，② 古特曼承认，施特劳斯的《哲学与律法》有一个优点，"它首先就预言的政治功能和目标论及伊斯兰亚里士多德主义学说的价值，这一学说对柏拉图的依赖及其对迈蒙尼德的影响"，但他批评施特劳斯解释的狭隘和片面的政治特征。他不同意施特劳斯把上帝的启示解释为某种律法和律例（statute）的披露（disclosure）。他也不同意施特劳斯的假设，即，对预言的政治解释是理解整个中世纪哲学的基石，古特曼这样证成他的不同意：

> 正如在启示中，律法和律例的出现是通往某种目的的途径，这个目的不属于实践领域，而属于理论领域，因此我们发现，在一般而言的哲学中，对柏拉图、亚里士多德以及他们的中世纪门徒而言，政治和治邦术（statecraft）都基于人类终极目的的学说，从而最终都基于形而上学。这种等级次序同样适用于从哲学上解释启示。因此，理性与启示的关系同样不能从这种"政治的"观点去理解。（同上）

---

① 古特曼，《犹太教诸哲学：自圣经时代至罗森茨威格的犹太哲学史》（*Philosophies of Judaism*: *The history of Jewish Philosophy from Biblical Times to Franz Rosenzweig*, intro., R. Y. Zwi Werblowsky, trans., David W. Silverman Holt, New York: Holt, Rinehart and Winston, 1964），页 VII – X。

② 古特曼，《犹太教诸哲学》（*Philosophies of Judaism*），页 434，注 125。

　　在古特曼看来，中世纪犹太哲人——包括迈蒙尼德在内——的任务就是，强调哲学与犹太教的宗教显白传统（the religious esoteric tradition of Judaism）之间在意图上的根本统一，但是，按照施特劳斯的解释，他就完全排除了哲学与启示之间彼此和谐的任何可能性。

　　古特曼强调，在《哲学与律法》之后，施特劳斯改变了自己的立场，转而强调中世纪哲学中隐微与显白教导的差异。例如，在"论阿布拉瓦内的哲学倾向和政治教诲"（On Abrabanel's Philosophical Tendency and Political Teaching）中，施特劳斯推进了自己的论题，他指出，只要对大众的理解而言，哲学真理的裁定服务于政治统治（political regulation），启示与哲学的关系就由政治来确立或确定。

　　在古特曼看来，律法的最终目标——也即人类精神的启蒙——对大众来说是不可能[实现]的，这肯定不是迈蒙尼德的观点。恰恰相反，迈蒙尼德"赞成在大众能够领会的范围内，用大众能够理解的方式向他们教导真理的必要性"（同上）。对古特曼来说，通过区分启示本身的隐微和显白意义来分析和确立理性与启示之间的本质关系是不可能的；即便从方法论的观点承认这种区分的重要性，它仍不是理解一般而言中世纪哲学的核心问题。此外，古特曼强调，对施特劳斯来说，中世纪作家的隐微和显白学说之间有一个深渊（an abyss）。尽管施特劳斯本人没有系统地表述隐微学说，但似乎很明显，"对施特劳斯而言，正如他在早期论文中所推测，哲学在其隐微意义上与启示无关，它是完全自主的"（同上）。

　　直至生命的尽头，古特曼不断反思施特劳斯对他的批评。施韦德（Eliezer Schweid）曾考察施特劳斯与古特曼的争论，据他看来，在1947年古特曼的希伯来大学讲座中，也能发现施特劳斯的挑战对古特曼反思宗教哲学的影响。在这些讲座中的一次历史演讲期间，古特曼就该问题的发展表达了他个人的哲学宗教立场。①据施韦德说，以下事实可以看出施特劳斯对古特曼的影响，古特曼在考虑哲学与宗教的关系时从某种清晰性的缺乏中解脱出来，这种清晰性的缺乏曾表现在其《犹太哲学》中。古特曼同样从历史主义的天真（historicist naïveté）中解脱出来，以这种天真为基础，古特曼曾认为，历史的发展趋向于哲学与宗教间关系问题的完满解决。施特劳斯对古特曼的批评给古特曼带来的激励，是施特劳斯在讨论宗教哲学问题上的贡献而非他自己的哲学论题，这一批评激发古特曼发展出一种独立的宗教哲学。（参施韦德，《宗教与哲学》，前揭，页 195）

结　论

写作《犹太哲学》的古特曼和写作《哲学与律法》的施特劳斯，看似都首先是哲学史家，但事实上他们考虑的是理论问题。施韦德正确地强调，古特曼如何发现就当代的相关问题而言，柯亨的语词不亚于迈蒙尼德的语词，尽管他们解决宗教哲学问题的方案并非尽善尽美（同上，页 191）。古特曼与施特劳斯一样，试图在中世纪思想中寻找当代宗教状况的救助；但在施特劳斯看来，古特曼只有学会把宗教设想为"原初事实"（original fact），避免欣然地接受现代主观主义，避免将现代范畴运用于古代思想，才有可能找到这种救助。

──────────

① 见施韦德（Eliezer Schweid），"宗教与哲学：古特曼和施特劳斯之间的学术－神学争论"（Religion and Philosophy：The scholarly－theological Debate between Julius Guttmann and Leo Strauss），见《迈蒙尼德研究》（*Maimonidean Studies*，ed.，Arthur Hyman，New York：Yeshiva University Press，1990），卷一，页 163－164。古特曼 1947 学年在希伯来大学所作的讲座，其英文版编入 Julius Guttmann，《论宗教哲学》（*On the Philosophy of Religion*，David V. Herman，Jerusalem：Magnes Press，1976）。

古特曼称自己的方法受到文化哲学的启发，尽管施特劳斯反对这种方法，但他强调，在古特曼对中世纪哲学的研究中可以找到这样的确信，即，要解决当代哲学的困境，有必要理解前现代的思想。在批评古特曼时，施特劳斯指出了古特曼研究中世纪犹太哲学的强度（intensity）。与之相反，施特劳斯确信，如果切合柏拉图式的政治哲学而非现代宗教哲学的范畴来理解中世纪犹太哲学，那么返回中世纪犹太哲学是可能的。如果依照关注人的政治、社会、精神生活整体的律法来理解宗教，那么哲学的首要任务就是阐明和解释律法。对施特劳斯而言，必须把哲学看作是苏格拉底式的哲学：它是一种生活方式，其特点就是，对何为人类的最佳生活不断进行质询（interrogation）；这种质询所针对的人类生活，也总是一种在共同体中的生活或政治生活。相应的，在1931 年（他于当年写了《律法与哲学》的部分篇章）召开的一次会议上，施特劳斯断言，把政治哲学设想为第一哲学（philosophia prima）① 是可能的，并且，在其关于古典和[154]柏拉图式政治哲学的最后作品中，施特劳斯拓展了这一论题并强调，一般而言

---

① 见施特劳斯，"柯亨与迈蒙尼德"（Cohen und Maimuni），发表于迈尔编，《施特劳斯文集》卷二，页 393–436（[中译编者按]中译见施特劳斯，《犹太哲人与启蒙》，刘小枫编，张缨等译，北京：华夏出版社，2009）。在这次会议上，施特劳斯预告了他在《哲学与律法》中加以展开的主题，并考察了柯亨在《迈蒙尼德伦理学的特征》（*Charakteristik der Ethik Maimunis*）中[对迈蒙尼德]的解释。在施特劳斯看来，尽管柯亨用伦理（Sittlichkeit）的概念取代了律法（Gesetz）的概念，但无论如何还是可以将他界定为一位政治哲人，因为柯亨将伦理构想为受律法学的指引，并且，正如施特劳斯所表明，柯亨的哲学和苏格拉底的哲学有许多相似的地方；见上引书，页405–416。

的哲学应被认为本质上是政治的（intrinsically political）。①

　　古特曼就施特劳斯对中世纪哲学的"政治的"解释所作的判断，自他回应施特劳斯的批评直至英译版《犹太教诸哲学》出版期间并未真正改变。在回应施特劳斯的批评时，古特曼强调，施特劳斯仅仅从政治上看待中世纪犹太哲学，即对中世纪犹太哲学作形式主义的解释。在古特曼看来，这种解释由施特劳斯个人悲观的世界观——或信仰的概念——所决定，出于这个理由，古特曼认为施特劳斯的解释从科学角度看不健全（unsound）。在古特曼看来，施特劳斯的解释只会导致这样一种结果：回归对律法的绝对权威的辩护，以此作为对人类不足（human insufficiency）的一个回答，但这一解释无法为特殊而言的中世纪哲学以及一般而言的哲学提供一个"客观的基础"。施特劳斯主张，伊斯兰和柏拉图的哲学影响了迈蒙尼德的理性主义，在《犹太教诸哲学》中，尽管古特曼认识到这种说法的重要性和原创性，但他仍然相信并明确声称，很难判断施特劳斯对待中世纪犹太和伊斯兰哲学中隐微与显白教导之间的差异的立场，因为施特劳斯没有以系统的方式表明他所理解的隐微学说是什么。然而，似乎对古特曼而言很明显的是，在施特劳斯看来，哲学在其隐微意义上与启示无关，完全是自主的。

　　的确，似乎施特劳斯终其一生使自己确信，信仰与理性之间、犹太教与启蒙之间、耶路撒冷与雅典之间的冲突，最终是不可能解决的。他并没有像温和的启蒙那样，试图为这些对立提出"调

---

　　① 见施特劳斯，《柏拉图式政治哲学研究》（*Studies in Platonic Political Philosophy*，The University of Chicago Press，1983，1989［中译编者按］中译本，张缨等译，北京：华夏出版社，2011），及施特劳斯，《古典政治理性主义的重生》（*The Rebirth of Classical Political Rationalism*，Essay and Lectures by Leo Strauss，selected and introduced by Thomas L. Pangle，The University of Chicago Press，1983，1989，［中译编者按］中译本，郭振华等译，北京：华夏出版社，2011）。

和”的建议，因为，在施特劳斯看来，对立双方的立场都是基于非理性的首要假设（first assumption），因而这种调和无论如何都不是一种真正的可选方案。尽管如此，施特劳斯仍不断地思考这个问题，直至生命的终点。在他为迈蒙尼德《迷途指津》英译版所作的“导言”中，这一点尤为清楚，在其中，施特劳斯再次反思了迈蒙尼德思想中哲学与犹太教之间的关系，同样，在其逝世后出版的文集《柏拉图式政治哲学研究》中，施特劳斯展开了对柏拉图式政治哲学的解释。① 这一遗著包括“作为严格科学的哲学与政治哲学”（Philosophy as Rigorous Science and Political Philosophy）一文，在其中，施特劳斯讨论了胡塞尔把哲学当作严格的科学的观点，并且提出，要重新解释胡塞尔在哲学与世界观（weltanschauung）之间作出的区分；该书最后一篇是施特劳斯为柯亨《源于犹太教的理性宗教》（*Religion of Reason out of the Sources of Judaism*）的英文版所作的“导言”。在对柯亨的遗著——尤其是对柯亨为构想哲学或理性与“犹太教资源”（sources of Judaism）之间的关系作出的尝试——反思了四十年之后，施特劳斯以这句话结束自己的文章：“对我们而言，柯亨的生活和作品是一种福祉。”尽管施特劳斯怀有悲观主义，但他没有真的放弃这样的念头：构想一种“真正的理性主义”，也就是说，一种同样能够理解宗教传统的理性主义。

---

① 施特劳斯最后研究迈蒙尼德和柯亨的著作是“如何着手研究《迷途指津》”（How to Begin to Study *The Guide of the Perplexed*），见迈蒙尼德，《迷途指津》（*The Guide of the Perplexed*, trans, Shlomo Pines, The University of Chicago Press, 1963），页 XI – LVI；以及施特劳斯为柯亨《源于犹太教的理性宗教》所撰“导论”（Introductory Essay to Hermann Cohen, *Religion Reason out of the Sources of Judaism*, New York：Unbar, 1972），页 XXIII – XXXVIII。此文再版于施特劳斯，《柏拉图式政治哲学研究》，前揭，页 233 – 247。

索 引

图书在版编目（CIP）数据

哲学与律法：论迈蒙尼德及其先驱／（美）列奥·施特劳斯（Leo Strauss）著；黄瑞成译 . －－北京：华夏出版社有限公司，2024.6

（西方传统：经典与解释）

ISBN 978－7－5222－0623－3

Ⅰ . ①哲… Ⅱ . ①列… ②黄… Ⅲ . ①犹太哲学－研究 Ⅳ . ①B382

中国国家版本馆 CIP 数据核字（2024）第 017267 号

哲学与律法：论迈蒙尼德及其先驱

作　　者	［美］列奥·施特劳斯
译　　者	黄瑞成
责任编辑	马涛红
美术编辑	赵萌萌
责任印制	刘　洋
出版发行	华夏出版社有限公司
经　　销	新华书店
印　　装	北京汇林印务有限公司
装　　订	北京汇林印务有限公司
版　　次	2024 年 6 月北京第 2 版
	2024 年 6 月北京第 1 次印刷
开　　本	880 ×1230　1/32
印　　张	8.75
字　　数	215 千字
定　　价	68.00 元

华夏出版社有限公司　　地址：北京市东直门外香河园北里 4 号　　邮编：100028
网址：www.hxph.com.cn　　电话：（010）64663331（转）
若发现本版图书有印装质量问题，请与我社营销中心联系调换。

西方传统：经典与解释
Classici et Commentarii
HERMES
刘小枫◎主编